中国式现代化

的

文化底蕴

刘余莉 等 著

中国出版集团 | 全国百佳图书
中国民主法制出版社 | 出版单位

图书在版编目（CIP）数据

中国式现代化的文化底蕴 / 刘余莉等著. — 北京：

中国民主法制出版社，2024.1

ISBN 978-7-5162-3480-8

Ⅰ.①中… Ⅱ.①刘… Ⅲ.①现代化建设—文化研究

—中国 Ⅳ.①D61

中国国家版本馆CIP数据核字（2024）第001692号

图书出品人：刘海涛

出 版 统 筹：石　松

责 任 编 辑：张佳彬　姜　华

书　　　名/ 中国式现代化的文化底蕴

作　　　者/ 刘余莉 等　著

出版·发行/中国民主法制出版社

地址/北京市丰台区右安门外玉林里7号（100069）

电话/（010）63055259（总编室）　63058068　63057714（营销中心）

传真/（010）63055259

http：// www.npcpub.com

E-mail：mzfz@npcpub.com

经销/新华书店

开本/16开　710mm×1000mm

印张/17.5　字数/218千字

版本/2024年1月第1版　2024年1月第1次印刷

印刷/北京文昌阁彩色印刷有限责任公司

书号/ISBN 978-7-5162-3480-8

定价/56.00元

序

更好担负起新时代新的文化使命

　　作为在这片土地上繁衍生息具有百万年的人类史、一万年的文化史、五千多年的文明史的古老民族，中华民族是世界上唯一一个文明未曾中断的民族。中华优秀传统文化博大精深，源远流长，塑造了中华民族自强不息、厚德载物等高贵品格和民族精神，形成了独特的价值体系，也使中华文明具有了突出的连续性、创新性、统一性、包容性、和平性的特点。在近代中国丧失文化自信的危急时刻，中国共产党人寻到马克思主义，用以唤醒沉睡的中华民族，激活蒙尘的古老文明。

　　新时代新征程中国共产党的中心任务就是团结带领全国各族人民全面建成社会主义现代化强国、实现第二个百年奋斗目标，以中国式现代化全面推进中华民族伟大复兴。而一个国家、一个民族的强盛，总是以文化兴盛为支撑的，中华民族伟大复兴需要以中华文化发展繁荣为条件。国无德不兴，人无德不立，因此必须加强全社会的思想道德建设，提高道德实践能力尤其是自觉践行能力，引导人们向往和追求讲道德、尊道德、守道德的生活，形成向上的力量、向善的力量。在中华五千多年的文明历史中，中华民族"宣文教以章其化"，开创了成康盛世、"文景之治"、"贞观之治"、开元盛世、康乾盛世等一系列盛世，享有"华夏之族""礼义之邦"的美誉，在文化建设和道德教育方面更是拥有五千多年的经验、方法、智慧和效果，达到过"囹圄空虚，刑措不用""民不忍欺"的治理境界，形成过"万国来朝""协和万邦"的国际局面。中华优秀传统文化是中华民族的突出优势，是最深厚的文化软实力。坚持把马克思主义基本原理同中华优秀传统文化相结合，能够为新时代以中国式现代化全面推进中华民族伟大复兴、推动构建人类命运共同体提供智慧源泉和文明支撑。

习近平总书记审时度势、高瞻远瞩地创造性提出马克思主义中国化时代化"两个结合"重大论断，坚持把马克思主义基本原理同中国具体实际相结合、同中华优秀传统文化相结合，孕育和创立了习近平新时代中国特色社会主义思想——当代中国马克思主义、二十一世纪马克思主义、中华文化和中国精神的时代精华，开辟马克思主义中国化时代化新境界，对于统一全党全国各族人民的思想、意志、行动，形成万众一心、众志成城的局面，应对世界百年未有之大变局，实现中华民族伟大复兴，具有重要理论和现实价值。实践证明，不忘历史才能开辟未来，善于继承才能善于创新。只有坚持从历史走向未来，从延续民族文化血脉中开拓前进，我们才能做好今天的事业。

党的十八大以来，我们党把文化建设摆在治国理政的突出位置，不断深化对文化建设的规律性认识，推动文化传承发展，社会主义文化强国建设迈出坚实步伐。习近平总书记多次强调，中国特色社会主义道路是在对中华民族五千多年悠久文明的传承中走出来的。中华民族是具有非凡创造力的民族，创造了伟大的中华文明，我们能够继续拓展和走好适合中国国情的发展道路。文化是一个国家、一个民族的灵魂。历史和现实都表明，一个抛弃了或者背叛了自己历史文化的民族，不仅不可能发展起来，而且很可能上演一幕幕历史悲剧。坚定文化自信，是事关国运兴衰、事关文化安全、事关民族精神独立性的大问题。这其中不乏具有独创性意义的重大表述，对于推动文化自信自强起到了重要作用。

中华优秀传统文化光辉灿烂、历久弥新，这是因为中国的古圣先贤对于文化建设的规律具有深刻认识，因而在观察天地自然、社会人文之道的基础上，提出了促进身心和乐、家庭和睦、社会和谐、天下和平的常道。《周易·贲卦》云："刚柔交错，天文也；文明以止，人文也。观乎天文以察时变，观乎人文以化成天下。"天文是日月星辰交错排列、阴阳寒暑四季变化，人文是人道之伦理秩序。圣人观天象运行，以体察四时的迁改；观人伦之道，用诗、书、礼、乐等教化天下，天下则能成其礼俗。"文化"一词在古代汉语中是由两个字构成的。"文"就是指文字、文章、礼乐制度、鼓乐、曲调等；而"化"就是人受教而变化，在《说文解字》中，把"化"解释为"教行"。人们接受了道业、变化气质、改过迁善，在各方面起了若干的变革，这种"变革"就称为"化"。所以"文化"二字合而言之，就是以文字、文章、礼乐等文艺形式变化人的气质，使人达到转恶为善、转迷为悟、转凡成圣的目的。这说明，圣人顺应天道自然的规律以及社会人伦大道之礼来教化人民，强调文以载道、以文化人，无论是文字、典籍、礼乐还是其他艺术形式，都以承传和弘扬"道"为宗旨，以变化人的气质为目的。

汉字作为当今世界最古老的文字之一，集形、音、义于一体，是一种智慧的符号。声音言出即逝，汉字经久不衰。汉字从甲骨文、金文、简帛文，到小篆、隶书、楷书，可谓一脉相承；虽然形、音、义多少有所变化，但汉字作为语言文字的载体亘古不变，并且本身具有教化的内涵。汉字是铸牢中华民族共同体意识的基石，是维系中华民族团结统一的纽带，是中华文明得以传承至今的关键因素。

典籍记载的是古圣先王"明明德，亲民，止于至善"的智慧和方法，修身、齐家、治国、平天下的经验和教训。《群书治要·序》云："载籍之兴，其来尚矣。左史右史记事记言，皆所以昭德塞违，劝善惩恶。故作而可纪，薰风扬乎百代；动而不法，炯戒垂乎千祀。"中国古代史是一部不间断的有文字记载的信史。在经、史、子、集等典籍的熏陶下，中国古代士人形成了特有的精神品质："先天下之忧而忧，后天下之乐而乐"的政治抱负，"位卑未敢忘忧国""苟利国家生死以，岂因祸福避趋之"的爱国情怀，"富贵不能淫，贫贱不能移，威武不能屈"的浩然正气，"人生自古谁无死，留取丹心照汗青""鞠躬尽瘁，死而后已"的献身精神，等等。深入经典、学习历史是弘扬中华文化、培育民族精神的最重要方式。

礼乐是古圣先王顺承天道以治人情的具体形式。礼乐出于人之自性，先王依循本性自然，作训垂范，制礼作乐，教导民众，民众循礼修道，返其自性，是内在美德与外在行为规则的统一。《礼记·乐记》云："先王之制礼乐也，非以极口腹耳目之欲也，将以教民平好恶，而反人道之正也。"这点明了礼的本质在教化。民懂礼则易教。《孝经》云："导之以礼乐，而民和睦；示之以好恶，而民知禁。"从前周公制礼作乐，使成康二代德教普施，祸乱不起达四十余年。礼乐教育有防患于未然的作用。古人把礼比作防洪的堤坝，废除堤坝，就会洪水泛滥，造成危害。自汉以降，历代多以礼乐政刑治国，采取了礼主刑辅的治国方略，中华传统文化又被称为礼乐文化。因此应当重视挖掘古人关于礼、乐、政、刑四者的排列次序所体现的治国理念，深入挖掘中华优秀传统礼乐文化"绝恶于未萌""起敬于微眇"的"禁于将然之前""防患于未然"的治理效果。

中国古代的文学、戏曲、书法、绘画、雕塑、建筑、工艺、园林等其他艺术形式，也都秉持了"思无邪"的理念，都具有引导人向善好德，明了人伦大道，做到孝悌忠信、礼义廉耻的重要作用。也就是说，无论是哪一种文艺形式都是真善美的统一，都将"文以载道""以文化人"作为内在要求，这也是中华文明绵延不息的最重要原因。

习近平总书记特别重视挖掘中华五千多年文明中的精华，弘扬优秀传统文化。他指出："中华民族是守正创新的民族"，"有着守正创新的传统"，回望五千多年中华文明史，"守正创新"一直是其中的精神内核和精华所在。守正，守的是正道、正气，创新的是表达形式、方式。也正是因为中华文化是"志于道""合于道"的文化，因此能够怀抱着开放包容的态度，同其他文明不断交流互鉴。在文明交流互鉴、文化不断融合过程中，中华文化与其他文化中合于"道"的部分相互吸纳融合，有悖于"道"的部分则在历史的发展中逐渐淘汰。这个过程是自然而然的。"志于道""合于道"的特点不仅使中华民族在文明互鉴、文化交融过程中始终保持高度自信、守正创新，也避免了中华文明被其他文明所反噬。

孔子曰："人能弘道，非道弘人。"只有全面深入了解中华文明的历史，才能更有效地推动中华优秀传统文化创造性转化、创新性发展，更有力地推进中国特色社会主义文化建设，建设中华民族现代文明。本书旨在深入解读中国式现代化的历史根基和文化底蕴，帮助广大读者深刻认识中华优秀传统文化是中华民族的突出优势，坚定文化自信，秉持开放包容，坚持守正创新，在新的历史起点上继续推动文化繁荣、建设文化强国、建设中华民族现代文明，更好担负起新的文化使命，不断促进人类文明交流互鉴，为强国建设、民族复兴注入强大精神力量。

目 录

第三章

为善致福：全体人民共同富裕的现代化

第四章

富之教之：物质文明和精神文明相协调的现代化

第五章

天人合一：人与自然和谐共生的现代化

第六章

从协和万邦到走和平发展道路的现代化

第七章

中国式现代化的世界意义和文明价值

第一章

中国式现代化的
历史文化根源

党的二十大报告指出："从现在起，中国共产党的中心任务就是团结带领全国各族人民全面建成社会主义现代化强国、实现第二个百年奋斗目标，以中国式现代化全面推进中华民族伟大复兴。"①新时代以来，以习近平同志为核心的党中央立足中华民族伟大复兴战略全局和世界百年未有之大变局，深刻提出中国式现代化的重要论断，为实现全体人民共同富裕，促进人与自然和谐共生，推动构建人类命运共同体，创造人类文明新形态提供"中国智慧""中国方案"。这其中，中华优秀传统文化对中国式现代化建设的启示和借鉴价值的探讨，是区分中国式现代化与西方现代化的基本理论方位，有利于彰显中国式现代化独特的历史文化渊源及本质特征。因此，对中华优秀传统文化尤其是主要思想理念的体系化研究和系统化理论构建具有切实的必要性。

研究中国式现代化的历史文化底蕴，一者站在历史文化继承性角度，总结中国式现代化的主要特征及其历史文化底蕴，提炼中国式现代化的文化传统因子，为系统阐述中国式现代化的历史文化底蕴搭建理论进路；再者对中国传统文化中独特的形而上基础、思想理念及其实践路径进行整体性阐释，充分梳理传统思想核心理念的内在含义及与传统治道思想根源在学理和实践层面的交互，为全面推进中国式现

---

① 《习近平著作选读》第一卷，人民出版社2023年版，第18页。

代化、全面建成社会主义现代化强国、实现中华民族伟大复兴提供有益的参考和借鉴。因而，从探讨中国式现代化的三重维度出发，追溯中国式现代化的历史根源，梳理传统文化中对中国式现代化具有深远影响的思想理念，通过古镜今鉴的方式，阐释中国式现代化在世界范围内的时代价值，并从中抽绎概括出中国式现代化的文明特征，对于建设中国特色社会主义治理体系、推动全球治理、创建人类文明新形态具有重要意义。

一、中国式现代化的三重维度

党的十九届四中全会审议通过的《中共中央关于坚持和完善中国特色社会主义制度、推进国家治理体系和治理能力现代化若干重大问题的决定》，既把中国特色社会主义推向新的历史阶段，同时也对国家治理体系和治理能力现代化提出了前进方向和工作要求。一时间，"中国式现代化"成为与西方现代化，包括西方民主政治的弊端进行对比的描述性名词，同时，中国式现代化还成为学界研究的热点。学者们对中国式现代化的概念、内涵、生成、理念、特点、实践、意义等众多方面进行了考察。

从时间维度理解，历史一脉相承，无法割裂。中国式现代化厚植于中国文化的沃土，并从中华优秀传统文化中汲取了丰富滋养，因此在理解中国式现代化时，应当放眼长远，从五千多年历史的时间维度，考察中华民族发展史中所形成的宇宙观、天下观、社会观、道德观等对中国式现代化的影响和价值。

从空间维度理解，狭义的中国式现代化指中国的现代化过程，是发生在中华大地上的现代化成就及其经验。但是，一个国家不能孤立存在，必定与周边国家和地区发生联系，因此研究中国式现代化，就要将中国与周边国家乃至整个世界的关系囊括其中。在考察中国历史上的国家治理时，同样要将视野扩大，才能更好地做到古镜今鉴。历史上，中国不仅实现了国家治理，还实现了区域治理和世界治理。世界治理是指方国时代的世界共主治理格局。商周时期诸侯林立，是中国历史上的方国时代，限于当时社会发展和时人对"天下"的认知范围，"普天之下莫非王土"，天子与诸侯形成了一种天下体系，在中华大地上存在着一个世界，这样的治理格局便属于世界治理。而区域治理是指秦统一六国建立中央集权的国家从而开启帝国时代后，中原王朝与周边国家建立起朝贡体系，由此形成的治理格局。虽然强盛时期中原王朝通过丝绸之路等方式与周边甚至更远的国家建立了联系，但是并未形成有效治理，因此虽然地域相比方国时代的整个"天下"要扩大很多，但实际治理范围相对于当时对世界的认知范围，则仍属于世界的一个区域。

从文明维度理解，中国式现代化创造了一种文明新形态。"中国"既是一个政治的概念，又是一个文明的概念。中华文明是世界上唯一未曾中断并发展至今的文明，"中国"是中华文明的中心地带。因此在讨论"中国"时，要将她视为一种文明体；即使讨论政治概念上的"中国"，也要将她视为一个文明型国家。所谓文明之治，是上升到文明层面的治理，这样也形成了一种共识。这种共识的高度超越了国家、民族、派别和宗教。超越国家，是指即使朝代更迭文明也不会中断；超越民族，是因为中华民族不是单一的民族，也不是56个民族的简单叠加，而是具有共休戚、共存亡、共荣辱、共命运的道德情感和道德责任的民族共同体；超越派别，是因为派别争的是"术"，但目的是形而上的"道"；超越宗教，是指中国历史上的外来宗教，如佛教，成功实现了本土化，成为中华优秀传统文化的重要组成部分。

这种共识是文明的传承。中国式现代化就是文明的传承。

对中国式现代化从时间、空间、文明三重维度进行全面研究，才可以增强理解中国式现代化应有的跨度、广度和高度，打开应有的眼光、胸襟和格局。正如习近平总书记强调："中国式现代化赋予中华文明以现代力量，中华文明赋予中国式现代化以深厚底蕴。中国式现代化是赓续古老文明的现代化，而不是消灭古老文明的现代化；是从中华大地长出来的现代化，不是照搬照抄其他国家的现代化；是文明更新的结果，不是文明断裂的产物。中国式现代化是中华民族的旧邦新命，必将推动中华文明重焕荣光。"①

二、中国式现代化的文化根源

要认识中国式现代化的文化底蕴，必须在对中西方文化特点进行比较的基础上认识中华优秀传统文化的独特性，从而全面认识中国式现代化的历史文化根源和思想理念。

（一）中国式现代化的形而上依据

"志于道"的形而上依据以及"一体之仁"的思维方式是理解中国式现代化历史文化根源的关键，也是中国历史上能够实现大治的根本。阐明中国式现代化建立的形而上基础是理解中国式现代化历史文化底蕴的关键。《周易·系辞上》云："形而上者谓之道，形而下者谓之器。"《说苑·谈丛》云："万物得其本者生，百事得其道者成。"

---

① 习近平：《在文化传承发展座谈会上的讲话》，《求是》2023年第17期。

中华优秀传统文化的可贵之处，在于它是"志于道"的圣贤文化，提倡"一体之仁"的整体思维方式，追寻宇宙人生的大道，这是实现中国式现代化的形而上依据。

中国古代的圣人早已通过"涤除玄览"等方式成为"得道之人"（在儒家称"圣人"，在道家称"真人"），达到了天人合一的境界，如《周易》所言"夫大人者，与天地合其德"，庄子提出"天地与我并生，而万物与我为一"，王阳明《大学问》云："夫大人者，以天地万物为一体者也"。可见，体悟并按照一体的宇宙观来行事的人就是圣人。在这种一体观的影响下，一家之内父与子、夫与妇；一个团体之内领导者与被领导者、长辈与晚辈，乃至朋友之间、国家之间、人与自然之间，都是和谐一体的关系，一荣俱荣、一损俱损。这就是一元和合的思维方式。以此为指导，中国在漫长的历史发展过程中，始终保持着人与人、人与国家、人与自然、国家与国家之间的和谐关系。只有"一体"才能"和"，因而一体之仁的思维方式有助于化解冲突、促进和平；而西方文化中有不少是以二元对立为思考问题的出发点，对立引发竞争，竞争升级成斗争，最终引发战争。"志于道"的形而上基础以及一元和合的思维方式是解读中国式现代化的关键。

从历史上看，中国人在绝大多数的历史阶段都尊重了古圣先贤"志于道"的发展方向，遵循了"和合一体"的宇宙观，采取了"一体之仁"的整体思维方式，坚持了"民胞物与"的道德观念。这种宇宙观、思维方式、道德观念渗透在国家治理和社会制度的方方面面，具体体现在政治、经济、文化、教育、法律、外交等思想观念和制度设计之中。如今中国特色社会主义制度和国家治理体系是在马克思主义指导下对中华传统历史文化创造性转化与创新性发展的结果，具有一脉相承的历史性及独特的民族性，具有深厚的历史文化的渊源。因此，读懂中国独具特色的传统历史与文化，特别是深刻理解中国历史文化中"志于道"的发展方向和"一体之仁"的文化基因，对理解中国式现代化非常有帮助。正如习近平总书记所强调的，要了解今天的中国、预测明天的中国，必须了解中国的过去，了解中国的文化。当代中国人的思维，中国政府的治国方略，浸透着中国传统文化的基因。①

"志于道""一体之仁"是理解中华文明为什么具有突出连续性、创新性、统一性、包容性、和平性的关键。正是因为以道治国，才能得道者多助、顺天（即天道自然的规律）者昌，使中华文明具有了突出的连续性；在顺应天道的前提下损益盈虚，与时偕行，革故鼎新，而非陈陈相因，故步自封，才使中华文明具有了突出的创新性；"大道之行，天下为公"，培养了"协和万邦"的博大眼光和"家国天下"的开阔胸襟，形成了世界大同、胸怀天下的文化传统，对内形成了"中华民族多元一体格局"，对外形成的是"万国来朝"的国际局面，使中华文明具有了突出的统一性；中华文化是"志于道""合于道"的文化，怀抱着开放的态度和和而不同的精神，同其他文明不断交流互鉴，在这个过程中，中华文化与其他文化中合于"道"的部分相互吸纳融合，有悖于"道"的部分则在历史的发展中逐渐淘汰，"志于道""合于道"的特点不仅使中华民族在文明互鉴、文化交融过程中始终保持高度自信，也避免中华文明被其他文明所反噬，使中华文明具有了突出的包容性；"天道好生而恶杀"，按照天道处理国际关系，必然采取慎战、不战的态度，"强不执弱，富不侮贫""国虽大，好战必亡""远人不服，则修文德以来之"，使中华文明具有了突出的和平性。

---

① 《习近平同奥巴马在中南海会晤 强调要以积水成渊、积土成山的精神推进中美新型大国关系建设》，《人民日报》2014年11月12日。

（二）中国式现代化的实现路径

"庶之""富之""教之"是实现中国式现代化的基本路径。经济发展是人民安居乐业的基础，但是实现中国式现代化不能单纯依靠物质发展，否则，就会出现孟子所说的"饱食、暖衣、逸居而无教，则近于禽兽"的状况。孔子将国家治理分为"庶之""富之""教之"三个阶段。"庶之"指人口增长，包括人口的自然增长和人口归附。人口自然增长要以农业发展为支撑，而人口归附便是"有德此有人""远人不服，则修文德以来之"。"庶之"除了人口增长外，还可以延伸为物产的可持续发展。"富之"包含了个人财富的增长以及对社会共同富裕的追求。"仓廪实而知荣辱"，解决温饱才能有更高的道德追求。但中国古人历来不主张只追求个人富裕，"不患寡而患不均，不患贫而患不安"，"独贵独富，君子耻之"，因此要有博大的胸怀，追求人民共同福祉，实现共同富裕。使人们以正当合理的方式实现"庶之""富之"的方式就是"教之"，同时，教育还是实现人的现代化的关键因素。"庶、富、教"三个阶段并不是机械的递进关系，而是互相之间构成了互为表里、互相支持的动态和谐发展体系，将人类自然生命的生长和道德生命的生发融为一体，推动社会不断发展进步。

教化始终是中国古代政治思想和实践中的宏大话语，也是实现物质文明和精神文明相协调的现代化的重要途径。中国古人清楚地认识到，国家治理的实质是人心治理，因而道德教化始终是治国理政之首务。西方属于宗教型的文化传统，教会承担着道德教育的职能，人的道德品质依靠教会培养，领导者也不例外。从历史上看，在西方国家的治理体系中，在注重公平正义的制度设计的同时，对领导者的道德教育也并未忽视。与西方的宗教文化传统不同，中国文化是一种重视伦理道德教育的伦理型文化，重视从家庭、学校、社会教育中培养人的伦理道德观念。如果说在西方的宗教文化传统中，宗教承担着道德教育的职能，政治与道德教育相分离是其基本特征，那么中华传统的伦理文化，则以政治与道德教育合一为基本特征，《尚书·泰誓上》云："天佑下民，作之君，作之师。"甚至政治本身就具有教育的内涵，"政者，正也"。在伦理型文化的背景之下，政府（而非教会）承担着道德教化的责任。道德教育由国家来负责，通过家庭教育、学校教育、社会教育、宗教教育等不同形式，使伦理道德教育深入人心。传统教育也在几千年的发展中不断更新和进步，与文化统一、政治统一交相呼应。政治与教育的相互作用，也是维系中国大一统政治的重要原因。

通过学校进行道德教育，是中国治理的一大特色。古代君王无不把教化人民作为治国要务，设立太学在国都推行教化，设立庠序（地方学校）在地方教化人民。在道德教育中，坚持以孝道为本、文化为要、身教为先的原则，通过以礼、乐、射、御、书、数为内容的教育，把人培养为文质彬彬的君子圣贤，即德、智、体、美、劳全面发展的人。在整个学校教育体系中，特别重视对官员的品德教育。《周礼》中就详细记载了掌管教育的各级官员以及教授的内容，这种道德教育起到了净化人心、防微杜渐、导人向善、促进和谐的作用。不仅如此，良好的道德教育，还可以"绝恶于未萌""禁于将然之前"，起到防患于未然的效果，使人不仅不敢作恶、不能作恶，也耻于作恶，不想、不愿作恶。

近代以降，由于西方文化和西方价值观的强势介入等历史原因，具有典型意义的中国"政治与教育合一"的治理体系受到了相当程度的冲击，具有中国本土特质的道德标准、价值体系也面临着被消解的危险。习近平总书记指出："如果我们的人民不能坚持在我国大地上形成和发展起来的道德价值，而不加区分、盲目地成为西方道德价值的应声虫，那就真正要提出我们的国家和民族会不会失去自己的精神独立性的问题了。如果没有自己的精神独立性，那政治、思想、文化、制度等方面的独立性就会被釜底抽薪。"①

（三）中国式现代化的关键制度

在政治与教化合一体制下，要想实现良好有效的道德教化，选贤任能是关键。教民是为政者的重要责任，这就使官员接受圣贤教育、实现选贤任能的选拔制度变得尤为重要。"上所施，下所效。""君子之德风，小人之德草。草上之风，必偃。""子帅以正，孰敢不正？""举直错诸枉，能使枉者直。"这些都说明，要使政事办理得当，要使教育取得预期效果，就必须选择贤德之人担任各级官员，即任人唯贤，选贤与能。正如孟子所说："是以惟仁者宜在高位。不仁而在高位，是播其恶于众也。"能够保证贤德之人在位，才是真正的爱民。这就是荀子所说的"爱民而安，好士而荣"。正是基于对贤才重要性的深刻认识，中国在几千年的历史发展中，形成了合理的选人用人理论和制度，累积了丰富的智慧和经验。

中国自上古时期便已经开始了选贤的实践。尧将帝位禅让给舜，这个过程就是选贤举能。当今中国很多干部培养模式和制度，都能从尧舜这里找到历史渊源。从汉代开始，中国历史上先后出现了三种重要的选举制度，即察举制、九品中正制和科举制。伴随选举制度的还有"进贤受上赏，蔽贤蒙显戮"的连带责任机制、"爵非德不授，禄

---

① 中共中央文献研究室编：《习近平关于全面深化改革论述摘编》，中央文献出版社2014年版，第88页。

非功不与"的奖励原则等。为了求取真正的贤才，君主也必须使臣以礼、礼贤下士等。特别值得一提的是，科举制在中国实行了1300多年，历史上因此涌现了一大批优秀的人才，不仅对中国历史产生了积极并且难以估量的深远影响，还在世界范围内产生了深远影响。

梳理历史上各种选贤方式可以发现，这些制度都是围绕着把人培养为圣贤、将德才兼备的人才选拔出来而设计的，目的是使"贤者在位，能者在职"，因此才能出现"人才辈出，文武并兴"的局面，保证社会大治。正如《礼记·礼运》的描述："大道之行也，天下为公，选贤与能，讲信修睦。故人不独亲其亲，不独子其子；使老有所终，壮有所用，幼有所长，矜寡、孤独、废疾者皆有所养"。然而，当一种制度出现问题，不能再选出贤德之人的时候，就必然会被历史淘汰。

三、中国式现代化的思想理念

英国学者马丁·雅克在其著作《当中国统治世界》一书中敏锐地指出："认为中国对世界的影响主要体现在经济方面，实在有些过时。中国的政治和文化可能也会产生无比深远的影响。"中国的成功，归根结底是中国制度和中国治理模式的成功。中国制度好不好、优越不优越，早已是无须争辩的议题，要想理解好在哪里，优越在哪里，就必须对制度背后的思想进行准确的解读和阐释。习近平总书记指出，"中华优秀传统文化是中华民族的精神命脉"[1]，对于中国特色社会主义建设具有重大意义，是治国理政的重要思想资源，能够为治国理政提供经验借鉴和智慧启示。中华民族之所以是中华民族，就是因为中

---

① 习近平：《在文艺工作座谈会上的讲话》，人民出版社2015年版，第25页。

华优秀传统文化赋予的精神气质。对于中国式现代化而言，道理也是如此。要想推进中国式现代化，就必须读懂涵养了中华民族精神气质的中华优秀传统文化。

中华优秀传统文化是一种关于"道"的整体认识。天地之间的万事万物都循"道"而行，如《中庸》所云："道也者，不可须臾离也；可离，非道也。"这就决定了中国古人无论是在处理与家国社会之间的关系，还是在处理与天地自然之间的关系时，都崇尚效法于"道"，按照"道"的要求通达宇宙人生的真理，成就利国利民的事业。正是在这个意义上，中国古人形成了关于治国理政和社会发展的庞大而又严谨的思想体系，其中既涉及为君之道、为臣之道等关乎"人"的一面，也有为政之道等关乎"制度"的一面。具体而言，治国之道关乎人的一面表现在诸如以民为本、民贵君轻、亲仁善邻等，为政之道的一面则表现在诸如德主刑辅、选贤与能、以和为贵等。一言以蔽之，就是要以道治国。

习近平总书记在党的二十大报告中强调："中华优秀传统文化源远流长、博大精深，是中华文明的智慧结晶，其中蕴含的天下为公、民为邦本、为政以德、革故鼎新、任人唯贤、天人合一、自强不息、厚德载物、讲信修睦、亲仁善邻等，是中国人民在长期生产生活中积累的宇宙观、天下观、社会观、道德观的重要体现，同科学社会主义价值观主张具有高度契合性。"[①]在文化传承发展座谈会上，习近平总书记指出："我们一直强调把马克思主义基本原理同中国具体实际相结合，现在我们又明确提出'第二个结合'。""如果没有中华五千年文明，哪里有什么中国特色？如果不是中国特色，哪有我们今天这么成功的中国特色社会主义道路？只有立足波澜壮阔的中华五千多

---

① 《习近平著作选读》第一卷，人民出版社2023年版，第15页。

年文明史，才能真正理解中国道路的历史必然、文化内涵与独特优势。""'结合'的前提是彼此契合。'结合'不是硬凑在一起的。马克思主义和中华优秀传统文化来源不同，但彼此存在高度的契合性。比如，天下为公、讲信修睦的社会追求与共产主义、社会主义的理想信念相通，民为邦本、为政以德的治理思想与人民至上的政治观念相融，革故鼎新、自强不息的担当与共产党人的革命精神相合。马克思主义从社会关系的角度把握人的本质，中华文化也把人安放在家国天下之中，都反对把人看作孤立的个体。"并强调："中华优秀传统文化有很多重要元素，比如，天下为公、天下大同的社会理想，民为邦本、为政以德的治理思想，九州共贯、多元一体的大一统传统，修齐治平、兴亡有责的家国情怀，厚德载物、明德弘道的精神追求，富民厚生、义利兼顾的经济伦理，天人合一、万物并育的生态理念，实事求是、知行合一的哲学思想，执两用中、守中致和的思维方法，讲信修睦、亲仁善邻的交往之道等，共同塑造出中华文明的突出特性。"①习近平总书记从多个方面对中华优秀传统文化中的宇宙观等做了提纲挈领式的概括，为人们准确把握中国式现代化的历史文化底蕴指明了方向，传达着坚定的文化自信和历史自信。中国式现代化的精神与此一脉相承，吸收了古人治国之道的精髓。这些方面既是对中华优秀传统文化最好的继承和发展，也是中国式现代化所蕴藏的精神气质的最佳体现。

中国共产党是中华优秀传统文化的忠实继承者，有自己所坚持和追求的"大道"。"中国式现代化，是中国共产党领导的社会主义现代化"②。"党的领导直接关系中国式现代化的根本方向、前途命运、最

---

① 习近平：《在文化传承发展座谈会上的讲话》，《求是》2023年第17期。
② 《习近平著作选读》第一卷，人民出版社2023年版，第18页。

终成败。""党的性质宗旨、初心使命、信仰信念、政策主张决定了中国式现代化是社会主义现代化，而不是别的什么现代化。"① 习近平总书记强调："没有中华优秀传统文化、革命文化、社会主义先进文化的底蕴和滋养，信仰信念就难以深沉而执着。"②

革命文化是近代以来特别是五四新文化运动以来，在中国共产党和人民的伟大斗争中培育和创造的思想理论、价值追求、精神品格，如伟大建党精神、井冈山精神、长征精神、延安精神、西柏坡精神等，集中体现了马克思主义指导下的中国近现代文化的发展及其成果，展现了中国人民顽强不屈、坚韧不拔的民族气节和英雄气概。革命文化既是中华民族革命斗争历史的高度文化凝聚，也是中国精神在革命年代的主要表现形式，寄托着各族人民对美好生活的向往。革命文化在革命、建设、改革各个历史时期发挥了十分重要的历史推动作用。革命文化传承着中华民族的优良传统，融合了马克思主义经典理论，对中华优秀传统文化进行了再生再造和凝聚升华，并在革命实践中得到熔铸。从"为万世开太平"到"革命理想高于天"，从"威武不能屈"到"大无畏的革命英雄主义"，从"民惟邦本"到"全心全意为人民服务"，从"格物致知"到"实事求是"，从"自强不息"到"自力更生、艰苦奋斗"等，都生动反映了中华优秀传统文化在革命斗争中的传承、转化和发展，并赋予民族志向、民族品格、民族精神新的时代光芒。③ 革命文化之所以具有生命力，根本在于与所处的社会实践要求相适应，与时代的精神追求和价值观念相契合。革命文化是中国特色社会主义文化的重要组成部分，蕴含着先进的科学理论、

---

① 习近平：《中国式现代化是中国共产党领导的社会主义现代化》，《求是》2023 年第 11 期。
② 中共中央文献研究室编：《习近平关于社会主义文化建设论述摘编》，中央文献出版社 2017 年版，第 17—18 页。
③ 汤玲：《中华优秀传统文化、革命文化和社会主义先进文化的关系》，《红旗文稿》2019 年第 19 期。

崇高的理想信念、不屈的革命意志、无私的为民情怀、艰苦奋斗的优良传统、不断革命的斗争精神，具有丰富的历史文化内涵，是推进中国式现代化强大的动力之源。革命文化在中国共产党领导的各个不同历史时期始终与实践紧密结合，从而保持了旺盛的生命力。在推进中国式现代化的伟大实践中，丰富发展革命文化的时代内涵和表现形态，提升革命文化的时代价值，使革命文化成为新的时代标识。[①]

社会主义先进文化是在中国共产党领导人民推进中国特色社会主义伟大实践中，在马克思主义指导下形成的面向现代化、面向世界、面向未来的，民族的科学的大众的社会主义文化，代表着时代进步潮流和发展要求。社会主义先进文化萃取了中华优秀传统文化和革命文化的精华，是对中华民族优秀传统文化和红色革命文化的深度融合，也是中华文化在当代中国的最新发展。中国特色社会主义共同理想和共产主义远大理想、马克思主义中国化时代化的制度和理论成果、社会主义核心价值观、以爱国主义为核心的民族精神和以改革创新为核心的时代精神等，共同熔铸了社会主义先进文化。[②]社会主义先进文化与中国式现代化具有天然的契合性。这一文化坚持为人民服务、为社会主义服务，坚持百花齐放、百家争鸣，通过广泛实践社会主义核心价值观，弘扬伟大建党精神，掌握意识形态领导权，提高全体人民的文明程度，繁荣发展文化事业和文化产业等举措，完成举旗帜、聚民心、育新人、兴文化、展形象的任务，达到巩固壮大主流思想舆论阵地，构建中国话语体系，深化爱国主义、集体主义、社会主义教育，推出增强人民精神力量的文艺作品，健全现代公共文化服务体系，培育时代新风新貌，提高人民道德水准和文明素养，培养担当民

---

① 范希春：《在推进中国式现代化历史进程中大力弘扬革命文化》，《红旗文稿》2023年第6期。
② 汤玲：《中华优秀传统文化、革命文化和社会主义先进文化的关系》，《红旗文稿》2019年第19期。

族复兴大任的时代新人等综合发展目标，实现建设社会主义文化强国的目标。①

"在5000多年文明发展中孕育的中华优秀传统文化，在党和人民伟大斗争中孕育的革命文化和社会主义先进文化，积淀着中华民族最深层的精神追求，代表着中华民族独特的精神标识。"②党的二十大报告指出，全面建设社会主义现代化国家，必须坚持中国特色社会主义文化发展道路。③"中国式现代化是强国建设、民族复兴的康庄大道。""中国式现代化既要物质财富极大丰富，也要精神财富极大丰富、在思想文化上自信自强。"④

四、中国式现代化的文明特征

在梳理了中国式现代化的历史根源和思想理念后，结合"西方治乱"及其背后的根源，便不难总结出中国式现代化的文明特征。这些特征可以用"三个统一""三个结合""三个超越"来概括。

"三个统一"是指治道与政术的统一、传承与发展的统一、历史与未来的统一。中华文化是"志于道"的文化，在"道"这个普遍规律的基础上，使用"合于道"的治理政术，这就是治道与政术的统一。

"道"作为普遍的规律，在治理的领域称为"治道"，政术属于治理的工具，也就是"器"。"形而上者谓之道，形而下者谓之器。"以

① 唐建军：《中国式现代化是中国特色社会主义文化的必然选择》，《中国文化报》2023年8月15日。
② 《习近平谈治国理政》第二卷，外文出版社2017年版，第36页。
③ 《习近平著作选读》第一卷，人民出版社2023年版，第35页。
④ 习近平：《中国式现代化是强国建设、民族复兴的康庄大道》，《求是》2023年第16期。

"道"指导"器"的使用方式，以"道"引领"器"的发展方向，以"道"约束"器"的创新形式。在治理中，坚守不变的是道，可变的是治理的具体形式。道不变，保障了文化与文明的传承；形式随着时代的发展而变化，不泥古，不故步自封，而与时俱进，推动了社会的发展。这就是中国独具特色的守正创新的发展特点，即传承与发展相统一。

当"道"将传承与发展相统一的时候，历史与未来自然就达到了统一。因为有了"守正"的理念，古人在作决策时，就不会只顾及眼前的小利而做出急功近利的选择，而是会考虑长远的流弊。"江河若断流，吾辈何以对子孙；文化若失传，吾辈何以见祖先"表达的是上考虑先祖下考虑千秋万世，将当下的利益与长远的发展相结合的理念。当今中国在制定决策规划时，注重继承前人基业，不搞前后相互否定，从"五年规划"到"千年大计"，从短期计划到长期规划，体现了历史与未来相统一的特点。

总之，"志于道""合于道"是中国式现代化所有特征中最根本的特征，也是中华文明得以绵延不绝、守正创新、代代承传的关键。对比西方国家悖于道的社会发展理念，缺乏长远规划的治理模式，便不难理解为什么西方国家建立的功业只可大而不可久。

"三个结合"是指理论与实践相结合、科学与人文相结合、国内与国际相结合。古人历来强调"知行合一"，反对单纯对形而上的追求，而是强调要能"安身立命""经世致用"。例如，《中庸》在"博学之，审问之，慎思之，明辨之"后面紧跟"笃行之"。为学如此，为政亦如是，将思想理念与制度设计相结合，才能使"志于道"的治理落到实处。理论与实践相结合、实践是检验真理的唯一标准，这同样是当代中国在以马克思主义为指导思想的指引下所遵循的实践论。这是中国式现代化取得成功的关键。

中国古代创造了光辉灿烂的科技文明，取得了诸多领先于世界的成就，其中不乏领先世界千年的成就。但是，古人深刻地认识到，无序的科技发展会导致文化乃至人类的毁灭。科学特别是技术必须在人文精神的关怀之下健康有序地发展，换句话说，科技也是"器"的一种，必须以"道"为发展的道路和指归。上古的经典《易经》被称为"群经之首""大道之源"，其中包含着深邃的自然科学与人文科学的理念，就是科学与人文的完美结合，类似的还有《黄帝内经》，将哲学与医学相结合。此外，《论语·述而》云："志于道，据于德，依于仁，游于艺。"任何一种"艺"当其冠以"道"时，如茶道、武道、棋道等，便不再是普通的"术"了，而是使人通过百工技艺的培养，涵养德性，最终归于"道"的方式。这种将科学与人文相结合的方式，使人们在科学技艺方面的发展不偏离"道"的方向，为古代治理成就的取得增加了向心力。

无论是古代还是当今，经济上通商往来、文化上交流互鉴等，都是在国家治理中必不可少的，这就是国内与国际相结合。中华文化是"志于道""合于道"的文化，能够怀抱着开放的态度，同其他文明不断交流互鉴。在文明交流互鉴、文化不断融合中，中华文化与其他文化中合于"道"的部分相互吸纳融合，有悖于"道"的部分则在历史的发展中逐渐淘汰。这个过程是自然而然的。"志于道""合于道"的特点不仅使中华民族在文明互鉴、文化交融过程中始终保持高度自信、守正创新，也避免中华文明被其他文明反噬——即使在作为文明守护者和传承者的国家形态遭受局部入侵乃至亡国的时候亦然。

"三个超越"是指求大义超越逐小利、王天下超越霸天下、普遍性超越特殊性。求大义超越逐小利也可理解为追求共同利益超越追求部分利益。追求大义并不是不讲私利，而是作为共同利益，在追求大义的过程中，利益自然在其中了。家国天下的一体性以及家国情怀的双向性，使中国式现代化超越个人本位、超越族群矛盾、超越社团利益、超越党派纷争、超越宗教形态乃至超越国家本位。大义超越小利达到了全局与局部的辩证统一。

中国的历史经验是"以力服人者霸，以德服人者王""强不执弱，富不侮贫""国虽大，好战必亡""远人不服，则修文德以来之"，这些理念在中国代代相传，深深植根于中国人的精神中，实际体现在中国人的行为上。中国始终追求和平的发展道路。虽然"王霸之辩"始终是中国历史上争论的焦点，但是梳理中国历史上的盛世可以发现，王天下所成就的功业可久可大，而霸天下的功业虽可大但不可久。这在当代东西方的发展中体现得尤为明显。美国和其他西方国家虽实现了一时的强大，但真实的西方近代史是建立在殖民和掠夺的基础之上，借助工业化而实现逆袭，其发展逻辑不具备普遍性，只是人类社会进程中的局部形态。而且王道天下与霸道殖民也成为"中国之治"与"西方之乱"背后的原因。正是在王天下超越霸天下理念的指引下，发展出了诸多超越：以人民为中心超越以资本为中心、社会安定超越资本扩张、合作共赢超越零和博弈、和平超越对抗、追求长久超越追求一时，从而呈现出了中国式现代化与西方现代化的对比。

中华文化能够达到和而不同的治理境界，是因为中华文化是"志于道"的文化，"道"是具有普遍性的规律，依据道而治理，可以超越特殊而达到普遍，这也使得中国式现代化所包含的"中国智慧""中国方案"，既有时代性，又有超越性。

总之，中国式现代化具有深厚的历史文化底蕴。中华优秀传统文化中蕴含着丰富的治理智慧，并在历史上开创了一个又一个盛世。通过溯源历史研究中国式现代化的文化根源，不仅能对今天中国为什么成功做出深刻的回答，从而坚定文化自信，还能从中华优秀传统文化中汲取国家治理的智慧，进一步完善中国式现代化，创造和发展人类文明新形态。此外，还可以借鉴古代天下体系的建设理念和实践，为推动构建人类命运共同体、寻找全球治理的理论和方法提供重要启示。

第二章

庶教相依：人口规模巨大的现代化

党的二十大明确指出，中国式现代化是人口规模巨大的现代化。人口问题始终是我国面临的全局性、长期性、战略性问题。明晰我国人口规模巨大的现实国情，认清我国人口发展的新形势，着力提高人口素质，以人口高质量发展支撑中国式现代化是关乎国家和民族未来、关乎千家万户幸福的大事。我们的现代化既是最难的，也是最伟大的。人口规模巨大的现实国情决定了中国的现代化道路必定不同于西方，而是立足于中华优秀传统文化，在吸收借鉴其他文明成果基础上开创独具中国特色的社会主义现代化道路。

一、现实基础：人口规模巨大是国情、挑战和机遇

人口规模巨大的现代化是中国式现代化的一个重要体现。习近平总书记指出："中国式现代化是人口规模巨大的现代化。我国十四亿多人口整体迈进现代化社会，规模超过现有发达国家人口的总和，艰巨性和复杂性前所未有，发展途径和推进方式也必然具有自己的特点。"[1]作为一个拥有十四亿多人口的超大规模国家，要实现现代化，

---

[1] 《习近平著作选读》第一卷，人民出版社2023年版，第18页。

没有先例可循，我们必须从现实国情出发，积极应对人口规模巨大的挑战与机遇，在循序渐进中开创适合自己特点的发展道路，破解世纪性难题。

（一）人口规模巨大是中国的现实国情

习近平总书记指出："中国幅员辽阔、人口众多，要想发展振兴，最重要的就是立足国情、走自己的路。"[①]中国式现代化既有各国现代化的共同特征，更有基于自己国情的鲜明特色。人口规模巨大正是中国式现代化的首要特征，也是中国的现实国情。走什么样的路，归根到底是由这个国家的国情决定的。我们必须深刻把握人口规模巨大这个现实国情。

作为历史悠久的文明古国，自古以来，中国即以人口众多著称于世，是屹立于世界东方的人口大国。纵观历史，早在几千年前中国人口发展已有相当规模。据西晋皇甫谧于《帝王世纪》中载，大禹之时，中国人口数已达1355万。从夏王朝到春秋末年，人口数量一直维持在1000万左右。据《汉书·地理志》记载，到西汉末年，全国人口已达5900万。从东汉至明朝前期的1600多年间，全国人口总量在6000万左右摆动。从明末到清朝中叶，全国人口激增至1亿。至19世纪中叶，人口总量突破4亿。时至中国沦为半殖民地半封建社会，尽管受到战乱、灾荒的影响导致人口数量有所下降，但庞大的人口基数使得全国总人口仍维持在3亿到4亿之间。到新中国诞生之时，中国人口总数已超过5.4亿。整体而言，中国历史上人口的发展表现为典型的周期波动性。在社会安定、经济繁荣时期，人口总量会迎来

[①] 《习近平给"国际青年领袖对话"项目外籍青年代表回信》，《人民日报》2021年8月12日。

大幅增长，而在由天灾、战乱引起的社会动荡时期，人口总量会有所下降或呈现负增长。但从中国人口的变化轨迹来看，人口总量是不断攀升的。尤其是清代以来的人口增长，奠定了现代中国人口发展规模的基础。

新中国成立以来，中国人口发展经历了快速增长到明显放缓的过程。随着新中国诞生，社会生产力得到解放，人民的物质文化生活水平迅速提高，中国人口进入高速增长期。尤其是20世纪60年代初，人口出生率高达43.37‰，人口数量增加近2亿人。[①]高速的人口自然增长夯实了中国人口数量的庞大基数，进一步激发了人口数量快速增长的潜能。70—80年代，尽管在国家大力推行计划生育政策的影响下，人口自然增长率急速下降，年均水平一度降到了15‰以下，但庞大的人口基数使得中国人口总量仍在不断上升。到1989年，中国人口数量增长了一倍多。据国家统计局估算，此时中国大陆人口总数已超过11.1亿。

人口快速增长，为生产力的发展提供了空间，但与此同时也带来了各方面的沉重压力。党带领人民艰辛探索适合我国国情的发展道路，经过不懈努力，实现了人口再生产类型从"高出生、低死亡、高增长"向"低出生、低死亡、低增长"的历史性转变，创造了较长时间的人口红利期，对中国经济持续较快增长大有助益，有力支撑了改革开放和社会主义现代化事业。习近平总书记指出："超大规模的人口，既能提供充足的人力资源和超大规模市场，也带来一系列难题和挑战。光是解决14亿多人的吃饭问题，就是一个不小的挑战。还有就业、分配、教育、医疗、住房、养老、托幼等问题，哪一项解决

---

① 参见国家计划生育委员会宣传教育司主编：《中国人口国情》，中国人口出版社1990年版，第11页。

起来都不容易，哪一项涉及的人群都是天文数字。我们想问题、作决策、办事情，首先要考虑人口基数问题，考虑我国城乡区域发展水平差异大等实际，既不能好高骛远，也不能因循守旧，要保持历史耐心，坚持稳中求进、循序渐进、持续推进。"①

党的十八大以来，以习近平同志为核心的党中央高度重视人口问题，根据我国人口发展变化形势，作出逐步调整完善生育政策、促进人口长期均衡发展的重大决策，有力促进了经济发展和社会进步。现阶段，我国总人口增长速度明显放缓，生育水平持续走低，"少子老龄化"将成为常态。习近平总书记指出："近年来，我国人口发展出现了一些显著变化，既面临人口众多的压力，又面临人口结构转变带来的挑战。"②尤其是2017年以来，中国人口净增长连续多年"跳跃式下降"。在充分认识我国人口基本国情的基础上，也必须全面、深入地认识我国人口发展新态势。当前，我国发展呈少子化、老龄化、区域人口增减分化的趋势性特征。深刻认清人口变化带来的新挑战，对于推进中国式现代化建设具有重大意义。

全面认清中国人口国情，要用长远眼光，从全局出发，用辩证的思维对待人口发展态势。我国人口基数大、人口众多的基本国情没有改变。根据国家统计局报告，2022年末全国人口为141175万人。中国的人口数量超过世界总人口的六分之一。据联合国《世界人口展望2022》方案预测，在2035年之前，中国人口总量会保持在14亿左右；到2050年时，中国人口仍会保持在13亿左右。虽然现阶段中国人口已达峰，但规模依然巨大，这是中国人口的基本国情。与此同时，人口增长速度放缓、生育水平持续走低、老龄化程度加深也成为中国乃

---

① 习近平：《中国式现代化是强国建设、民族复兴的康庄大道》，《求是》2023年第16期。
② 《习近平在参加第七次全国人口普查登记时强调 切实做好第七次全国人口普查工作 为高质量发展提供准确统计信息支持》，《人民日报》2020年11月3日。

至世界发达国家普遍面临的问题。在推进中国式现代化的过程中，既要深刻把握人数众多、人口规模巨大这个基本国情，也要认清人口发展的新态势、新问题，用长远、发展的眼光积极迎接新挑战。这是探究人口现象和其他经济、社会现象的出发点与落脚点。

（二）艰巨性、复杂性前所未有

大国之大，亦面临大国之重。习近平总书记在参加党的二十大广西代表团讨论时指出，"我们的现代化既是最难的，也是最伟大的"[①]。我们不同于几十万人、几百万人、几千万人的现代化，而是14亿多人口的现代化。14亿多人口整体迈入现代化社会，规模超过现有发达国家人口的总和，走美欧老路是走不通的。中国式现代化不是少部分人的现代化，更不是两极分化的现代化，中国不走"先污染、后治理""对外扩张掠夺"的老路，而是要走一条全体人民共同富裕、方方面面都强起来的现代化，难度可想而知。迄今为止，全球完成工业化的发达国家和地区人口总和不超过10亿人。中国14亿多人口整体迈入现代化社会，无先例可循，更没有现成道路可走。在超大规模国家实现现代化，要解决14亿多人的吃饭问题，更要让全体人民都过上好日子，共享现代化成果，这是一项繁重、复杂的系统工程。

作为全部社会生产行为的基础和主体，人口是复杂的社会总体。人口不可避免地会和政治、经济、自然等其他社会现象发生联系，在这个过程中，人口的变动和发展一方面要受自然规律的制约，另一方面也必然会对社会和自然等各方面产生影响。人口数量的发展同社会

---

① 杜尚泽：《"既是最难的，也是最伟大的"（微镜头·习近平总书记参加党的二十大广西代表团讨论）》，《人民日报》2022年10月18日。

发展之间存在着相互联系和相互依存的因果关系，这并不是简单的决定和被决定、作用与反作用，而是复杂得多的双向关系。作为一个人口规模巨大的发展中国家，中国的现实状况更加复杂多元。发展不平衡不充分的问题仍然突出。人们在就业、教育、医疗、住房、资源等方面仍面临不少难题。人口问题始终是中国面临的一个全局性、长期性、战略性问题，人口发展是关系中华民族伟大复兴的大事。近年来，我国人口发展出现了一些显著变化，既面临人口众多的压力，又面临人口结构转变带来的挑战。在人口规模巨大的基础上，中国还要面临人口老龄化、城镇化、劳动力减少等叠加性的不利因素。这一切都使得中国式现代化的历史过程更加艰巨、更加复杂。

与此同时，如何协调好不同地域、不同民族、不同风俗的人群，如何增强中华民族的向心力、凝聚力，这些都是摆在中国这个超大规模国家面前的时代"考卷"。中国幅员辽阔，民族众多，风俗多样。这一切都使达成社会共识、协调发展的过程更为复杂和艰难。改革开放以来，城乡和区域之间的人口快速流动，主体多元化、利益复杂化、需求多样化等问题急剧增加。中国各民族的人口分布呈现大散居、小聚居、交错杂居的特点。在中国这样一个多民族国家，维护民族团结、实现各民族共同繁荣发展极具重要性又兼具紧迫性和艰巨性。和谐的民族关系是维护社会稳定、构建和谐社会的重要基础，是影响国家稳定的重要因素。总而言之，充分认识中国人口规模巨大的复杂性和艰巨性，是凝聚共识开新局，汇聚力量促发展的前提条件。

（三）利用人口优势，走自己的路

"我们致力于团结奋斗，让全体中国人民一起迈向现代化。人口众多是中国的基本国情。再大的成就除以14亿都会变得很小，再小的问题乘以14亿都会变得很大，这就是大的难处。同时，大也有大的优势。中国共产党领导、中国特色社会主义制度、广大人民群众的拥护和支持是我们最大的优势。中国是超大规模经济体，形成了超大规模市场。""14亿多中国人民迈向现代化是中国带给世界的巨大机遇。"①

从中国人口规模巨大的现实国情出发，中国式现代化绝不能完全照搬西方模式，必须探索出符合中国实际的现代化模式。习近平总书记强调："一个国家走向现代化，既要遵循现代化一般规律，更要符合本国实际，具有本国特色。"②我们必须用辩证的眼光看待人口规模巨大这个特色，深刻领会并发扬历史主动精神，审时度势，牢牢掌握发展主动权。

人口是影响中国发展的韧性因素。对于中国而言，人口规模巨大既是压力，更是机遇，意味着优势与红利。马克思非常强调人口是一切社会行为和社会活动的主体，人口与其他社会因素之间关系密切。毛泽东也明确指出："世间一切事物中，人是第一个可宝贵的。"③习近平主席指出："中国经济社会的更好发展，归根结底要激发14亿多人民的力量。"④人口对社会发展的作用至关重要，它是关键性的战略资源。

首先，人口规模巨大可转化为超大规模市场优势。中国拥有14亿多人口，已超过世界三大经济体的人口规模之和（美国3.32亿、欧

---

① 习近平:《汇聚两国人民力量 推进中美友好事业——在美国友好团体联合欢迎宴会上的演讲》,《人民日报》2023年11月17日。
② 《习近平在学习贯彻党的二十大精神研讨班开班式上发表重要讲话强调 正确理解和大力推进中国式现代化》,《人民日报》2023年2月8日。
③ 《毛泽东选集》第四卷，人民出版社1991年版，第1512页。
④ 习近平:《坚守初心 共促发展 开启亚太合作新篇章——在亚太经合组织工商领导人峰会上的书面演讲》,《人民日报》2022年11月18日。

盟4.47亿、日本1.26亿），其中中等收入群体有4亿多，人均GDP超过1.2万美元，已经成为全球第二大商品消费市场。随着居民收入水平提高和消费领域不断拓展，居民消费结构持续优化升级，形成了具有深厚潜力的超大规模市场。2022年11月，在亚太经合组织工商领导人峰会上发表的书面演讲中，习近平主席明确指出："我们将坚持以人民为中心，继续提高人民生活水平，使中等收入群体在未来15年超过8亿，推动超大规模市场不断发展。"[①]中国巨大的国内需求使之对全球优质资源具有高度吸引力，为中国经济发展注入加速度。中国兼具"世界工厂和世界市场"的巨大潜在优势，成为在全球经济发展中的重要"稳定器"。

其次，人口规模巨大孕育着巨大人力资源支撑，是实现高质量发展的坚实基础。尽管自2013年以来，我国劳动年龄人口有所减少，但规模依然庞大。根据第七次全国人口普查数据，中国仍有近9亿15—59岁劳动年龄人口，超过全球发达国家劳动年龄人口的总和。到2030年预计有9.5亿，到2050年预计仍有8.2亿。可以说，未来几十年内，中国的人力资源基础依然雄厚。我国不缺劳动力数量，这是实现高质量发展的坚实基础，是培养高素质、高技能劳动力的根基。从新中国成立后党和国家提出有计划有步骤地实行普及教育，到改革开放以来特别是党的十八大以来，让人民群众共享公平而有质量的基础教育，到2022年九年义务教育巩固率达95.5%，高中阶段毛入学率达到91.6%，新增劳动力平均受教育年限达14年，有力促进了国民素质的提升。只有不断提高劳动者素质，促进人的全面发展，才能变人口大国为人口强国。习近平总书记指出："人口发展是关系中华民族

---

① 习近平：《坚守初心 共促发展 开启亚太合作新篇章——在亚太经合组织工商领导人峰会上的书面演讲》，《人民日报》2022年11月18日。

伟大复兴的大事，必须着力提高人口整体素质，以人口高质量发展支撑中国式现代化。"①面对人口规模巨大的现实国情，我们需要对人口问题进行全局性、战略性的统筹谋划，加快从人口大国转向人力资源强国，以高质量教育赋能人口高质量发展，以人口高质量发展支撑中国式现代化。

再次，人口规模巨大孕育着巨大生产力。在各种因素的相互作用中，生产力是推动人类社会发展的最终决定力量。马克思指出，"历史不过是追求着自己目的的人的活动而已"，"工业的历史和工业的已经生成的对象性的存在，是一本打开了的关于人的本质力量的书"。②生产力的产生和发展是由人的需要与自然的矛盾引起的。为了解决二者的矛盾，人的需要和劳动之间不断相互转化、相互作用，构成了生产力发展的内在动力。人在劳动生产的过程中不断发挥主体能动力量，在对劳动对象的改造中不断促进生产力水平的提高。生产力和社会关系——这二者是社会的个人发展的不同方面，人作为劳动生产的主体，在这个过程中始终是能动性、主导性的因素，是首要的生产力。人口不仅构成国家硬实力，还构成了国家的软实力，是国家发展最可靠、最根本的基石。充分挖掘人口规模巨大在现代化进程中的积极作用，利用好这一巨大优势，会为中国式现代化带来发展机遇。

巨大的人口规模蕴含着巨大的力量，开掘、释放这种力量的关键在于转变人口为人才，大力实施科教兴国。我国经济目前已从高速增长阶段转向高质量发展阶段。新征程上，实现高水平科技自立自强，归根结底要靠高水平人才。习近平总书记指出："必须坚持科技是第一生产力、人才是第一资源、创新是第一动力，深入实施科教兴国战

---

① 《习近平主持召开二十届中央财经委员会第一次会议强调 加快建设以实体经济为支撑的现代化产业体系 以人口高质量发展支撑中国式现代化》，《人民日报》2023年5月6日。
② 《马克思恩格斯文集》第一卷，人民出版社2009年版，第295、192页。

略、人才强国战略、创新驱动发展战略，开辟发展新领域新赛道，不断塑造发展新动能新优势。"①功以才成，业由才广。这就要求我们要重视人才培养，明确人才培养目标，搭建育人平台。一方面要注重高素质、高技术技能人才培养，尤其是创新型人才的培养。激发各类人才的创新活力。另一方面要营造良好的创新环境，创设良好的激励机制。

最后，人口规模巨大蕴含着巨大精神力量。人口规模巨大，超稳定结构，背后蕴含着精神符码，将人们牢固的团结在一起，这是中国式现代化的精神力量。马克思指出："每一种特殊的、历史的生产方式都有其特殊的、历史地发生作用的人口规律。"②这就需要促进优秀传统文化的现代性转换，充分开掘中国历史上在人口规模巨大的现实基础上如何维系长期稳定发展。中华民族身上独特的精神标识是中华文明沉淀下来的最宝贵的东西。

人口规模巨大是挑战，更是独特优势。唯有辩证看待中国人口，以历史主动精神开掘其中蕴含的深厚潜能，并将其转化为现实力量，人口规模巨大才能真正发展成为中国式现代化的支撑力量，全面推进中华民族伟大复兴。与此同时，人口规模巨大的现代化中国，承载着世界对新时代新机遇的期待。超大规模的市场、强大的人力资源、巨大的生产力等因素相互叠加，成为中国式现代化的不竭源泉和强大支撑。

---

① 《习近平著作选读》第一卷，人民出版社2023年版，第28页。
② 《马克思恩格斯文集》第五卷，人民出版社2009年版，第728页。

二、文化根脉：传统中国一以贯之的众民、化民思想

作为悠悠五千多年的文明古国，人口问题亘古通今，众民、化民历来为为政者所重。《诗经·周南》明确指出："宜尔子孙，振振兮"；"宜而子孙，绳绳兮"。把人口庶众和教育子孙的重要性相提并论。人口思想的萌芽可溯至夏商周时期。随着等级划分和财产私有，人们开始关注人口数量，对人口问题有了思考和简单的核算。夏商统治者追求"多子孙甲"，认为多子多孙，才能奉先思孝。西周时期，出于战争和生产的需要，为政者开始十分注重增加人口，并设"司民"一职专务人口管理，设"媒氏"督促婚嫁。人口总数的增加对于提升国家整体力量至关重要。人口构成劳动资源，进而成为经济生产的要素。人口数量增加成为衡量国家实力的标志。春秋战国时期，增加人口数量已成为诸家共识。孔子提出，国家"所重民、食、丧、祭"（《论语·尧曰》）；孟子主张"广土众民，君子欲之"（《孟子·尽心上》）、"诸侯之宝三：土地，人民，政事"（《孟子·尽心下》）；墨子主张"欲民之众而恶其寡"（《墨子·辞过》）。商鞅提倡"有土者不可以言贫，有民者不可以言弱"（《商君书·错法》）。在先秦思想的影响下，汉朝以降的统治者皆秉持"广土众民"的理念。

中华文明之所以能传承几千年始终屹立于东方，沉淀为世界上唯一没有中断的文明，就在于其在政治、哲学、文化等多方面积累了丰富的内容，形成了一脉相承的传统。众民、化民是中国传统人口思想一以贯之的重要内容，探明其在人口规模巨大的国情下长久维系稳定态势并一直向前发展的内在符码，深入挖掘其精髓，可为人口规模巨

大的中国式现代化提供有益借鉴。

（一）众民之需的现实基础

小农经济为中国人口增长奠定了基调，中国传统人口观念适应了小农经济的特点。人口众多意味着闲时能事耕种，发展经济；乱时能保家卫国，提升综合国力。早在唐尧时代，就有"多福，多寿，多男子"的"三多"观念，农业耕作需要充足的人口尤其是男性，后发展成为多子多福的人口观念。广土众民成为历代为政者的追求，对于国家的强盛起到了无可替代的作用。

1.辉煌的农业文明

作为农业古国，华夏文明的大厦牢固植根于农业文明的土壤。农业是开启探究中国传统社会的首把钥匙。大约在公元前22世纪，中国进入自己的文明时代，建立了中国历史上第一个王朝——夏。经历商、周更迭，至春秋战国时期，逐步确立了男耕女织的小农经济。孟子曾为人们描绘了理想的小农经济画面："五亩之宅，树之以桑，五十者可以衣帛矣。鸡豚狗彘之畜，无失其时，七十者可以食肉矣。百亩之田，勿夺其时，数口之家，可以无饥矣。"（《孟子·梁惠王上》）尽管每户所能经营的土地规模有限，但只要有充足的劳动力、勤于耕作、勿违其时，就可以供养众多的人口。传统中国的农业经济结构一经形成就开始了其漫长辉煌的发展历程，奠定了中国封建社会的坚实基础。封建中国长期稳固的中央集权政府正根基于传统农业经济结构之上。精耕细作的农业生产和小农经济为中国这个东方农业大国奠定了基石。古老中国的文明发达与传统农业文明的长盛不衰密不可分。

人口随着农业生产力的提高而不断增长。民以食为天，食以水为先。中国传统农业发源于黄河、长江流域，随后不断向四周辐射。中国两河流域得天独厚的优势使中国拥有大规模的耕种面积。随着铁制农具的普及、水利灌溉技术的改进、丝绸之路的贯通，社会生产力不断提高。农作物产量的大幅提升为更多人的生存提供了物质保障。长期处于辉煌的农业文明为中国人口规模和稳定增长奠定了切实的物质基础。随着生产力的发展，人口出现阶梯状循环增长。

为适应传统农业文明和自给自足的经济体制，传统中国人在生育问题上表现出唯此为大的强烈意愿。作为农业古国，小农经济长期居于主导地位，从事生产往往以一家一户的个体小农经济为主。由于生产力水平尚处于较低阶段，农业劳动基本靠简单的工具，尤其是田间繁重的耕作农活需要大量的人力，尤其是男丁。劳动力数量成为制约经济发展的主要因素。由此出发，重视生育，尤其是生育男孩成为人们在维系自然与社会和谐关系上的必然需求。

2.人口是国力的象征

在中国古代，土地和人口是为政者颇为重视的两大基石，其中人口众多被视为国家兴旺发达的标志。人口增多意味着劳动力的增多、赋税的增加、战斗力的提升，这一切都为国力提供了强大支撑。在中国古代，人口和劳动与一个国家的综合国力密切相关。

和平年代，众多的人口意味着充足的劳动力，以事生产。古代社会，以农兴邦。早在春秋战国就有诸多思想家主张增殖人口，认为人口多少关系生产，是衡量一个国家强弱的重要标志。墨子主张庶民，正是以发展生产为出发点。他指出，"土地者，所有余也；王民者，所不足也"（《墨子·非攻中》），认为人口不足正是造成广阔土地无人耕种的主要原因。增加人口是困难而切要的，"故孰为难倍？唯人为难倍"（《墨子·节用上》）。是故墨子把富国和众民作为国家实力的标志，而国家贫穷的原因就在于为政者实行"寡人之道"。墨子提倡"非攻"，正是为了保护生产，增加人口。有人口就有赋税，才能强国。所以历代统治者大力鼓励人口繁衍，社会安定、生产发展，人口总量就会大幅增长。

战争年代，有人口就有兵员，充足的人口可为军队提供源源不断的兵力。梁惠王曾向孟子请教，"察邻国之政，无如寡人之用心者。邻国之民不加少，寡人之民不加多，何也"（《孟子·梁惠王上》），可见梁惠王渴求民众数量之多。管仲更是重申"以人为本，本理则国固，本乱则国危"（《管子·霸言》）的人口思想。在古代中国，为政者要巩固统治地位，就要追求维护专断统治的国家力量。"王夺之人，霸夺之与，强夺之地。夺之人者臣诸侯，夺之与者友诸侯，夺之地者敌诸侯。"（《荀子·王制》）在战争年代形成了"争天下者，必先争人"（《管子·霸言》）的局面。由于当时的作战能力较弱，士兵数量和军队规模往往决定着战争的成败。扩大军队规模，需要以人口众多为基底。殷商时期，由于当时人口不多，所以军队规模往往是三千至五千人。武王伐纣"兵车三百乘，虎贲三千人，甲士四万五千人"（《史记·周本纪》）。到春秋时，诸侯国军队发展至三五万人。随着封建制取代奴隶制，人口大为增加，农民作为"编民"成为征兵的对象。各国军队都以十万计，历代基本保持了一定数量的常备军。有兵源就能增强军事实力、开疆拓土。

3.生生不息、多子多福的观念熏陶

在以儒家为主流的传统文化熏陶下，传统中国社会形成以"孝"文化为主导的观念。受小农经济的生产方式、宗法制度和文化观念熏陶，传统中国将多子多孙视为家庭之幸。孔子言："父母生之，续莫大焉。"（《孝经·圣治章》）孟子曰："不孝有三，无后为大。"（《孟子·离娄上》）这些观念对于刺激人口增长，促进生产力发展有着重大影响，后来沉淀为传统的道德观念，产生了深远影响。孟子所说的

"后"既指子孙后代，亦指后继者，也就是有孝心、孝德之人。这样一来，"孝"才具有真正意义上的传承性。事实上，在此之前，重视子女生育的观念早已存在。古代宗法社会中，对于贵族阶层而言，繁衍后代是不可推卸的神圣责任，对于延续血统、增强家族势力等有着重要意义，人们为此还制定了相应的礼的规定。对于一般家庭而言，多子意味着劳动力的增加，"寿、富、多男子，人之所欲也"（《庄子·天地》），多生多育对他们而言亦意义非凡。

对于为政者而言，人口众多的意义对于稳固政权、富国强兵更是具有深远意义。传统中国在政治和经济上以遵奉"民之众寡为国之贫富""民之众寡为国之强弱"为主流观点。无论是从事生产还是奔赴战场，人口众多都是强有力的保证。一方面，国家强弱体现在军事力量的强弱。在刀枪剑戟时代，士兵数量是构成军事力量的关键要素。另一方面，国家贫富取决于赋税多少。人口与赋税呈直接的正相关。正因如此，追求人口数量的增长成为为政者和思想家们的共识。

随着相关政策、理论上的支持与鼓励，生生不息、多子多福的观念更是深入人心。早在夏商周时期，"多子孙甲"思想已经萌芽。《易经·渐卦》把"妇孕不育"归为凶卦。春秋时期，诸多思想家都对于人口众多持赞赏态度。孔子曾言"地有余而民不足，君子耻之"（《礼记·杂记下》），将"庶之"作为一个国家走向强盛的首要条件，所以他在婚育问题上主张"男子二十而冠，有为人父之端；女子十五许嫁，有适人之道。于此而亡，则自婚矣"（《孔子家语·本命解》）。据《礼记·昏义》载，婚礼的目的就在于"将合二姓之好，上以事宗庙，而下以继后世也"。直指婚姻的一个重要意义就在于传宗接代。为了减少社会上的鳏寡现象，管仲主张："取鳏寡而合和之，予田宅而家室之，三年然后事之。"（《管子·入国》）为了鼓励人口增长，在生育政策上规定达到适合年龄就必须婚配。越国规定："女子十七不嫁，其父母有罪；丈夫二十不娶，其父母有罪。"（《国语·越语上》）齐国规定："丈夫二十而室，妇人十五而嫁。"（《韩非子·外储》）而对于多生、生男者，明令赏赐："生丈夫，二壶酒，一犬。生女子，二壶酒，一豚。生三人，公与之母。生二人，公与之饩。"（《国语·越语上》）贞观年间，唐太宗还把婚嫁情况作为考核官吏的标准之一。在古代社会，无论是对于一个国家还是家庭而言，人口众多都是富强繁盛的重要标志。即使到了近代，孙中山依然强调人口的重要性，认为"到一百年以后，如果我们的人口不增加，他们的人口增加到很多，他们便用多数来征服少数，一定要并吞中国。到了那个时候，中国不但是失去主权，要亡国，中国人并且要被他们民族所消化，还要灭种"①。正是在这些观念驱使下，人们共同将多子多福奉为人生信条，把繁衍子嗣视为家国大事。

　　传统中国之所以长期繁盛，其根基在于他们不仅追求人口数量的增加，还注重对民众进行教育、提高人口质量。中国素有"礼义之邦"的美誉，这与中国一向重视教育密不可分。早在尧舜时期，教育就有了萌芽。据《尚书·舜典》载，虞时就设有学官，负责教授一些简单的生产和生活活动。至周代，伴随为政者对人口数量的重视，教化思想亦有所发展。西周王朝提出"敬天明德""尊礼尚德"的教化思想。教育也细分为家庭教育、男女有别教育、胎教等。据《礼记》记载，王后、妃嫔怀孕后，就会择日对腹中胎儿进行教育。太师、太宰、太卜和诸官会依照尊卑高低守护左右，为其演奏德音雅乐。太宰只为王后提供合乎礼仪的食物。从孩子呱呱坠地开始，就按照礼的规定为其悬挂"弧"或"帨"，寄寓对其成才的美好期待。学制也区分为国学（大学、小学）和乡学（塾、庠、序、校）。教育的内容除了

---

① 《孙中山选集》（下），人民出版社2011年版，第653页。

礼、乐、射、御、书、数，还有"六礼""七教""八政"。

春秋时期，孔子吸收周官司徒治学的精髓，将官学推至平民之中。在提出"庶之"之后，又提出要"富之""教之"，使受教育者的层次、学习的深度和境界等进一步深化。荀子同样提出"礼义教化，是齐之也"（《荀子·议兵》），"不教无以理民性"（《荀子·大略》），主张通过循序渐进的方式导节民欲、顺人情、美风俗，从而导民向善。董仲舒指出，"礼乐教化之功"乃"子孙长久安宁"之道，提出"立大学以教于国，设庠序以化于邑，渐民以仁，摩民以义，节民以礼"（《汉书·董仲舒传》）。汉武帝实行"罢黜百家，独尊儒术"，增强了教化的制度规约性，通过选士、察举制度选拔贤才，对百姓进行教化。隋唐时期，为培养人才和选拔人才，科举制诞生，使得有才识的读书人有机会进入仕途，社会上用功读书的风气盛行，促进了教育的普及与发展，其影响延伸至清末。

"建国君民，教学为先"，传统中国通过"由上至下"实现对大众的道德和思想意识教育。一方面，通过具体的教育手段、教育举措、制度设计等方式推行教化；另一方面，通过在上位者的率先垂范，氤氲良好社会风气。传统社会通过多管齐下，将理想人格渗透到民众之中，将政治与教化、道德与教育相结合，淳化社会风气，教化人心，收效甚显。

（二）教民化俗的实践要素

中华民族传统道德教化与当今中国社会主义的现代化建设有着密切关系。中华民族优良的道德传统，对于推动当代中国的现代化事业具有重要意义，是社会主义现代化建设必不可少的重要精神力量。传统中国在维持社会稳定发展、移风易俗、增强凝聚力等方面蕴含深厚智慧经验，正是在"大一统"的多民族国家形态下，在强有力的领导核心保障下，通过教化成德、移风易俗等举措，将各方力量凝聚在一起，在整个过程中为政者是否有德，能否以民为本，能否自觉正己化人，成为教民化俗的实践要素。

1. "大一统"的多民族国家形态

世界上唯一绵延数千年而未中断的农业大国就是中国。虽屡经分合，但统一始终是主流，每一次的分裂局势中都孕育了更大规模的统一和整合。秦始皇统一六合，"外攘四夷"，不断开疆拓土，奠定了中国版图的基本轮廓。秦始皇在军事上实现了广袤国土的一统，但面对政法混乱、文化各异、风俗不一、发展不均的各个地区，如何实行有效管理，成为秦王朝颇为棘手的问题。秦始皇诏令群臣商讨对策，他吸取周亡教训，以郡县制取代分封制，官僚制取代贵族制，以"书同文，车同轨"式的中央集权终结诸侯割据，牢牢掌握中央对地方的绝对控制权。通过建立郡县机构，秦王朝中央政府对全国的人力、物力可统一调用，对于加强秦国的经济和国防力量有着重要意义，使后续推行的一系列改革措施如统一文字、货币、度量衡等政策得以贯彻施行。秦始皇使"大一统"终成政治现实，与历史的进步方向一致。在"大一统"制度下，秦王朝建立起庞大的官僚体系，权力高度集中于中央政府，作为中央与地方互动的纽带，秦推行郡县制，尽管后继封建王朝在行政体制上有不同程度的创新、发展，但从理论上而言，它们皆是秦代郡县制的继承与嬗变。正是在郡县制基础上，元代设行省，经明、清规划与变革，奠定了当今行政区域划分的雏形。历史的车轮推动着传统中国社会集结成为一个结构复杂、组织严密的统一整体，在大一统政府的管理下有序运转。

秦、汉迭代。经过汉初休养生息，至武帝时期，国家日益强盛。秦王朝在形式上结束了列国纷争、诸侯争霸局面，真正在思想意识上使人们达成统一则始于西汉武帝时期。武帝以秦亡为鉴，采纳董仲舒建议，"罢黜百家，表章六经"，确立儒家思想为正统，在全国确立起统一的意识形态系统。这一意识形态立足于中国伦理本位的宗法社会，将传统社会的伦理原则同治国原则有机结合，从而构建起以道为本体，立足人性、人心，贯通修、齐、治、平的"大一统"政治文化。在此格局下，皇权能否得真正之"势"就在其能否合乎于"道"。"圣王已没，而子孙长久安宁数百岁，此皆礼乐教化之功也。"（《汉书·董仲舒传》）现实政治要合乎于"道"就要扫除不良旧俗，大兴教化，建立起适应时代的礼乐制度。

历经两汉、隋唐到宋元明清，中国一直雄踞世界东方。历朝明君皆接纳此一主张，自觉正己化人，选贤与能。魏晋又承汉制，从纷乱走向统一，促进了多元文化的交融，孕育出恢宏的盛唐文化。隋唐宋元明清一脉相承，中华统一多民族国家不断巩固与发展，纵有短暂分裂，终归一统。

中华民族浩浩五千多年，弦歌不辍，赓续向前，中华文明始终不曾中断过。"大一统"思想是中华民族走向一体、蓬勃发展的原动力，成为中华各族人民情感深处的共同追求与价值认同。它在潜移默化之中塑造了中华民族人民的鲜明个性，使之在价值观念、道德信仰、伦理规范等各个方面都达至浑然一体，成为一根联结全国各族人民的坚韧纽带，助推中华文明经久不衰。"大一统"思想植根于中国传统社会，历经几千年演化、发展，与中华多民族的历史形态相契合，将个人、社会、国家紧密联系为有机整体，有效推动了中华民族共同体的形成。中华民族共同体意识以"大一统"思想为积淀，在历史发展链条中逐步彰显。"大一统"是中华民族共同体意识形成的思想基础与文化归依。

2019年9月27日，习近平总书记在全国民族团结进步表彰大会上指出："我们悠久的历史是各民族共同书写的。早在先秦时期，我国就逐渐形成了以炎黄华夏为凝聚核心、'五方之民'共天下的交融格局。秦国'书同文，车同轨，量同衡，行同伦'，开启了中国统一的多民族国家发展的历程。此后，无论哪个民族入主中原，都以统一天下为己任，都以中华文化的正统自居。分立如南北朝，都自诩中华正统；对峙如宋辽夏金，都被称为'桃花石'；统一如秦汉、隋唐、元明清，更是'六合同风，九州共贯'。"①

2022年3月5日，习近平总书记在参加十三届全国人大五次会议内蒙古代表团审议时再一次强调："民族团结是我国各族人民的生命线，中华民族共同体意识是民族团结之本。"②中华民族之所以能够形成"共休戚、共存亡、共荣辱、共命运"的向心力，最深层次上正源自"大一统"的历史文化积淀。

2023年6月2日，习近平总书记在文化传承发展座谈会上指出："中华文明是世界上唯一绵延不断且以国家形态发展至今的伟大文明。""中华文明具有突出的统一性。中华文明长期的大一统传统，形成了多元一体、团结集中的统一性。'向内凝聚'的统一性追求，是文明连续的前提，也是文明连续的结果。团结统一是福，分裂动荡是祸，是中国人用血的代价换来的宝贵经验教训。中华文明的统一性，从根本上决定了中华民族各民族文化融为一体、即使遭遇重大挫折也牢固凝聚，决定了国土不可分、国家不可乱、民族不可散、文明不可断的共同信念，决定了国家统一永远是中国核心利益的核心，决定了一个坚强统一的国家是各族人民的命运所系。"③

---

① 习近平：《在全国民族团结进步表彰大会上的讲话》，人民出版社2019年版，第4—5页。
② 《习近平在参加内蒙古代表团审议时强调 不断巩固中华民族共同体思想基础 共同建设伟大祖国 共同创造美好生活》，《人民日报》2022年3月6日。
③ 习近平：《在文化传承发展座谈会上的讲话》，《求是》2023年第17期。

"大一统"作为中华民族长期和平稳定、繁荣强盛的内在生命线，为人口增长提供了稳定的条件，为教民化俗提供了坚实的实践保障。秦汉以降，正是长期稳定的大一统局面造就了思想、经济、民族、文化、疆域上的统一，在这个过程中，对人口的增长产生了无可估量的影响，使得对民众的教化得以施行。与此同时，整个社会自愿结成统一整体，有效地抵抗了内忧外患，为社会的繁荣稳定创设了良善的环境。反观历史上曾雄踞一方的古罗马帝国、阿拉伯帝国、波斯帝国等大国，他们的人口远不如中国多。不仅如此，他们最终还无一幸免走向灭亡。究其根本，就在于国家内部长期呈现混乱化、碎片化，处于分裂和战争状态。由于缺乏统一的民族共识与深度认知，在长期内耗的境况下不仅人口骤降，最终都不可避免地走向灭亡。

2. "民惟邦本"的执政理念

"民惟邦本"的执政理念贯穿于整个中国历史。早在《周易·剥》中就明确指出："《象》曰：山附于地，剥。上以厚下安宅。"山本是高起于地面，却由于下不厚而颓下，附着于地，这是圮剥之象。圮剥必然是从根基开始，下剥则上危。为政者通过圮剥之象反思施政，那么在治理时就应当"厚下"，厚恩加于百姓，以求得"安宅"。民是国之根基，为政者秉持以民为本的理念，民众才能满意、富足，进而使根基稳固，社会发展才有保证。《大学》中言："德者本也，财者末也""财聚则民散，财散则民聚"。财富、名声、地位如枝叶花果，根在一个人的内在德行。为政者以民为本，不做劳民伤财、与民争利的事情，民众才会愿意归附。正所谓"有德此有人，有人此有土，有土此有财，有财此有用"（《大学》），"四方之民襁负其子而至矣"（《论语·子路》）。中国传统政治一向推崇德政，要求为政者要以德为重要关切，首重德行。为政者有德是得民之关键，为政者敬修德行，才能得民心，这是拥有国土、财富、国用的前提。若反其道而为之，轻本重末，与民争利，百姓就会背离而去。周文王、周武王，正是因为有德，所以人心所向、万众归一，进而得天下。商纣王无道，故而失去民心，"失众则失国"，最终国灭身亡。孔子提出以"德治"为核心的民本思想，孟子主张"民贵君轻"，荀子强调"君舟民水"。以民为本是中国古代核心执政理念之一。《左传·哀公元年》中强调："国之兴也，视民如伤，是其福也；其亡也，以民为土芥，是其祸也。"《大学》最后一章在平治天下的主题下进行了总结，得出"得众则得国，失众则失国"的重要结论。具体而言，民本思想包含三个层面。

其一，经济上富民利民。西周时期，为政者震慑于夏桀、殷纣亡国的教训，深感要"敬德保民"，揭示了"皇天无亲，惟德是辅"（《尚书·蔡仲之命》）的观点，提出了"损上益下，民说无疆"（《周易·益》）的富民观。孔子讲"富与贵，是人之所欲也""富而后教"，肯定了一定水平的物质基础是对民众施行良好教化的基础。孟子提出"制民恒产"的富民观，"今也制民之产，仰不足以事父母，俯不足以畜妻子，乐岁终身苦，凶年不免于死亡。此惟救死而恐不赡，奚暇治礼义哉？"（《孟子·梁惠王上》）在君民关系上主张"民为贵，社稷次之，君为轻"。管子亦指出："凡治国之道，必先富民。民富则易治也，民贫则难治也。"（《管子·治国》）善为国者，皆懂得先富民的道理，人民富裕，国家就容易治理。西汉初年，汉文帝两次"除田租税之半"，还全免田租十三年，开源节流，令百官关心农桑，奖励生产，百姓很快富裕起来，开创了"文景之治"。富民是立国之基，民众富裕起来是积极发挥历史创造作用的前提与基础。

如何富民？关键在于为政者要节制欲望。晏子从政五十余年，一向主张节欲，反对奢侈，他曾教导齐景公"节欲则民富"。百姓富足需要发展生产，为政者节制欲望，戒奢靡之风才能真正减轻百姓负担，让其富裕起来，以此为积淀，社会才能真正发展稳定。"天之道，损有余而补不足。"（《道德经·第七十七章》）面对社会中的贫富悬殊，古人认为解决问题的关键就在于实现经济的均衡发展。士农工商的排序，为政者采取轻徭薄赋等举措都是缩减贫富差距的手段。为政者节制欲望，禁绝奢靡之风是实现共同富裕的重要内容。北宋名臣田况在《儒林公议》中讲："约则常足，侈则常不足。常足则乐而得美名，祸咎远矣；常不足则役而得訾恶，福亦远矣。"那些贪求财物而不知休止的人，虽然拥有天下，但是并不富足。土地生长的万物不会增加，山林水泽出产的资材也是有限的。怀着不知足的心理，去追求不能增多的物品；怀着强烈的欲望，去追求会穷尽的钱财，这就是夏桀、商纣丧失天子地位的原因。

其二，政治上爱民重民。民在政治生活中具有决定性作用，故为政者要以民为万事之本。要得到民众拥护，就要以仁爱之心对待民众。《六韬》中载："故善为国者，驭民如父母之爱子，如兄之爱弟。见其饥寒则为之忧，见其劳苦则为之悲；赏罚如加于身，赋敛如取己物。此爱民之道也。"君何以待民，民亦何以待君，君民之间的这种互动关系恰如孟子所说："乐民之乐者，民亦乐其乐。忧民之忧者，民亦忧其忧。乐以天下，忧以天下，然而不王者，未之有也。"（《孟子·梁惠王下》）爱民者，民自会爱戴、拥护之，为政者能够爱民直接关乎国家强弱兴亡。"故君人者，爱民而安，好士而荣，两者无一焉而亡"（《荀子·君道》），"爱民者强，不爱民者弱"（《荀子·议兵》）。唐太宗正是积极践行"为君之道，必须先存百姓"（《贞观政要·论君道》）的理念，才成就了"贞观之治"。

为政者爱民重民首先要爱惜民力、民财。贤明之君在治政中懂得节用民力、民财，这是老百姓安居乐业的基础。若为政者为一己之私，横征暴敛，大兴土木，贪图享乐，耗尽民力、民财，就会动摇国之根本。这就是墨子所说的："是以其财不足以待凶饥，振孤寡，故国贫而民难治也。君实欲天下之治而恶其乱也，当为宫室不可不节。"（《墨子·辞过》）只有整个社会形成节约的良好风气，国家才能易于治理；为政者懂得用财有节制，国家才能富强。"仓廪实而知礼节"，整个社会才能形成良好的风气，为政者才能成就事业。

为政者爱民重民的核心是要坚持"为政以德"。为政者要以礼为规约，按礼的规定爱护百姓，只有依礼而行，"敬慎威仪"，才能永葆天命。为政者要将礼内化成为道德自觉。君主"聿修厥德"、修身正己，无法靠外力强迫，而只能由其自律来保证。礼取法于天，顺乎人情，为执政者指明践行礼的美好前程，君主在深刻认同中自觉履行礼的规定。"先王能修礼以达义，体信而达顺，故此顺之实也。"（《礼记·礼运》）古圣先王正是自觉修礼义，使全国上下达至和顺的境界。反之，作为君主"无礼义而求大功，不修其德而求诸侯，志大心劳，所以求者非其道也"（《群书治要·毛诗序》），不懂得礼义，而求取大功，志向虽大，却心劳日拙，正是所用方法不合乎道的缘故。礼之本在于敬，"礼者，敬而已矣。故敬其父则子悦，敬其兄则弟悦，敬其君则臣悦，敬一人而千万人悦。所敬者寡，而悦者众"（《孝经·广要道章第十二》）。为政者以礼修身的关键在于敬。《群书治要》中"敬"由为政者自身出发，贯通天、人、事、物，落实于敬身、敬亲、敬臣的践履之中，将"敬"置于个体德性的自觉之上，将生命置于反思的基础之上。

在个体层面，为政者要敬身。"敬也者，敬身为大。""身"乃道德行为之主体，《群书治要》言"身"强调了身与德的统一，所谓"不亏其体，不辱其身，可谓全矣"（《群书治要·孔子家语》）。身正乃可以正人。是故为政者敬身一方面要戒贪止欲，俭以修身，为民之表。"欲败度，纵败礼，以速戾于厥躬"（《尚书·商书·太甲中》），为政者放纵情欲，毁败礼仪法度，定会速召罪于其身。古圣先王"崇礼义之节以示之，贱货利之弊以变之"（《说苑·政理》），臣民无不慕义节之容，恶贪乱之耻。人之情欲无所止，"礼为之俭"。同时，欲望的肆意膨胀会妨害人的心智。"五色令人目盲；五音令人耳聋；五味令人口爽；驰骋畋猎，令人心发狂；难得之货，令人行妨。"（《道德经·第十二章》）对于耳目口腹的欲求，沉浸于驰骋畋猎的生活，对奇珍异宝过分追求，会损害人的感觉能力，使人的贪心增长，令人的思想狂乱、行为失当。为政者修其心才能善其行，而"养心莫善于寡欲"（《孟子·尽心下》）。另外，为政者要敬慎威仪，以近有德。"敬慎威仪，维民之则"（《诗经·大雅·抑》），为政者敬慎言行举止、容貌威仪既能约束君主自身，又能树立君主权威，调整君臣关系，为人民树立标准。君主的品质是维系天下的纽带。所谓"鼓钟于宫，声闻于外，王失礼于内，而下国闻知而化之，王弗能治"（《群书治要·毛诗》），一旦有失，天下人争相效仿，国家就无法治理。所以，古之圣王遇丧、吉诸事，皆以礼终。"其在朝廷，则道仁圣礼义之序，燕处则听雅颂之音，行步则有环佩之声，升车则有鸾和之响，居处有礼，进退有度，百官得其宜，万事得其序。"（《礼记·经解第二十六》）君主居万民之上，威仪完备，故能匡正天下。

在家庭层面，为政者要敬亲。《群书治要》强调为政者要尊祖敬宗、孝敬父母、悌敬兄长、敬爱妻子，其中多处辑录了古圣先王的相关事例。"尧先亲九族"，"周公躬行礼义，郊祀后稷，越裳奉贡而至，麟凤白雉，草泽而应"（《群书治要·新语》），周公躬身实行礼义，大祀后稷，感得越裳国进奉朝贡而来，感召祥瑞出现。周文王"刑于寡妻，至于兄弟，以御于家邦"，魏徵注："文王以礼法接待其妻，至于其宗族，以此又能为政治于家邦。"（《群书治要·毛诗》）昔鲁哀公不听劝谏，违礼立妾为妻，"国人始恶之"（《左传·哀公·哀公二十四年》）。孔子总结提出："昔三代明王之政，必敬其妻妇也有道。"（《礼记·哀公问》）。在家庭亲情伦理中，对亲人之敬中蕴含着人的自然情感，与家庭宗法血缘密切相关。《群书治要》所强调的正是宗族家庭概念中，人对至亲情感的自觉培育。人们从血缘亲情中生发出真性情，即为孝、悌、礼，这些观念中深藏"敬"的内涵，它们彼此统一，成为对待血缘亲情的道德规范。礼由天然的敬亲情感出发，发展成为维护尊卑之别的等级制度，又回到人类自身的人格修养，使得物质分配制度得到情感上的依归，形成以血缘为纽带，以等级分配为核心，以伦理道德为本位的思想体系和制度，兼有物质文明和精神文明的两重意义，所以能为诸家各派所接受。

在政治层面，为政者要敬臣。在家本位、权力本位的古代社会，君主拥有至上权力，权力运行往往因循下级对上级的绝对服从。由于缺乏有力监督，君主往往因滥用职权、恣情纵意导致国之倾覆。君主欲君位稳固，就要礼敬士臣，广开言路。所谓"欲无壅塞必礼士，欲位无危必得众，欲无召祸必完备，三者君人之大经也"（《吕氏春秋·骄恣》）。谏言之路无阻塞的关键就在于要礼敬贤士，此为治国之常道。有了贤士的规劝，君主可补过拾遗，匡救弥缝。国家的人员中有智愚、老少、强弱之分，只有使贤者在位，才能确保全国上下安宁有序。故而古人言曰："尊贤为大"。为君者只有礼敬臣士，谦下待人，才能得贤士之心，他们自然愿为君主效犬马之力。"古者君之于臣，无不答拜也。"（《群书治要·昌言》）古之君主对臣子皆行回拜之礼，以示敬意。据《群书治要·盐铁论》载："昔周公处谦让以交卑士，执礼德以下天下，故辞越裳之贽，见恭敬之礼也。"过去周公一直谦卑接待士人，执礼辞谢越裳国国君进献礼物。"礼崇则智士至"，"接之以礼，厉之以辞，则士死之"，以厚礼相待，以言辞激励，将士会以死报效。"贤人所归，则其国强，圣人所归，则六合同。"（《三略·下略》）得贤能之士治国理政，国家才能强盛，有了圣人的归附，就能促进大一统盛世的到来。

其三，文化上教民化民。传统以人为本的重要内容之一就是对民众进行教化，治国在治民，治民在治心。为政者不仅要满足民众的物质所需，在政治上待之以仁爱之心，还要对他们进行教化，陶冶身心，满足其精神需求，为实现人物阜乐、社会和谐奠定基础。孟子说："饱食、暖衣、逸居而无教，则近于禽兽。"（《孟子·滕文公上》）是故后稷教人稼穑之事后，尧即教以人伦，从而使人与禽兽相区别。教民是引导民众合乎礼，尚乎仁，将私欲控制在合理范围之内，在人伦道德上给人以引导，在民众内心筑起道德防线。

为政者要设官办学，教民以礼。"显宗即位，躬行其礼……威仪既盛美矣。然德化未流洽者，礼乐未具，群下无所诵说，而庠序尚未设之故也。"（《汉书·礼乐志》）古之圣王推行教化往往先以对世子的教育为天下树立榜样。"古之王者，太子乃生，固举以礼，使士负之，有司齐肃端冕，见之南郊，见于天也。"（《治安策》）在太子初生之时，就用礼来教养他，背太子的士人恭敬肃穆、衣冠整齐。"故乃孩提有识，三公、三少固明孝仁礼义以道习之，逐去邪人，不使见恶行。"（《治安策》）待世子稍长，"养国子以道，乃教之六艺，一曰五礼，二曰六乐，三曰五射，四曰五驭，五曰六书，六曰九数"（《周礼·保氏》），在对世子的教育中，礼首屈一指，三公从其幼年即开始了以礼、义对世子的引导教习。为政者重世子之教，以使他们未来成为有道之君。同时，对世子的教育可为对民众施教发挥榜样示范作用。

圣明之君还要设立负责教化民众的职官，施民十有二教，以五礼教民。为了教化民众，他们还创办学校。古代君王"莫不以教化为大务，立大学以教于国，设庠序以化于邑"（《汉书·董仲舒传》），在国都设立太学，在乡镇设立庠序，专务施行仁、义、礼的伦理道德教育，使人们在潜移默化之中受到熏陶与教导，整个社会风气都达至淳正无染。在教民以礼的同时，为政者还注重辅之以乐，使得礼与乐的教化相得益彰。在《群书治要》中，礼与乐二者须臾不可分离，因此二者能发挥彼此制衡与调和之功用。礼规范了尊卑等级，而乐则协调了不同身份地位的人，使社会整体处于和谐的氛围之中。"礼节民心，乐和民声"（《礼记·乐记》），礼与乐彼此调和，使举国达至敦睦和顺之境。

3.正人先正己的率先垂范

孔子认为为政者要先提倡道德，以身作则，以德示人，使人民信服。《论语·颜渊》有言："政者，正也。子帅以正，孰敢不正？"《群书治要·晏子》中记载的"晏子拒车"的故事正说明了这个道理。晏子历任齐国三朝宰相，他一生节俭，为齐国百姓所敬仰。据说晏子上朝时，坐的马车十分破旧。景公看到后，十分不忍，就派人给晏子送去了一辆豪华大车，可是晏子拒绝了多次。景公为此很不高兴，就告诉晏子说："您要是不接受赠送给您的车马，我以后也不坐了。"晏子就跟景公说："您让我监督群臣百官，我崇尚节俭，希望能够为大家做出表率。即使这样，我还是担心人民奢侈浪费而不知节制。如今您作为君王，我作为臣下，我们都乘坐如此豪华的马车，我又如何去禁止百姓中不讲道义、奢侈浪费，且不考虑自己行为是否得当的行为呢？"于是，晏子还是拒绝了景公的马车。

上行下效是自古以来匡正风俗、治理国家的重要举措。晏子作为齐国的宰相，力行节俭，成为天下人的表率。正是由于他廉洁无私，心胸坦荡，所以才能辅佐齐国三公。上级领导干部廉洁奉公，就能够为基层干部在作风问题上率先垂范，以自身行动去教育和感化基层干部。我们党拥有9800多万名党员，大多数在基层。党的基层组织就有500多万个。基层党员干部与群众联系最紧密，一旦违法乱纪，会直接破坏党和政府的形象，损害人民群众的利益，伤害人民群众的感情。治国安邦，重在基层。基层干部是贯彻党中央方针政策的"最后一公里"，是党联系群众的纽带。党的工作当中，无论是最坚实的力量支撑，还是最突出的矛盾和问题都在基层，抓好基层工作、打牢基础才是固本之举。节俭关系着国家的长治久安和民族的兴旺发达。地方看中央，基层看上层，群众看干部。领导干部的一言一行都至关重要，对全社会起到示范作用。

《群书治要·傅子》中说："上好德则下修行"，如果在上位者是一个思想言行端正的人，那么属下就会纷纷修养自己的品行，自然而然地向他学习，进而天底下的人也都会品行端正了。据《群书治要·汉书》记载，汉文帝素以勤俭闻名于天下，平日里穿着粗布衣裳，他曾穿着草鞋上朝，在位期间，从未大兴土木，就连曾经想修建一座露台，得知需要花费"百金"后，果断打消了这个念头。事实上，"百金"对于皇家来说，根本就不算什么。他自身的勤俭节约，为天下人树立了榜样，四海之内都形成了良好的风气。《汉书·文帝纪》称赞说："（文帝）专务以德化民，是以海内殷富，兴于礼义，断狱数百，几致刑措。"汉文帝施行仁政，对百姓施行教化，使得天下太平，国家富裕，民风淳朴。汉景帝即位后，继续施行仁政，开创了历史上有名的"文景之治"。《礼记·乐记》讲："君好之，则臣为之；上行之，则民从之。《诗》云：'诱民孔易'，此之谓也。"

要确保上行下效，还要求为政者能够善于任用贤人，确保为官者也能以身作则。《群书治要·后汉书》中讲："务进仁贤，以任时政，不过数人，则风俗自化矣。"这是在告诫君主一定要任用贤德的人来处理朝政。真正贤德的人在位，虽然不过数人，但社会风俗却能自然得到转化，由恶变善。因为通过贤德之人的言传身教，能使百姓培养起孝悌忠信、礼义廉耻的美德，树立起是非善恶的正确观念，进而达到扬善抑恶的效果，在全社会形成良好的社会风气。为政者的最高境界就是"无为而治"，究其根本在于其自身德行高尚，能够任用贤德之人。在上位者能够用厚德令民众心悦诚服，当其倡导大家向善时，就能一呼百应；当其颁布政令时，民众会心甘情愿地追随，这就是《淮南子》中所讲的"上唱而民和，上动而下随，四海之内，一心同归"。四海之内，百姓的心就能同归于一，就如同风吹草木，草木没有不随风而倒的。自然就能达到"六合同风"。

党的十八大以来，作风建设之所以成效显著，一个重要经验就是坚持以上率下。习近平总书记常说"己不正，焉能正人"，始终要求从中央政治局常委会、中央政治局、中央委员会抓起，从高级干部抓起。经过几年的努力，全面从严治党从中央政治局立规矩开始，从制定和落实中央八项规定开局破题，以习近平同志为核心的党中央，以身作则、率先垂范，为全党树立了榜样和标杆，全党自觉看齐、对标，一级做给一级看、一级带着一级干，终于使作风建设成为党的建设一张亮丽名片，在全面从严治党历史进程中写下了浓墨重彩的一笔。在新起点上再出发，关键依然在党员领导干部。"乐民之乐者，民亦乐其乐；忧民之忧者，民亦忧其忧。"（《孟子·梁惠王下》）只有领导干部保持定力，层层落实，才能够取信于民，得到人民的拥护，从而维护国家的长治久安。

除了在上位者自己以身作则，孔子认为还要通过表彰德行高尚的人，来劝导百姓修养自身的道德品行，这一传统也一直延续至今。党的十八大以来，习近平总书记多次亲切会见全国道德模范。为充分展示思想道德建设的丰硕成果，凝聚全社会向上向善的强大力量，2019年3月起，全国开展了第七届全国道德模范评选表彰活动，授予张富清等58位同志"第七届全国道德模范"荣誉称号。近年来，各地区各部门，广泛开展道德模范宣传学习活动，涌现出一大批先进典型，在全社会形成崇德向善、见贤思齐、德行天下的浓厚氛围。

最后，孔子认为如果还有一些人施行犯罪，就要对这些人施以刑罚惩戒，以此来震慑百姓。

这样一来，百姓就能够因为受到教化，明白道德，而懂得礼义廉耻，羞于犯罪。那么，不必使用严苛的政令、刑罚，就能达到教化百姓的目的了。全国上下统一的民风自然就形成，国家治理就能够行之有效。

三、实践理路：对传统人口思想的创造性发展

中国传统人口思想提倡人口众多，以"民庶"作为国家强盛的重要标志。长久以来作为农业大国，传统中国对劳动力有着巨大需求，人口在整个社会的发展中居于主体地位，古代思想家在关于人的问题上形成了丰硕的理论成果。如何治理人口众多的国家，如何在人口众多的国家实现和谐发展，是中华优秀传统文化的精华之所在。人口规模巨大的当代中国要实现现代化，既是为了人，也需要依靠人。首先是需要一个强有力的领导核心，激发人口的巨大潜能，贯彻以人民为中心的治政理念，凝聚磅礴力量，实现共同参与、共同发展，在普及教育、深化教育的过程中以人口高质量发展支撑中国式现代化。

（一）以坚持中国共产党的领导为前提

"大一统"的历史实践充分证明，共同体意识的形成与牢固树立需要一个强有力的领导核心。铸牢中华民族共同体意识，实现中华民族伟大复兴的中国梦离不开党的坚强领导。新时代铸牢中华民族共同

体意识，必须把党的领导贯穿到民族工作的全过程、体现到各方面。习近平总书记指出："坚持党的全面领导，不断完善党的领导，增强'四个意识'、坚定'四个自信'、做到'两个维护'，牢记'国之大者'，不断提高党科学执政、民主执政、依法执政水平，充分发挥党总揽全局、协调各方的领导核心作用！"①

"打铁必须自身硬"，"求木之长者，必固其根本"。旗帜鲜明讲政治是马克思主义政党的根本要求，也是中国共产党在面对世界百年未有之大变局中应对各种复杂情况，有效发挥自身领导作用的关键所在。改革开放以来，中国在经济上实现了跨越式发展，在国际社会中遭遇了前所未有的敌对势力的围堵、遏制，此时更加需要团结中华各族人民，形成向心力。历史和实践证明，只有中国共产党能担当时代重任，凝聚全党、全民族力量，带领全国人民实现中华民族伟大复兴。这就要求党必须实行坚强有力的领导，包括党中央集中统一领导和党对中国特色社会主义事业的全面领导，所以以党的政治建设为统领，对于中国共产党的建设和发展、对于铸牢中华民族共同体意识、对于中国的前途命运都有着极为重要的战略意义。注重从政治上建设党是我们党的优良传统和宝贵经验。党的政治建设是党的根本性建设，决定党的建设的方向和效果，居于统领地位。加强党的政治建设，必须深刻领悟"两个确立"的决定性意义，更加自觉地维护习近平总书记党中央的核心、全党的核心地位，更加自觉地维护以习近平同志为核心的党中央权威和集中统一领导，全面贯彻习近平新时代中国特色社会主义思想，坚定不移在思想上政治上行动上同以习近平同志为核心的党中央保持高度一致。党的十八大以来，为坚持和加强党的全面领导，实现中华民族伟大复兴，中国共产党以自我建设为起点，

---

① 《习近平著作选读》第二卷，人民出版社2023年版，第482页。

一刻不停推进全面从严治党。新时代，我们党要遵循马克思主义政党建设的基本原理，以加强党的政治建设为统领，继续把党建成一个具有统一意志和统一行动的坚强整体。

党的二十大报告明确指出："中国式现代化，是中国共产党领导的社会主义现代化。"党的领导直接关系中国式现代化的根本方向、前途命运、最终成败。党的领导决定中国式现代化的根本性质，党的领导确保中国式现代化锚定奋斗目标行稳致远，党的领导激发建设中国式现代化的强劲动力，党的领导凝聚建设中国式现代化的磅礴力量。面对人口规模巨大、国情复杂的现实国情，要把各方力量团结起来，正确处理好民族关系，将全国人民团结起来建设现代化，首先要有一个团结统一的党。中国式现代化是亿万人民自己的事业，人民是中国式现代化的主体，在党的领导下，不断汇集全体人民的智慧和力量，才能推动中国式现代化不断向前发展。孙中山先生曾对旧中国积贫积弱的局面进行分析，认为一个重要原因就在于人民缺乏组织动员，"虽有四万万人结合成一个中国，实在是一片散沙"[1]。如何唤醒民众，将人们组织团结起来呢？历史和实践证明，无论是小资产阶级还是民族资产阶级，都办不到，这个重任只有中国共产党挑起来了。中国共产党始终是中华民族独立和各民族实现大团结的领导核心。中国共产党坚持全心全意为人民服务的根本宗旨，得到了人民群众的拥护和支持，党凭借强大的组织力和号召力，把人民动员起来、凝聚起来，激发了亿万人民群众的活力。正是在中国共产党的带领下，中国仅用几十年时间就走完西方发达国家几百年走过的工业化历程，探索出了中国式现代化这条强国建设、民族复兴的康庄大道。

---

[1] 《孙中山选集》（下），人民出版社2011年版，第644页。

（二）以铸牢中华民族共同体意识为保障

自古以来，中国就是一个统一的多民族国家，既拥有广袤领土，亦拥有众多民族，这是中国式现代化的现实国情。实现人口规模巨大的现代化，必须以铸牢中华民族共同体意识为主线，不断加强和改进党的民族工作，凝聚民族共识，汇聚民族力量。

铸牢中华民族共同体意识是建设中国特色社会主义伟大事业的内在要求。加强各民族交流交融，尤其是社会交往是新时代铸牢中华民族共同体意识的纽带。马克思指出，社会是人们交互作用的产物。和谐的民族关系需要各族人民以尊重、平等为前提保持社会交往来维系。展历史长卷，各民族在政治、经济、文化、思想等方面的交往交流中，不断进行着多方位、深层次的互动，共同缔造、发展了统一的中华民族，情感联系得以深化，思想、价值观上产生碰撞与共鸣。在"大一统"思想的主导下，长久以来不同民族相互交流碰撞，共同熔铸成中华民族的精神内核与共同价值追求。近代在亡国灭种的危机时刻，在中国共产党的领导下，各民族凝心聚力，共同体意识空前增强。新中国成立后，各民族团结一致，攻坚克难，共同繁荣发展，中华民族共同体意识不断强化。

鉴往知来，各民族正是在交往交流交融中推动中华民族成为包容性更强、凝聚力更大的命运共同体。正如梁启超先生所言："华夏民族，非一族所成。太古以来，诸族错居，接触交通，各去小异而存大同，渐化合以成一族之形，后世所谓诸夏是也。"（《饮冰室合集》第八册）民族交流交融使得各民族间形成有机紧密联系的共同体，成为铸牢中华民族共同体意识的重要支撑。2022年3月5日，习近平总书记在参加内蒙古代表团审议时强调，要"深化民族团结进步教育，引导各族群众牢固树立休戚与共、荣辱与共、生死与共、命运与共的共同体理念，不断巩固中华民族共同体思想基础"；"促进各民族交往交流交融，各项工作都要往实里抓、往细里做"。根深方可叶茂，本固才能枝荣。加强民族交往交融，尤为重要的是强化结构交融，构建起互嵌式社会结构，推动各民族在相互嵌入的社会结构和社区环境中频繁、有序地进行交往交流，突破民族偏见，落实思想沟通，实现情感交融，进而强化休戚与共、共同发展的共同体意识。铸牢中华民族共同体意识的目的就在于凝心聚力，实现中华民族伟大复兴，全面建设社会主义现代化国家。作为人口规模巨大的国家，各族人民同呼吸、共命运、心连心，才能真正推动中国式现代化，中华民族才有前途和希望。

（三）以人民至上为底色

传统社会能够拥有大规模人口、实现繁盛发展的关键就在于为政者对国之兴替中民的作用有清醒认识，坚持以民为本。民本思想所蕴含的富民利民、重民爱民、教民化民具有重要的历史意义。"民惟邦本"不仅寄托了中国古圣先贤的政治理想，成为中国古代治政的核心理念之一，也沉淀为中国共产党的为政之道。马克思主义传入中国后，传统民本思想得到了时代性、创新性发展。中国共产党自成立以来就把全心全意为人民服务作为根本宗旨。

在党领导中国人民自强不息、勇毅前行的百年征程中，中国人民实现了从站起来、富起来到强起来的伟大飞跃。新民主主义革命时期，党始终站在人民的立场，团结和带领人民抵御外敌、反对军阀割据，解放劳苦大众。社会主义革命和建设时期，党全力解决人民温饱问题，着力改善人民的生产生活条件。在改革开放和社会主义现代化建设新时期，党确立了共同富裕的奋斗目标，把"人民拥护不拥

护""人民赞成不赞成""人民高兴不高兴""人民答应不答应"作为
制定各项方针政策的出发点和归宿。从改革开放的1978年到2018年
的40年，国内生产总值实现了年均实际增长9.5%，国内生产总值占
世界生产总值的比重由改革开放之初的1.8%上升到15.2%，累计减
贫7.4亿人，九年义务教育巩固率达93.8%，基本养老保险覆盖超过9
亿人，医疗保险覆盖超过13亿人。党的十八大以来，中国特色社会
主义进入新时代。全面建成了惠及全体人民的小康社会，绝对贫困人
口得到历史性解决，农村、边疆、脱贫地区教育水平得到了显著提
高，人民生活水平全方位提升。打赢脱贫攻坚战是党领导的直面贫困
人群的大事，是一场为人民谋幸福的攻坚战。在重大疫情考验面前，
不同国家、政党有不同选择，在这背后是初心使命的云泥之别。"人
民至上"始终是党在疫情大考面前的鲜亮底色，贯穿疫情防控工作的
始终。

　　党的二十大报告指出："坚持以人民为中心的发展思想。维护人
民根本利益，增进民生福祉，不断实现发展为了人民、发展依靠人
民、发展成果由人民共享，让现代化建设成果更多更公平惠及全体人
民。""江山就是人民，人民就是江山。中国共产党领导人民打江山、
守江山，守的是人民的心。"①可以说，我们党的历史，就是一部践行
初心使命的历史，就是一部与人民心连心、同呼吸、共命运的历史。
以人民为中心的发展思想汲取了传统民本思想的合理内核，把实现
好、维护好、发展好最广大人民根本利益作为根本目的，是对中国传
统民本思想的传承与超越。

　　治国有常，利民为本。为民造福是立党为公、执政为民的本质要
求。党章规定："党除了工人阶级和最广大人民群众的利益，没有自

----

① 《习近平著作选读》第一卷，人民出版社2023年版，第22、38页。

己特殊的利益。党在任何时候都把群众利益放在第一位，同群众同甘共苦，保持最密切的联系，坚持权为民所用、情为民所系、利为民所谋，不允许任何党员脱离群众，凌驾于群众之上。"中国共产党为什么能？一个关键因素就在于党始终坚持以人民为中心的发展思想。

现代化的本质是人的现代化。我国要实现人口规模巨大的现代化，必须坚持以人民为中心的发展思想，坚持发展为了人民、发展依靠人民、发展成果由人民共享。历史和实践充分证明，人民是党和国家事业兴旺发达的不竭动力。积极践行以人民为中心的发展思想，才能赢得人民的信任和支持，才能在人口规模巨大的现实国情中有效应对各种艰难、复杂的挑战，拥有战胜艰难险阻的强大力量，凝聚起实现民族复兴的磅礴力量。

（四）以大力发展教育为支撑

古人很早就意识到众民的重要意义，同时意识到了教民、化民之举同样不可或缺。恩格斯对于人口质量同样重视，他在多部著作中曾提及人口素质问题的重要影响。他指出："社会成员中受过教育的人会比愚昧无知没有文化的人给社会带来更多的好处。"历史实践证明，面对人口规模巨大的现实国情，我们必须着力提高人口整体素质，才能发挥巨大人力资源优势，究其根本在于教育。

对人们进行知识与技能的教育必不可少，但根本在于伦理道德的教育。古代的道德教育往往从培养人的孝悌之心开始，让每个人都能够懂得感念父母的恩德，培养起知恩、报恩的品德，进而能够感恩老师的教导，对老师恭敬，自然能够用功学习，获得知识，主动修养自身。中国古代的教育以家庭教育作为开端，家国同构的特点决定了家庭的稳定对社会稳定的基础作用。中国历来重视家庭教育，许多的家规、家训传承千年，在形成良好的家风、教育子女上发挥了重要作用。《颜氏家训》《朱子治家格言》《弟子规》等成为中国传统家规、家训的名篇，代代相传，作为进行道德教育的重要范本，为形成良好的家风、民风发挥了重要作用。好的家风能营造和谐的家庭氛围。所谓"积善之家，必有余庆；积不善之家，必有余殃"（《易经·坤卦第二》）。"天下之本在国，国之本在家。"（《孟子·离娄上》）良好的家风对整个家庭和社会的文明、和谐的氛围形成和发展有着强大的作用。"家风正则民风正，民风正则政风清"，家风连着党风政风。

学校教育是教育的主体形式，中国古代设立太学作为国立的最高学府，设立庠序作为地方学校，讲授经典，在全国推行教育，使百姓受到教化。《大学》开篇讲道："大学之道，在明明德，在亲民，在止于至善。"教育的目的就是要恢复人本有的善良本性，并通过对百姓的仁爱、教化，使天下人都能够复归善良本性。在历史的长河中，中国一直推崇的就是圣贤政治，即以伦理道德教育作为基础，因此成就了一代代明君，开创了"六合同风"的盛世。从西汉武帝"罢黜百家，表章六经"开始，儒家成为正统思想。汉武帝建立太学，作为官方的大学，推行教育，为其后来实现大一统的盛世奠定了基础。我国古代教育自秦汉奠基以来，历经魏晋南北朝，至唐代已走向全面繁荣。教育的发达和唐代的文学、艺术交相辉映，共同构成唐朝盛世景象。古代学校教育中，人们所学的经典承载的重要任务之一就是推行道德教育，培养人们形成正确的价值观，懂得是非善恶，这为树立良好的社会风气、涵养爱国情怀意义非凡。

习近平总书记指出："人才培养一定是育人和育才相统一的过程，而育人是本。人无德不立，育人的根本在于立德。这是人才培养的辩证法。"①党的二十大报告强调："育人的根本在于立德。"培养什么人，是教育的首要问题，是立德的根本要求，集中体现了党和国家对教育事业的根本定位和时代特征。为党育人、为国育才，是立德树人的初心使命。习近平总书记强调："我们要建设的教育强国，是中国特色社会主义教育强国，必须以坚持党对教育事业的全面领导为根本保证，以立德树人为根本任务，以为党育人、为国育才为根本目标，以服务中华民族伟大复兴为重要使命，以教育理念、体系、制度、内容、方法、治理现代化为基本路径，以支撑引领中国式现代化为核心功能，最终是办好人民满意的教育。""培养什么人、怎样培养人、为谁培养人是教育的根本问题，也是建设教育强国的核心课题。"②必须坚持正确政治方向，培养德智体美劳全面发展的社会主义建设者和接班人。人口规模巨大是中国教育发展最大的国情，这意味着各级各类教育阶段的学生规模巨大，把握好量和质的问题，优化教育资源配置，大力推进"大思政课"建设，引导学生塑造正确的世界观、价值观、人生观，加快建设高质量教育体系是新时代教育强国建设的行动部署，也是实现中国式教育现代化的内在要求，更是坚定党领导下的教育强国之路。人才决定未来，教育成就梦想。抓住人口规模巨大的特色优势，关键就在于高度重视教育强国工作，全面提升人口素质，促进人才队伍从数量到质量的高速发展，以良好的道德品质为底色，培养创新型人才，为推进中国式现代化注入强劲动力。

① 习近平：《在北京大学师生座谈会上的讲话》，《人民日报》2018年5月3日。
② 《习近平在中共中央政治局第五次集体学习时强调 加快建设教育强国 为中华民族伟大复兴提供有力支撑》，《人民日报》2023年5月30日。

第三章

为善致福：全体人民共同富裕的现代化

全体人民共同富裕的现代化，是中国式现代化的重要特征，具有鲜明的中国特色。共同富裕，"是全体人民通过辛勤劳动和相互帮助，普遍达到生活富裕富足、精神自信自强、环境宜居宜业、社会和谐和睦、公共服务普及普惠，实现人的全面发展和社会全面进步，共享改革发展成果和幸福美好生活"①。

追求并致力于中国全体人民共同富裕、亚太全体人民共同富裕乃至全世界各国人民共同富裕，是中国领导人的心愿，也是中国人民的心声、世界人民的期盼。

2022年10月，习近平总书记在党的二十大报告中指出："共同富裕是中国特色社会主义的本质要求，也是一个长期的历史过程。我们坚持把实现人民对美好生活的向往作为现代化建设的出发点和落脚点，着力维护和促进社会公平正义，着力促进全体人民共同富裕，坚决防止两极分化。"②

2022年11月，习近平主席在亚太经合组织第二十九次领导人非正式会议上的讲话中强调："历史反复证明，开放包容、合作共赢才是人间正道。""我们要坚持发展为了人民、发展依靠人民、发展成

① 《中共中央国务院关于支持浙江高质量发展建设共同富裕示范区的意见》，人民出版社2021年版，第2页。
② 《习近平著作选读》第一卷，人民出版社2023年版，第19页。

果由人民共享，促进亚太全体人民共同富裕。"①

2023年3月，习近平总书记在中国共产党与世界政党高层对话会上的主旨讲话中更是明确指出："我们要坚守人民至上理念，突出现代化方向的人民性。人民是历史的创造者，是推进现代化最坚实的根基、最深厚的力量。现代化的最终目标是实现人自由而全面的发展。现代化道路最终能否走得通、行得稳，关键要看是否坚持以人民为中心。现代化不仅要看纸面上的指标数据，更要看人民的幸福安康。政党要锚定人民对美好生活的向往，顺应人民对文明进步的渴望，努力实现物质富裕、政治清明、精神富足、社会安定、生态宜人，让现代化更好回应人民各方面诉求和多层次需要，既增进当代人福祉，又保障子孙后代权益，促进人类社会可持续发展。""我们要弘扬立己达人精神，增强现代化成果的普惠性。人类是一个一荣俱荣、一损俱损的命运共同体。任何国家追求现代化，都应该秉持团结合作、共同发展的理念，走共建共享共赢之路。……要坚持共享机遇、共创未来，共同做大人类社会现代化的'蛋糕'，努力让现代化成果更多更公平惠及各国人民"。②

从上面所列举的几段讲话中，我们可以清晰地感受到，以习近平同志为核心的党中央心系天下苍生、践行无我使命、造福万世黎民的情怀与担当。这其中，蕴藏着很深、很悠久的文化底蕴。《礼记》中记载，孔子以"三无私"形容三王之德。"三王"是指夏代禹王，商代汤王和周代文王、武王父子（武王子承父志，所以文武并称）。"天无私覆，地无私载，日月无私照"（《礼记·孔子闲居》），天地化育

---

① 习近平：《在亚太经合组织第二十九次领导人非正式会议上的讲话》，人民出版社2022年版，第10—11页。

② 习近平：《携手同行现代化之路——在中国共产党与世界政党高层对话会上的主旨讲话》，人民出版社2023年版，第2—3、4页。

万物大公至正，仁爱平等，没有偏私；古代的圣君明王能够恭敬地奉行天地日月一样的无私精神，以养育天下之众民，因而其德与天地并列为三。在中国文化中，对人的认识、对王者之德的规定、对仁政的尊崇，都是置于天地、宇宙之间整体把握的，有如《中庸》所说的"致广大而尽精微，极高明而道中庸"，既深入平常百姓的生活实际，又内涵人性的终极关怀，合乎天道的运行法则。中国文化根于人类理性，而以理性之全然充分的发展为归这一特性，决定了推动实现全体人民共同富裕是古往今来王道政治的共同理想、一贯主张，也是人类文明发展进步的必然要求。

具体而言，在新时代新征程这一特定时空中，应当怎样进一步认识全体人民共同富裕的实质、目标、特征、方法？显然，这既是一个经济问题，更是政治问题，也是文化问题。要找准历史方位，需要溯其源流，在系统中考量，才能对其有较全面的理解。就像新时代以来以习近平同志为核心的党中央提出的构建人类命运共同体理念，这是就人类这一存在而言对时空的超越；提出的人与自然生命共同体理念，这是以宇宙的无限视野对人类这一有限存在的超越，蕴涵其中的特有的宇宙观、生命观、人生观、价值观、道德观等闪耀着人类理性的光芒，体现着古老东方文明特有的神奇魅力，特殊与普遍、历史与当下、局部与全体、有限与无限、守正与创新的辩证法处处可见。着力促进全体人民共同富裕现代化的主张亦然，此即古人所讲的：善道有统，百虑而一致。这一顺应人类文明发展潮流书写的时代课题，令人钦佩鼓舞，对党和国家充满信心；同时，也不禁让人回转自身，生起向内求索的自觉，要对自身生命与所处的世界进行一番深入的认识。

一、共同富裕是一个总体概念

全体人民共同富裕是一个长期的历史过程，内涵包罗万象，涉及百姓吃、穿、住、用、行日常生活的方方面面，涵括了人们终其一生身心健康发展的全过程。党的二十大报告在总结新时代十年的伟大变革中提到："我们深入贯彻以人民为中心的发展思想，在幼有所育、学有所教、劳有所得、病有所医、老有所养、住有所居、弱有所扶上持续用力，人民生活全方位改善。"①可以说，但凡和百姓生活息息相关的民生问题，如粮食、住房、生育、教育、就业、收入、养老、医疗卫生、社会保障、社会稳定等，都属于推进共同富裕的内容。

共同富裕虽然是很宏大的话题，但也有纲领可循。2021年8月17日，习近平总书记在中央财经委员会第十次会议上明确指出："我们说的共同富裕是全体人民共同富裕，是人民群众物质生活和精神生活都富裕，不是少数人的富裕，也不是整齐划一的平均主义。""我总的认为，像全面建成小康社会一样，全体人民共同富裕是一个总体概念，是对全社会而言的，不要分成城市一块、农村一块，或者东部、中部、西部地区各一块，各提各的指标，要从全局上来看。我们要实现14亿人共同富裕，必须脚踏实地、久久为功，不是所有人都同时富裕，也不是所有地区同时达到一个富裕水准，不同人群不仅实现富裕的程度有高有低，时间上也会有先有后，不同地区富裕程度还会存在一定差异，不可能齐头并进。这是一个在动态中向前发展的过程，要持续推动，不断取得成效。"②

---

① 《习近平著作选读》第一卷，人民出版社2023年版，第9页。
② 习近平：《扎实推动共同富裕》，《求是》2021年第20期。

习近平总书记在讲话中提到的"全体人民共同富裕是一个总体概念，是对全社会而言的""要从全局上来看"等思想非常重要，可以说是理解并促进共同富裕现代化的前提。从中，至少可以读出以下几层意思。

其一，要立足百姓生活实际，放在中华文明发展进程和人类文明进步史中看，因为"中华文明具有突出的连续性"。全体人民共同富裕的中国式现代化，是历史趋势发展到今天的必然要求，是党和国家在当代顺应人类文明进步潮流的必然之举。

其二，要放在中国特色社会主义建设过程中、放在实现中华民族伟大复兴进程中、放在社会主义现代化总体规划的一盘棋中看。不能只考虑部分、局部、一时一地的特殊利益，而是要统筹兼顾历史与现实、整体与部分、全局与局部、长远与一时等各要素间的辩证关系。绝不是单纯地为了共同富裕而搞共同富裕，"头痛医头，脚痛医脚"；也不能孤立地解决共同富裕的问题，盲目地、脱离实际和全局地搞共同富裕，必须立足于基本国情和各阶段发展任务，整体协调、互促互助，将建设制造强国、质量强国、科技强国、农业强国、文化强国、教育强国、人才强国、体育强国、网络强国、交通强国等协同一体推进。

其三，要放在促进人的自由而全面的发展这一总体进程中看，不能就物质生活谈物质生活，就物质富裕谈物质富裕，或只停留于物质上的满足。这是基于人的生命的事实，身与心、物质与精神是一个有机统一体，时时刻刻都在发生着相互作用，不可分离；离开精神心理，人便不可称其为人，也无法从事生产生活实践。而且基于共同富裕现代化发展到当前阶段的迫切需要，更应将精神对物质的巨大反作用力加以充分的发挥。此外，还基于人之为人的内在规定性，人性决定了人不可能像动物一样只是为了个体生存、种族繁衍而活着。精神问题不解决，人不可能感到幸福，得到安康；人们普遍的道德自觉不启发出来，社会的公平正义无法真正实现，贫富差距、两极分化无法有效解决，而全体人民共同富裕也会成为海市蜃楼。"共同"对应的是公心，要求培养的是一体之仁心、大我乃至无我的道德生命境界，和人的本性是愈发相应的，反对和超越的正是一己之私心、对小我私欲的追逐。

其四，中国文化是志于道的文化，中国式治理是志于道、合于道的治理，形而上的道与形而下的术不能截然分开，道是术的灵魂和主宰，术是道的表现和应用，因此，也绝不能只从术的层面简单化地看待共同富裕，为了缩小贫富差距而刻意为之。比如，调节过高收入，这是必要的，但这不是重点，只是枝末，政策上规定得很清楚，是要"合理调节"，也就是说去除的是不合理的成分。所以，要看是怎样的均贫富才可以真正维护和促进社会公平正义。应紧紧围绕党"全心全意为人民服务"的根本宗旨、"立党为公、执政为民"的执政理念和"为民造福"的本质要求，"天工，人其代之"（《尚书·皋陶谟》），一切施政都要能够合乎天道扬善抑恶的法则，顺物之性，使之各得其所。就富者而言，若富而好礼，益之；为富不仁，损之。就贫者而言，若贫而有道，舍己为人，益之；贫而无德，嫉富仇富，损之。就一人而言，有道益之，转而骄奢淫逸，损之；等等。或损或益，都是为了教化。至于《周易·益卦》的"损上益下"，这是对为政者自身的要求，对治的是自己的私心私欲，因为有权有位之人的品行关乎民风甚速、民用甚大。《道德经》云："天网恢恢，疏而不失。"从根本上说，一个人的贫富贵贱、寿夭穷通等命运的起伏皆是自损自益，天不曾加一分毫，损一分毫。圣贤之治亦然，皆是遵循天道的法则，教民明是非、知善恶而导归人道之正途，不仅为人人提供均等的致富机会和全面发展的条件与空间，而且使人民在积累有形的物质财富外，更能自觉地将之转化为无形的精神财富、无量的生命财富，不断超越有限而抵达生命的完善与自由，这是平实中庸、神圣超迈的中华文明精神之体现。

归总来说，是否合道，即是否合乎人民群众生产生活的实际、合乎天道法则的实际而言。下文将择要对全体人民共同富裕现代化的文化底蕴作一解析。

二、认识共同富裕要一切从实际出发

坚持一切从实际出发，是我们党想问题、作决策、办事情的出发点和落脚点。"坚持从实际出发，前提是深入实际、了解实际，只有这样才能做到实事求是。"[1]具体而言，"坚持实事求是，就要深入实际了解事物的本来面貌。要透过现象看本质，从零乱的现象中发现事物内部存在的必然联系，从客观事物存在和发展的规律出发，在实践中按照客观规律办事。坚持实事求是不是一劳永逸的，在一个时间一个地点做到了实事求是，并不等于在另外的时间另外的地点也能做到实事求是，在一个时间一个地点坚持实事求是得出的结论、取得的经验，并不等于在变化了的另外的时间另外的地点也能够适用。我们要自觉坚定实事求是的信念、增强实事求是的本领，时时处处把实事求是牢记于心、付诸于行"[2]。

正如新时代以来，在五千多年中华文明深厚基础上坚持和发展中国特色社会主义，把马克思主义基本原理同中国具体实际、同中华优

---

[1] 习近平：《努力成为可堪大用能担重任的栋梁之才》，《求是》2022年第3期。
[2] 习近平：《在纪念毛泽东同志诞辰120周年座谈会上的讲话》，人民出版社2013年版，第15—16页。

秀传统文化相结合是必由之路，是我们在探索中国特色社会主义道路中得出的规律性认识，是我们取得成功的最大法宝。特别是"第二个结合"，习近平总书记强调，这"是又一次的思想解放，让我们能够在更广阔的文化空间中，充分运用中华优秀传统文化的宝贵资源，探索面向未来的理论和制度创新"。"'第二个结合'，是我们党对马克思主义中国化时代化历史经验的深刻总结，是对中华文明发展规律的深刻把握，表明我们党对中国道路、理论、制度的认识达到了新高度"。[①] 同样，在新的历史起点上，实事求是地把握共同富裕现代化背后的中华文明深厚基础，也要坚持一切从实际出发，立足伟大历史实践和当代实践，在深入中华优秀传统经典、学习古圣先贤治国理政理论和经验基础上，认识中华优秀传统文化独一无二的理念、智慧、气度和神韵，坚定文化自信，秉持开放包容，坚持守正创新，在增进全体人民福祉、推动共同富裕现代化道路上充分发挥知古鉴今、资政育人的作用。

（一）我国现阶段人民生活实际需要

每个人都希望富裕，每个人都追求幸福，这是无论古今都最贴近广大百姓生活的实际。党的十八大以来，党中央把握发展阶段新变化，把逐步实现全体人民共同富裕摆在更加重要的位置上，推动区域协调发展，采取有力措施保障和改善民生，打赢脱贫攻坚战，全面建成小康社会，为促进共同富裕创造了良好条件。这些年来，国家繁荣安定，人民感激党和政府的好政策，普遍都过上了小康的日子，生活条件得到大幅提升，不用再为吃穿发愁。可是，这个人生大问题"消

---

① 习近平：《在文化传承发展座谈会上的讲话》，《求是》2023年第17期。

隐"了，新的人生问题又冒出来占据了主位，比如，怎么看待钱财、使用钱财才是对的？对于富裕生活常感难期、难守，怎样才能拥有并长葆不衰？人作为社会性的存在，人与人之间相处的烦恼如何解决？所得有时并非所愿，面对人生的种种不如意，幸福的真谛应往何处寻？对声色货利欲望的追逐并不能让身心感到安适舒畅，反而让人愈发焦灼痛苦，短暂的人生究竟怎样度过才真有意义、真有价值，等等，此类问题或浅或深、或迟或速，总是层出不穷。人们感到有钱与幸福密切相关，却又好像隔得很远。这些严重影响着人们幸福指数的问题，正如习近平总书记在党的十九大报告中指出的，我国社会主要矛盾发生了变化的问题。以前是"人民日益增长的物质文化需要同落后的社会生产之间的矛盾"，而今，"中国特色社会主义进入新时代，我国社会主要矛盾已经转化为人民日益增长的美好生活需要和不平衡不充分的发展之间的矛盾"[1]。

为适应社会主要矛盾的变化，更好满足人民日益增长的美好生活需要，习近平总书记强调："必须把促进全体人民共同富裕作为为人民谋幸福的着力点，不断夯实党长期执政基础。"[2]现在，我们处于扎实推动共同富裕的历史阶段，正在向第二个百年奋斗目标迈进，即到本世纪中叶，全面建成富强民主文明和谐美丽的社会主义现代化强国。

习近平总书记说："我们党是全心全意为人民服务的党，党的一切工作就是要为老百姓排忧解难谋幸福。"[3]"民心是最大的政治。""民之所忧，我必念之；民之所盼，我必行之。""全面建成小康社会，一个

---

① 《习近平著作选读》第二卷，人民出版社2023年版，第9页。
② 习近平：《扎实推动共同富裕》，《求是》2021年第20期。
③ 中共中央党史和文献研究院、中央"不忘初心、牢记使命"主题教育领导小组办公室编：《习近平关于"不忘初心、牢记使命"论述摘编》，党建读物出版社、中央文献出版社2019年版，第141页。

也不能少；共同富裕路上，一个也不能掉队。"①……百姓渴望富裕、追求幸福的心愿是朴素的，在生活中遇到的种种问题是实在的；扎实推动全体人民共同富裕的现代化，也同样是实实在在的，就是为了帮助百姓实现共同过上美好生活的心愿。

这是就我国当前人民生活实践和建设社会主义现代化国家的历史阶段而言。倘若把眼光扩展到悠久的中华文明史中，会发现，早在几千年前，中国的古圣先王就已秉持着这样一颗无私利生之心：

> 黄帝胸怀造福万民之志，提倡人民种植五谷，养殖牲畜，组织人民战胜蚩尤，统一华夏，成为中华民族"人文初祖"；尧帝能奉养孤苦伶仃而无处投诉之人；舜帝处处心念百姓，时刻不脱离人民，注意广开言路，体察民情，故不用赏罚，人民都愿为其效命；大禹能体恤有罪当刑之人；商汤王和周武王的恩泽甚至能惠及禽兽，这就是古代圣王能安近怀远的原因。自古以来的圣王拥有天下，皆以天下为己身，而无一己之私，以天下万民之好恶为自己之好恶。在尧舜禹汤文武周公等圣王身上，淋漓尽致地体现了为民众谋幸福的责任担当。②

老子说："圣人无常心，以百姓心为心"（《道德经·第四十九章》）；商代汤王"朕躬有罪，无以万方；万方有罪，罪在朕躬"（《论语·尧曰》）；周武王"天视自我民视，天听自我民听。百姓有

---

① 中共中央党史和文献研究院、中央"不忘初心、牢记使命"主题教育领导小组办公室编：《习近平关于"不忘初心、牢记使命"论述摘编》，党建读物出版社、中央文献出版社2019年版，第237页。
② 刘余莉：《论伟大建党精神的历史文化渊源》，"学习强国"学习平台2021年8月8日。

过，在予一人"（《尚书·泰誓中》）；姜太公说："善为国者，御民如父母之爱子，如兄之慈弟也；见之饥寒则为之哀，见之劳苦则为之悲"（《群书治要·六韬》）。如今，以习近平同志为核心的党中央带领全国人民，着力为人民谋幸福、为民族谋复兴、为世界谋大同，彰显了顺天道、应民心这一中国式治理古今一贯的特质。而中国式治理，崇尚的是圣贤之治，传承圣贤道统、主张王道政治是其不变的核心。

（二）人生的三大问题与早熟的中华优秀传统文化

共同富裕现代化深深扎根于中华优秀传统文化，要了解其文化底蕴，首先需要在研究方法上明确，不能以西方式的哲学思想简单视之。这是由于东西方学术要解决的人生问题性质不同，因而与之对应的学术性质、途径和方法便各有差异。认识这点至关重要，否则不免南辕北辙，不仅无法把握共同富裕现代化道路背后的文化渊源和精神实质，也无法认清并合理解决人类所共有的人生问题。

谈及认识中国文化的方法，梁漱溟先生说：

> 凡是符号，都要返回到事实去，才能研究这种东西。……我们通常的大病，就是只有许多观念。本来不是欺人的观念，在古人实有那一回事实，而后人偏不握着事实去说话，完全在空观念上讲，那自然要会变成欺人的空观念。要是我们从事实入手，虽不能了解古人真正的意义，却可以扫除这一切依稀仿佛的假观念。要知道他们本来是简单的，痛快的。所以总要切近事实研究，不要用那形而上学推演辩证的方法。……我所谓事实者，即是生活。也就是不外乎心

理与生理。那么所有的问题，就有法解决了。[①]

学术的产生是为了解决人生的问题。人生问题纷繁复杂，从少壮到年老，由出生再到返归于自然，各种身心的问题几乎横贯于人的一生，支配着人生道路的选择，形成了人的命运。面对这些问题，自觉明强者势必要寻出一条合理、圆满的解决之道，以期获得身心的安稳，乃至彻达生命的完善与自由。人离不开社会，作为社会性的存在，每个人又基于自身的问题而有意或无意地、历史或现实地与社会、他人产生着影响，作用着社会文化氛围的形成和文明的演进。可以说，个人的问题亦是社会的问题，社会的问题亦可从中反省出自他之间在精神心理上的千丝万缕的联系。于是伦理上的道德义务如同个人的身心问题，不仅与生俱来，而且履行伦理义务与解决身心困扰，自始至终都是紧密相连的，二者互相利益、互为实现，共同构成了人生实践的主题。就学术而言，在人类漫长的文化进程当中，对社会与个人、身与心内在关系的探索也始终左右着学术导向的变化。

人生问题虽然不出身心，然而论其性质又有具体的差异。学界认为，人生问题依性质不同可分三类：人对物的问题；人对人的问题；人对自己生命的问题。依问题性质不同，其所要求的解决此类问题的学术便各有差别。[②]

人对物的问题，是指人类为求生存须资取身外之物，于是头脑心思一般总是向外用去，解决其生活所需物资问题；对此，面前自然界种种便首先成为人们的经验对象。对应这一问题，人的头脑心思向外去用，其势所产生而发达的学术主要便是，站在人类生活立场面向自

---

① 梁漱溟：《梁漱溟先生讲孔孟》，中华书局2014年版，第10—11页。
② 本文此处关于人生三大问题和与之相应的三大学术的介绍，详参梁漱溟：《东方学术概观》（增订本），上海人民出版社2014年版，第3—72页。

然界争取生存以至更高自由的那些学术。这首先是自然科学以及工农技术，兼之及于人们站在各自生活立场向外彼此斗争的那些学术（如军事学）。论其学术性质，"从人心具有理智、理性二者而言之，此方面学术主要来自理智活动而非理性"，即："学者站在其对象的外面，持冷静旁观态度，切就自己所得经验（涵括种种测验、试验），加以考索研究而逐步深入地探得其理也。"①

人对人的问题，是指人在从事生产和生活中，彼此离开不得，因而有群居之大小集体组织（家庭、社会等），其间如何才能相安相处，自是一大不同于前者的问题。对应人对人的问题的学术，根本是在人生自勉向上之学，却每每要从人际问题的反向逼迫而产生出来。天资高的人自觉恒时昭朗，可不待有人对人问题（困难）而后反省自责自勉，而普通人却总是在人与人之间关系不顺、遇事走不通时，方才被迫反省有悟其错处或缺点，从而致力自勉向上之学。这是由于"人心内蕴的自觉虽为人生所固有，却每每若存若亡；如何得精神集中当下，物来顺应，非易事也。盖为此心牵累于此身（食色本能和种种习气），总在向外驰逐之所掩覆也。为此学者要在有以反躬认取此自觉（昔人所云'良知'、'独知'），时时戒惧其有失焉，其庶几乎"②。

---

① 梁漱溟先生在一篇谈论"中国文化问题"的文章中亦指出："何谓理性？通常我们用理性这一词和用理智这一词是无甚分别的；但我在这里则有意将它分开；理智在人类心理上属于知的一面；而理性则属于情的一面。近代西洋人发达了理智，而中国人早早发达了理性。从前的中国人常爱说'读书明理'一句话。……中国人读书明理之'理'是人世间许多情理；如父慈子孝公平信实等类。而西洋书里面所讲多是数理论理和自然科学社会科学之理，我们浑称之曰物理。情理存于主观，而物理则属于客观。人类所以能明白许多情理，由于理性；人类所以能明白许多物理，由于理智。……中国儒家可称为理性主义，但与欧洲大陆派的理性主义非一事。我今用理性一词，既专有所指，与通常理性理智混用者不同，故不得不分别对照以说明之如上。"（见《梁漱溟全集》第六卷，山东人民出版社2005年版，第107—108页。）"理性则属于情的一面"，这种情是指无私的感情。理性是人类的生命本性，也是理想的心理与生命状态。另外，在其《东方学术概观》（增订本），上海人民出版社2014年版，第104—108页；《中国文化要义》第七章；《人心与人生》第六、七章等诸著述中也有相关阐发。
② 梁漱溟：《东方学术概观》（增订本），上海人民出版社2014年版，第36—37页。

此类学术务在修己，其于社会群众则务在修明礼乐，古语所谓"礼乐不可斯须去身"。论其学术性质，"此学之产生端在人的理性而不是理智。理智是作为高于本能的，为人类生活所特有的方法手段而发展出来者；理性则正当理智发展时不期而然地开出来者。它不是什么方法手段，它超乎方法手段之上。就人心来讲，理性是体，理智是用；理性为主，理智为从。"[1]

人对自己生命的问题，"人对自己并非不发生问题的。不过当其困扰于前两大问题时，此一问题不显现耳。外在问题解决了……，人便发现烦恼非从外来，而有以解脱此生来不自由的生命，体现乎自由"[2]。对应此一问题的学术，则是探究宇宙人生终极真理的学问。"人类生命由于有自觉能动性，在其对外改造自然界（兼括基于自然势力而来的社会人事）之余，便能进而转入改造自己生命。"这是说，人类一面仍不异于其他生物而有很大机械性、盲目性，另一面"却见有反观内照之可能，亦即有脱出机械性、盲目性之前提条件"[3]。"人类前途其必出于此者，宇宙生命自始就在争取灵通自由，不达最后最高之自由不止也。"[4]

以上是吾人生命中所共有的三大问题，以及分别与之相适应的三种学术。这三种问题的产生和学问的求索，自个人而言非必有一定之序；然而从人类历史的一般进程来看，社会发展史的阶段升进如马克思、恩格斯所说，实有其不以意志为转移的自然之势，而人类生活的主要问题与主要学术的渐次转深亦遵循着一定的规律。

在人类第一问题之下，将成就其第一期的学术文化，近数百年以

---

[1] 梁漱溟：《东方学术概观》（增订本），上海人民出版社2014年版，第36页。
[2] 梁漱溟：《东方学术概观》（增订本），上海人民出版社2014年版，第35页。
[3] 梁漱溟：《东方学术概观》（增订本），上海人民出版社2014年版，第38页。
[4] 梁漱溟：《东方学术概观》（增订本），上海人民出版社2014年版，第39页。

来，欧美物质文明是其显著成绩。在人类第二、第三问题之下，将次第成就其第二期、第三期的学术文化。然而事实上，在第二、第三问题之下将要成就的第二期、第三期的学术文化，"却远在古中国古印度分别出现了"①。东方学术在性质上，儒学属于第二期，佛学属于第三期，道家之学和印度的瑜伽学分别介于第二期与第三期之间，是故儒释道三学被称为人类早熟的文明，而世界文明三大系之"古中国文明的儒家之学、古印度文明的佛家之学其所以与古希腊罗马文明为产生近代科学之源者并列，正为其分别代表着人生三大问题之故"②，在解决人生问题上"各有其特殊精神，或云有其人生活动的不同方向（态度）"，并"各本于其人生活动的致力方向不同而有其不同成就"。③

关于此点，早在1924年，孙中山先生在《三民主义》讲演中即说："欧洲的科学发达、物质文明的进步，不过是近来二百多年的事。……至于讲到政治哲学的真谛，欧洲人还要求之于中国。诸君都知道世界上学问最好的是德国，但是现在德国研究学问的人，还要研究中国的哲学，甚至于研究印度的佛理，去补救他们科学之偏。"④需要指出的是，佛学虽起源于古印度，但在两千余年前便传入中国，及

---

① 梁漱溟先生指出，"在第一问题之下，从乎社会生产力的发展推进着社会向前发展，这就是马克思所阐说的社会发展史。社会发展端在分工，是有阶级分化，而终归于消泯阶级的社会主义社会。人类生活便从第一问题转入性质不同的第二问题。……此时信如恩格斯所说，人类乃始脱离动物界而为自然界真正的自觉的主宰；而其主要问题却转在人与人如何得以和衷共济，彼此无忤。一向多为对外物的认识利用的学术，却疏忽了认识人类自己者，将不能不反躬以求体认此身心而得其善自调理涵养之道。学术界风尚将一变，而学术途径别辟，无可疑也。在第二问题愈来愈得到解决之下，人类生活且将大不同于今天纷争斗殴的世界，殆吾古人所称大同之世、太平之世者。然其生活境界遂为优美尽善矣乎？否，不然！正在如此生活中，客观条件更无任何问题存在，人们乃始于烦恼在自身，初不在外，大有觉悟认识，而求解脱此生来不自由之生命焉。人生从第二问题于是转入第三问题，而出世之学将为人所讲求，又无可疑也。"详见梁漱溟：《东方学术概观》（增订本），上海人民出版社2014年版，第5页。
② 梁漱溟：《东方学术概观》（增订本），上海人民出版社2014年版，第38页。
③ 梁漱溟：《人心与人生》，上海人民出版社2011年版，第175页。
④ 《孙中山选集》（下），人民出版社2011年版，第692页。

至汉明帝时始有传译佛教之举。由于"八百年前印度佛教不幸灭亡"，"中国汉文教典几成世界唯一鸿宝。迄今能与并驾者，只西藏藏文教典而已。而西藏乃中国属土之一，则谓中国代替印度为世界佛教总汇之地，亦无不可"。①而且，存在了两千余年的中国佛教，作为灿烂的民族古典文化的绚丽花朵，作为悠久的东方精神文明的巍峨丰碑，必将随祖国建设事业的发展而发展，并在这一伟大事业中，为世界人类的和平、进步和幸福做出应有的贡献。②就世界学术发展趋向而言，"当今世界正是近代西方创造的科学学术及其物质文明发皇极盛，临于末路转变之前夕，人生第一问题行且过去，转入人生第二问题，从而向着人类第二期文化前进。今天社会主义的新中国之崛起，是其朕兆昭然可睹。在西洋风气下的学术界一向不加讲求的东方早熟学术，其将复兴有必然矣"③。"虽学术思想转变在望，犹且有待于形势之变。"④因此，可以说，人类早熟的文明是以儒释道三学为代表的中国文明；中国文明在世界文明三大系中，三分有其二；为解决当前及未来人类共有的现实人生问题，古中国早熟的学术必将承担起无可替代的文化使命。

党的十八大以来，习近平总书记明确指出："中华民族伟大复兴展现出光明的前景"⑤，"随着中国经济社会不断发展，中华文明也必将顺应时代发展焕发出更加蓬勃的生命力"⑥。"中国优秀传统文化的丰富哲学思想、人文精神、教化思想、道德理念等，可以为人们认识和改造世界提供有益启迪，可以为治国理政提供有益启示，也可以为

---

① 冯达庵：《佛法要论》（上），宗教文化出版社2015年版，第89页。
② 赵朴初：《佛教常识答问》，华文出版社2011年版，第158页。
③ 梁漱溟：《东方学术概观》（增订本），上海人民出版社2014年版，第40页。
④ 梁漱溟：《东方学术概观》（增订本），上海人民出版社2014年版，第6页。
⑤ 《习近平著作选读》第一卷，人民出版社2023年版，第62页。
⑥ 习近平：《在联合国教科文组织总部的演讲》，《人民日报》2014年3月28日。

道德建设提供有益启发。对传统文化中适合于调理社会关系和鼓励人们向上向善的内容，我们要结合时代条件加以继承和发扬，赋予其新的涵义。"[1]并要求："要加强对中华优秀传统文化的挖掘和阐发，使中华民族最基本的文化基因同当代中国文化相适应、同现代社会相协调，把跨越时空、超越国界、富有永恒魅力、具有当代价值的文化精神弘扬起来，激活其内在的强大生命力，让中华文化同各国人民创造的多彩文化一道，为人类提供正确精神指引。"[2]

中华传统文化的主干是儒释道三学。三家之学，皆源自古老的学术，虽在解决人生问题层级上各有其旨归，各有其实践伦理之特征，道德的具体含义各有所指，但都共同致力于对人心灵的培育和德行的提高，注重对人心的净化和其功用的开发，都是知行合一的身心修养实践之学。所谓"修养"，特指"反躬在自己身心生活上日进于自觉而自主，整个生命有所变化提高的那种学术。其中有知识，有思想，却主要得之向内的体认，还以指导乎身心生活。……这是通乎一切人的，是可以为一切学问家或事功家之根本那种修养。然而任何学问事功皆其余事矣"[3]。三家之学虽然涵有其宇宙观、人生观，亦即他们各自的哲学，但这些哲学或思想"要不过从其功夫实践中所得之副产物"，而副产物不能"独自出现和存在"，[4]因此不可以西方文化意义上的哲学思想简单目之；哲学思想重在头脑的思辨推衍，虽有时符合局部真理，但无实习方法以证明之。而孔子等古圣先贤的学说，"决不是想出许多道理来告诉人，他们传给人的只是他们的生活。如谓生

---

① 习近平：《在纪念孔子诞辰2565周年国际学术研讨会暨国际儒学联合会第五届会员大会开幕会上的讲话》，人民出版社2014年版，第7页。
② 习近平：《在中国文联十大、中国作协九大开幕式上的讲话》，人民出版社2016年版，第15—16页。
③ 梁漱溟：《东方学术概观》（增订本），上海人民出版社2014年版，第42页。
④ 梁漱溟：《东方学术概观》（增订本），上海人民出版社2014年版，第6、99页。

活为思想、为哲学，自然非是。所谓思想或哲学者，不过是他的副产物。……我们不能离开生活而空谈学问"①。既然中国文化所研究的问题，是你我变化着的生活本身，而不是固定不变的观念，是生命的事实、身心的修养、人格的转变、自我的超拔，而不是头脑中没有行动指向的知识、推理出来的没有生气的逻辑，那么对它的理解，就不能对象化地向外求取，即不能将之视为身外的某物，或仅凭思维就可以获得的某种概念。有如梁漱溟先生所说，儒释道三家之学"均贵践履实修，各有其当真解决的实在问题，非徒口耳三寸之间的事。不掌握此点，不足以言三家之学"②。

正因中华优秀传统文化是以实践伦理为本位，中国文化意义上的哲学本质上是实践伦理学，在实践性上反而和科学的精神有着内在的共通性。如同科学重实验，中华优秀传统文化不尚纸上空谈或玄想思辨，而是通过实地的经验验证得出来的道理学说，有其明确、严格的原理、原则、路线、方法，人人都可通由此道获得相同的结论，儒家志在圣贤，讲圣贤可期就是此理，虽愚夫愚妇亦可为也。所以在效用上，"其切切实实解决问题同于科学家之改造自然，改造社会"③，而且，"他们往往不悖于科学家之所发明，或有所启发于科学家"④，其体知、证悟的实际义理必然随着科学的进步而渐次得到证实。这是中华优秀传统文化作为人类早熟文明的显要特殊之处。

通过以上分析可见，基于世界文明发展潮流的必然趋势和人类学术发展进程的内在要求，在当前我国社会主要矛盾已然发生明显转变的历史阶段，扎实推进共同富裕现代化，必须深入优秀传统文化，"用

① 梁漱溟：《梁漱溟先生讲孔孟》，中华书局2014年版，第4页。
② 梁漱溟：《东方学术概观》（增订本），上海人民出版社2014年版，第39页。
③ 梁漱溟：《东方学术概观》（增订本），上海人民出版社2014年版，第6页。
④ 梁漱溟：《东方学术概观》（增订本），上海人民出版社2014年版，第99页。

中国道理总结好中国经验，把中国经验提升为中国理论"[1]，将正确的精神指引和价值导向贯穿共同富裕现代化建设的各领域、各方面、各环节，顺应人民群众日益增长的美好生活需要，启发人们的道德良知，用深入人心的道德伦理教育推动新发展理念的贯彻实施，从根本上解决财富分配不公、贫富两极分化等社会公平正义问题。

此外，科技作为第一生产力，与教育、人才共同构成全面建设社会主义现代化国家的基础性、战略性支撑。自新中国建立，尤其是改革开放以来，我国从近现代的生产技术大大落后于西方，遽转而为科技进步日新月异，追赶速度"敏捷惊人"，"种种成功，均不借外人最是出人意表，举世为之失色"。究其原因："此岂有他哉？理性早启的中国人头脑焉得不聪明耶？一旦用其聪明于这一方面，那便很快地出色当行。以如此优秀民族，其社会生产力顾迟迟不进，千年之后几无异于千年之前者，其成就别有所在也，流俗自不察耳。"[2]正是由于中国文明根植于人类理性，是注重情理的学问，是以理性引导理智，用志于道的文化精神引领、保障科技强国之路，以合于道的高质量发展和政府治理扎实推进全体人民共同富裕的现代化进程，因此，今日在科学技术和物质文明上赶超发达国家，反具有独一无二的先天优势，可以从文化根源上避免欧美近代以来现代化道路的偏颇与弊端，这就是前贤所说的"道学为体，科学为用"。新时代的中国文明必将以高度成熟而科学的崭新形态将人类文明推向前进，为世界人民带来实实在在的福祉，产生深远的影响。

---

① 习近平：《在文化传承发展座谈会上的讲话》，《求是》2023年第17期。
② 梁漱溟：《东方学术概观》（增订本），上海人民出版社2014年版，第130—131页。

（三）尊圣崇贤、尊道贵德是中国文化精神的显著标志

促进共同富裕与促进人的全面发展是高度统一的。人的自由而全面的发展，用中国古人的话说，即如《大学》开篇所云："大学之道，在明明德，在亲民，在止于至善。""学"的本义是觉悟（《说文解字》），中国学问的高超智慧在于它远非外在知识之学，而是关乎每一个人幸福安康的生命生活的学问。无论是为政施教还是学以济世，都是立足于启发、开显人所固有的至善本性，都有赖于知行并重的生命实践。

习近平总书记曾引用明代王阳明先生的话"立志而圣则圣矣，立志而贤则贤矣"，殷切嘱咐新时代的中国青年："止于至善，是中华民族始终不变的人格追求。我们要建设的社会主义现代化强国，不仅要在物质上强，更要在精神上强。精神上强，才是更持久、更深沉、更有力量的。"①我们学习习近平总书记关于共同富裕现代化建设的系列重要论述，也会感受到其中贯穿的鲜明价值导向和卓越的文化精神，字里行间，都是物质富裕与精神富裕理念的高度统一、高度融合和相互促进。特别是在实现了全面小康基础上进一步推进全体人民共同富裕，二者的协调共生就成为更加突出的时代问题。要解决这个问题，也要先从进一步认识中国文化的精神入手。中国文化精神的首要特征，便是尊圣崇贤、尊道贵德。

1.圣凡之别

中国的道德教化源自圣人之应机设教。古人说，世间无圣人，则万古如长夜。那么，圣凡之间的差别何在？《孔子家语·五仪解》记载，鲁哀公向孔子请教治国之道，孔子将人分为庸人、士人、君子、

---

① 习近平：《在纪念五四运动100周年大会上的讲话》，人民出版社2019年版，第11页。

贤人和圣人五等。

"所谓庸人者，心不存慎终之规，口不吐训格之言，不择贤以托其身，不力行以自定。见小暗大，而不知所务；从物如流，不知其所执。此则庸人也。"（《孔子家语·五仪解》）庸人，心里没有从始至终都谨慎持守的规诫，口里也不言圣贤经典中的教诲，不选择贤人善士以托付己身，也不去力行善道为自己的命运负责，在小事上明白，在大事上糊涂，不知道自己要做的是什么，随波逐流而没有准则，这样的人就是庸人。

"所谓士人者，心有所定，计有所守，虽不能尽道术之本，必有率也；虽不能备百善之美，必有处也。是故智不务多，必审其所知；言不务多，必审其所谓；行不务多，必审其所由。智既知之，言既道之，行既由之，则若性命之于形骸不可易也。富贵不足以益，贫贱不足以损。此则士人也。"（《孔子家语·五仪解》）士人，就是通常所说的古代知识分子，居于"士农工商"四民之首。士人，心中有定见，计策中有其坚守的道义。虽然未能尽知道术的本源，但是所行的必是合道之事。虽然未能修养到汇集百善于一身，但是所在之处必能彰显美德。所以他们对于智识不急于求多，但是务求清楚地明白自己所知道的；对于所说的话不急于求多，但是务求清楚地明白自己所说的要义；对于所做的事不急于求多，但是务求清楚地明白事情是如何做的，也就是所遵循的道路。能够清楚地知道自己的见解是正确的，言语是得其要领的，行为是合乎道义的，他们的道德学问便已立定，就像自己的性命之于躯体一样，稳固而不可摇夺。处于富贵不能增加什么，居于贫贱也不能减少什么，都不足以动其心。这样的人就是士人。

"所谓君子者，言必忠信而心不怨，仁义在身而色无伐，思虑通明而辞不专。笃行信道，自强不息。油然若将可越，而终不可及者。

君子也。"(《孔子家语·五仪解》)君子之人，言语必定忠诚守信而内心没有嗔怨，仁义的美德充实自身而没有矜夸的神色，思虑事情通达明白而言辞不会专断。德行纯笃，信行圣道，自强不息。他那从容安然的样子好像容易被超越，却终不能达到他那样的境界。这样的人是君子。

"所谓贤人者，德不逾闲，行中规绳。言足以法于天下而不伤于身，道足化于百姓而不伤于本。富则天下无宛财，施则天下不病贫。此贤者也。"(《孔子家语·五仪解》)所谓贤者，他的德行不会逾越法度，行为合乎道义准则。他的言论足以让天下人效法而不会招来灾祸，所谓"言满天下无口过"(《孝经·卿大夫章》)。他的道德足以教导感化民众，因为合道也不会伤害到自身。富有了便广施博济，因而天下人不会怨恨他富有，反而效法他不积聚钱财；施恩于天下，则百姓便不会再为贫穷而愁苦。这就是贤者。

"所谓圣人者，德合于天地，变通无方。穷万事之终始，协庶品之自然，敷其大道而遂成情性。明并日月，化行若神。下民不知其德，睹者不识其邻。此谓圣人也。"(《孔子家语·五仪解》)圣人的道德智慧合于天地，能够随宜地变通自如而没有执著，能够通达一切事物发展的本末、条理，使万物按照自然的规律和谐共生，广施大道而使天下人都能成就各自应有的情性。他的明德与日月同辉，他教化的功行有若神明，百姓深沐在他的德风之中而无法测度他的高深。圣人化育万物的德业盛大到与天地同行，即使亲眼见到其流布德教的人们也无法知晓它的边际。

从以上对比可知，圣人与凡俗之人在道德智能上的差别，可谓天地悬殊。圣凡之不同，实在于道心与人心的差别。老子说："圣人无常心，以百姓心为心。"是说圣人之心复乎性德之纯，无我无私，而能运悲悯之智，成化人之功。古注曰："常者，一定不移之意。谓圣人之心，至虚无我，以至诚待物，曾无一定之心，但以百姓之心为心耳。"（《老子道德经解》）此意是说，因圣人"复乎性善，而见人性皆善，故善者固已善之，即不善者亦以善遇之。彼虽不善，因我以善遇之，彼将因我之德所感，亦化之而为善矣。……以天下人心不古，日趋于浇薄，圣人处其厚而不处其薄，汲汲为天下浑厚其心。……圣人之心如此，所以不言而信，无为而化，则天下无不可教之人矣。"（《老子道德经解》）《孟子·告子上》说："心之所同然者何也？谓理也，义也。圣人先得我心之所同然耳。"凡圣本性无二，只因圣人道心修养完备，"知万物本通为一"（《庄子内篇注》），而能顺时俯势，以不变应万变，虽万变不离其道，故无往而不自得。"盖根之于心，同此秉彝之良，则悦之于心，同此懿德之好。……彼为暴者，良由陷溺其心，而自丧其同然之美耳，岂其才之罪也哉？人能反求诸身，而自得其理义之良心，油然乐善之衷，无为声色臭味之欲所夺，则操存久而念虑纯，涵养熟而性真湛，圣人信可学而至矣。"（《张居正讲解〈孟子〉》）即如孔子，其教平实而精微，切近人情、易于遵循却又直指天际，被颜回视为"时中之圣"。梁漱溟先生亦指出："孔子之言论有贯注人身，如光透过玻璃，使人立地省悟者。其所以至此，实因其清明厚重恰合人心之故，绝非因其以感情动人、宗教动人，或示人以损己利人之意，令人感动。"[1]是故马一浮先生说："圣、凡心行差别，只是一由性、一由习而已。"[2]圣凡所以智慧德能悬隔天壤，实在于其学力的不同，并非本性有异；如能正当修学，祛习复性，则人格智慧定能转变，圣贤之域可以期许，孟子所谓"舜何人也，予何人也，有为者亦若是"（《孟子·滕文公上》）。

---

① 梁漱溟：《东方学术概观》（增订本），上海人民出版社2014年版，第203页。
② 邓新文：《马一浮六艺一心论研究》，上海古籍出版社2008年版，第11页。

既然常人本性一于圣人，德能无所不具，那么在历史演进当中，究竟是何缘由导致后来心迷识暗，不识真我？对于这点，古人亦多所发明，此处仅举一例以为概括：

> 吾人各禀此全性而为人，自有性德，不待教而能者，又何用教？盖上古之人，性醇德全，无有一毫外慕，且不知有身之为爱，岂有贪爱外面声色货利之事？是故不为一身爱外物，则不被外物染习杂乱其性故。所以上古之君如此，而上古之民亦如此。故无为之风，乃天德之滈，熙熙皞皞，俱在大道化育之中，所以不用教也。及至中古，人心渐凿，知身可爱，故爱物以养身。既以一己为我，则我与物对。物我既二，则性不一。性被物染则不精，不精则不一。故凡所作为，不率性而率情矣。情则有所偏，故大中至正之道隐。其于日用当行君臣父子之间，所有忠孝和信，皆不尽出于性真，而多出于情伪矣。情伪出则百弊生，弊生而情愈伪，情愈伪而去性愈远。是以世人渐趋渐下，物欲固蔽，愈远愈深。愚不肖者，则只知有物欲之伪情，而不复知有本然之真性矣。其间即有知者，而或又索隐求深，知之太过。而贤者或又高飞远举，矫世戾俗，而行之近怪。是皆不能于日用寻常当行之道，君臣父子之间，而各尽性正命以适中也。（《中庸直指》）

世人习染不一，执见深浅有异，但皆"以'我'之一字为病根"（《老子道德经解》），庄子所谓之认幻躯为我而迷却我之真宰。凡俗之人妄以幻躯为我，则处处我与物判然对立，因私欲而攀求所爱之物以为己有，所求不得复生种种悖理作为以满足己欲之苦，心愈偏邪而正智愈遮，其人愈违失生命本性，其生活亦必自感烦恼恶劣而无以解脱。

2. 圣人观民设教之用意

《周易·观卦》："象曰：风行地上，观。先王以省方，观民设教。"正如先哲所言：

> 是故圣人悯之，不得已而裁成以辅相之，务各使之以合中道，故立言以垂教。所谓"修道"者，"修"即如世之修理物件一般，使其不足者补之，有余者去之。只就在人人不率性处，或太过者折之，不足者诱引之，以之至于中道，将以复其性真耳，故曰"修道之谓教"。非是离率性之道，分外别有教也。（《中庸直指》）

圣人不忍百姓陷于身心病疾而拔苦与药，分别出以契机之教言，而所指相同，都是为了让百姓依从正道而恢复本性之真。故说圣人乃称性设教、以教全性，是以先觉觉后觉，让人顺性命之理以返人道之正。

另从《周易》也可看出古昔圣人设教的用意。首先示以天道之运演，以比圣人的道德妙用，后引出为政从学之人当效法圣人，由圣人所示之教与为政之方进德修业，及至圆满德性，成就自他并达的功业。古德释《周易》曰，伏羲设六十四卦，"但有画而无辞，设阴阳之象，随人作何等解"；"文王彖辞，吉多而凶少，举大纲以生善"；"周公爻辞，诫多而吉少，尽变态以劝惩"；"孔子《十传》，会归内圣外王之学"。（《周易禅解》）这是针对四圣设教呈现出的特点而言；究其实质，会归内圣外王之学、举大纲生善、尽变态劝惩、使学人随分得解而各获其益，则为诸圣利生之所俱备。由道体而生灵活的妙用，由随宜的德用而入无名之体，变易中有不易，不易中有变易，是圣人自由圆满的道德的昭示，也是为政者的理想和致学的终极追求。

人道生活在五伦关系之中，离此伦常别无人道可言，因此，古圣先王之设教，首以五伦之教为始基，启人发明本心。《群书治要·尚书》说："司徒掌邦教，敷五典，扰兆民（地官卿，主国教化，布五常之教，安和天下众民，使小大协睦也）。"又，《舜典》："帝曰：'契，百姓不亲，五品不逊。汝作司徒，敬敷五教，在宽。'""品"，是指一家之内的父、母、兄、弟、子五种关系，"五常之教"或"五教"即指父义、母慈、兄友、弟恭、子孝五者。而《孟子·滕文公上》记载："人之有道也，饱食、暖衣、逸居而无教，则近于禽兽。圣人有忧之，使契为司徒，教以人伦：父子有亲，君臣有义，夫妇有别，长幼有序，朋友有信。"孟子所说此五教，当为前者之申发，其质相同。伦理的精神在于生活中互以对方为重，主张积极、忘我、利他。这五种人伦教育，就是要人在各自应尽的伦理本分中晓悟做人的道理，从而使百姓之间亲爱、和睦。夏商周三代时期，学校的教育制度也都是以"明人伦"为宗旨，主张上行下效，教百姓明白人与人相处的道理，以此提升道德、敦厚民俗。尤其是孝敬父母、友爱兄弟。孟子直言："尧舜之道，孝弟而已矣。"（《孟子·告子下》）"人人亲其亲，长其长，而天下平。"（《孟子·离娄上》）孝悌是做人的基础，也是涵养仁德的开端，修齐治平等一切事功无非都是孝悌之心的推行与扩充。五伦教育的重要性，诚如明代著名思想家、政治家丘濬所言："圣帝明王之治必本于教，而教之所以为教皆不外乎五伦而已"，"此万世帝王为教之始"。（《大学衍义补》）由此可知，由己而家而社会的五伦教育路线，是人道政治教化所秉持的原则所在。

其次，圣人之道德教化并非要改易民性，而是随顺民情以净涤之，从而助其成全本善之性，获得安乐的人生。此如《群书治要·淮南子》所说：

> 天地四时，非生万物者。神明接，阴阳和，而万物生之。圣人之治天下，非易民性也，拊循其所有，而涤荡之。故因则大，化则细矣（能因循则大矣，化而欲作则小）。先王之制法也，因民之所好，而为之节文者也。因其好色，而制婚姻之礼，故男女有班；因其好音，而正雅颂之声，故风俗不流；因其宁室家，乐妻子，教之以孝，故父子有亲；因其喜朋友，而教之以悌，故长幼有序。然后修朝聘，以明贵贱；乡饮习射，以明长幼；时蒐振旅，以习用兵（蒐，简车马也）；入学庠序，以修人伦。此皆人所有于性，而圣人所匠成也。

《群书治要·周易·大有卦》："象曰：火在天上，大有。君子以遏恶扬善，顺天休命（大有，包容之象也。故遏恶扬善，成物之美；顺奉天德，休物之命也）。"人道教化的目的在于"遏恶扬善，顺天休命"，通过净化、转化、凝聚民心来实现人心的良善、风俗的淳厚。而心为一切行动的主宰，人同此心、心同此理，心灵的水平直接关系人们感受到的幸福的程度，所以，欲使民心扭转和净化，对应于此的凭借，从根本上来说，只能是为政施教者心灵的澄明、道德的感化这种无言的力量。

3.尊圣崇贤、尊道贵德的文化传统

由上文可知，中国的道德教化是从上古圣人而来。圣人者，道全德备之称，先得"我心之所同然耳"（《孟子·告子上》），继而"以先知觉后知，以先觉觉后觉"（《孟子·万章上》），用自身所成就的道德修为安和天下众民，布五常之教，定人伦之序，务在使人皆能循此简易稳妥的大道而渐启明觉之心，从各自的践行中获得幸福安乐的人生。对于人生体验到的幸福程度，则因学力不同而有高下多寡之分，它主要取决于心与道合的程度，亦即行道而保持不失的德行品质之高下暂久，差异和变化由此而生，心灵的安顿与真知的领会亦因此而立。可以说，我国古来的道德教化，是由本及末、贯穿始终的生命的教育，情理的教育，净化人心的教育。

这种纯正无私的、存乎人心应乎人心、出自道德又回归于道德的教化理念和方法，因其能够起到树立人格、安定身心、兴盛家国、祥和宇宙的神奇效用，而为历代圣哲贤人所遵行传续不已，以期救弊于一时，成法于万世。道德系乎人心，教化的承传流布，其精神在"道德"二字。儒宗尧舜，道法轩辕，孔子赞尧帝："大哉！尧之为君也！巍巍乎！唯天为大，唯尧则之（则，法也。美尧能法天而行化也）。荡荡乎，民无能名焉（荡荡，广远之称也。言其布德广远，民无能识名焉）。焕乎！其有文章也（焕，明也。其立文垂制，又著明）！"（《群书治要·论语·泰伯》）赞舜帝："无为而治者，其舜也与？"（《群书治要·论语·卫灵公》）并曰："志于道，据于德，依于仁，游于艺。"（《论语·述而》）老子引古圣人之言曰："我无为，而民自化；我好静，而民自正；我无事，而民自富；我无欲，而民自朴。"（《道德经·第五十七章》）又曰："道生一，一生二，二生三，三生万物。"（《道德经·第四十二章》）圣人之敷教创制，因时而动，应机施教，一切皆是道德的流化和灵活妙用，一切亦可收归于道德，而运之于一心。道无相无名，子曰："声色之于以化民，末也。"（《中庸》）无论儒道二学，皆以无为而治、行不言之教为德化理想，都共同指向着由无我而济世利生的崇高道德境界和至化境界。

中国本土的儒道文化，对道德的敬畏有似西方人对宗教的信仰，却又有着显著的不同。梁漱溟先生谓自周孔教化以来，中国本土无西方意义上的宗教，而是以道德代之，认为世出世间法并不是截然对立的，而是相互增益的和谐关系。换言之，中国人的伦理人生，用是用在人伦之中，但它的着眼点却不在这一形而下的现象界层面。它的着眼点是在道上，在知命而后达命的超越性的道德追求上。对于现象界，是要明体而达用，体道以为用，其自身不具有独立性，更不是做人为学最终的归趣所在。这是圣人无我利生之德的示法。极高明而道中庸，身在世间而心超物表，究天人之际却又极为平实，所在和光同尘，随顺民情，而不离伦常日用。对道德的体认虽依学力不同，各各有别，但又是互通于心的。"道德"二字，义理深邃无尽，然而其实践方法却简易可行，由循道以行而渐知，由实地行持而渐启觉心，渐识明德之性为人所具足。大体而言，古来圣贤的为政设教有以下三个方面的表现。

其一，尊奉圣人之言教。孔子说："君子有三畏：畏天命，畏大人，畏圣人之言。"（《论语·季氏》）在中国典籍中，无论经史诸子，其所出言必称圣人。既然圣贤之于世人意味着至高的道德境界和生命修为，道德之于人的性格、福慧、功业、命运等都有着决定性的影响，因此体现在治国上，对于为政之人君，必期之以圣德，约之以圣教，并建立法度要求其以圣人为师，以贤人为辅，重德化而省刑罚；体现在修身、治学上，也同样如此，尊圣崇贤、尊道贵德被士人奉为毕生的遵循和依止。由此自然引申出尊师传统。重视圣人之言教，经乃常道、大道之载也；重视对经典文字之严肃性的维护、习学与传承；重视对道言关系的辩证理解，以言显道，得意忘言，不泥古不化，不刻意求新，而是旨在对精神实质能够心领神会并依时起用。《群书治要·申鉴》云："夫道之大本，仁义而已。五典以经之，群籍以纬之，前鉴既明，后复申之。"如魏徵诸臣编撰《群书治要》，即是不仅要在政事上，为志在先王之道、成至治之功的唐太宗理清条理，更要为其彰明圣人之学与圣人之治的关系，在道德人格上助其成就"根本之学，以为明体达用之资"①。不唯要成就太宗之学，立太宗之人格，也要用这部"帝王学教材"为当时的太子诸王以及后世人君深谋远虑。

其二，信明德之性人所具足。自古国人之信，在于信圣人，信天命，信自心性德，信为仁由己。"信为道源功德母"，这是圣人之教的中心。教信自心之明德，以获得心灵的安顿。教信人人本性平等，时位可有贵贱尊卑之分别，但性德并无优劣之等差，期许人人皆可为圣贤，只待反躬体认，如孔子所云"求仁而得仁"（《论语·述而》），孟子"学问之道无他，求其放心而已矣"（《孟子·告子上》）。人生的意义在于修己尽性，以此为源头动力不断进德修业，实现自达达人的生命价值。所以自始至终，人的至善本性都是平等自由、独立无待的，不以贫富贵贱而损益分毫。因对至善本性的笃信，而能做到"富贵不能淫，贫贱不能移，威武不能屈"，甚至杀身成仁，死而无憾，因信而获得对生命的超越性认知。

其三，教法上则重视对心灵的研究与培育。中国文化讲的是人生存于天地之间、人伦之际，应当如何存心，如何行事。孔子教学重在求仁。仁者，人心也。心为身之君主，身乃心之寄所，故而"人之所以为人者，其在人心乎"？"内一面是自觉不昧，主观能动；外一面是人与人之间从乎身则分则隔，从乎心则分而不隔，感通若一体。"而"情同一体是为仁；隔则不仁矣。"②人之有善恶，只是出于心之仁与不仁，亦即通与不通。"不仁只为此心之懈失而已，非有他也。恶

---

① 贺昌群：《汉唐精神》，见于《魏晋清谈思想初论》，商务印书馆2011年版，第166页。
② 梁漱溟：《礼记大学篇伍严两家解说》，见于《梁漱溟全集》第四卷，山东人民出版社2005年版，第3、7页。

非人所固有；不仁之外，求所谓恶者更不可得。"①求仁是人格转变、祛习复性的通道。而人之由恶转善，在乎一念之诚；能够善念相续、功夫纯熟，则圣贤君子之人格可期。因此说，这种教化路径是由内而外、返求自心的，通过对人心灵的净化来恢复其感通若一体的能力，即通过教育感化，帮助学者开发出本所固有的、通而无碍的明德仁心。而孝悌为仁之本，仁心的开发、心灵的培育须顺乎人与父母的天然亲情而从孝入手，因此中国文化格外重视对孝心的保护与充实，孝为人之第一德。人的心只有一个，精神是统一作用的，能够在家爱敬父母，行孝悌之实，则必能于社会上尽人臣之忠、夫妻之义、朋友之信，进而有天下同一人、四海同一家的广施博爱与平等容众。这种情同一体的真纯之心，皆是从孝生发涵养出来的。而"五伦"（父子有亲、君臣有义、夫妇有别、长幼有序、朋友有信）、"十义"（父慈、子孝、兄良、弟悌、夫义、妇听、长惠、幼顺、君仁、臣忠）之德目，实是仁心在各个分位上的表现而已，根本只在一心，所以说一立百立，一失尽失。古语尝云，纵然不识一字，亦能堂堂正正做人。中国的道德教化之所以能产生如此不可思议的效果，实质上只是由于立定真心，亦即古人所说的"道心"而已。

《周易·说卦》云："昔者圣人之作易也，将以顺性命之理，是以立天之道曰阴与阳，立地之道曰柔与刚，立人之道曰仁与义。"道是一切万有的本源。正因圣人之言教顺乎性命之理、人伦之情，所以通由道的途径变得易知易行，人人都可借此而修养道德。随着修养的增进，对宇宙生命真相的了解才能渐次深入，生命本有的平等、开阔和自由才能得到相应地透露。而中国人的社会人生本是一种伦理型的社

---

① 梁漱溟：《礼记大学篇伍严两家解说》，见于《梁漱溟全集》第四卷，山东人民出版社2005年版，第8页。

会人生，不同于西方的个人主义或者国家主义。注重伦理情义、人生自勉向上是中国人人生态度的两大特质①。重视伦理情义，则是互以对方为重，顺服于情理的教育感化，而非武力权势的压迫；且家庭观念异常浓厚，处处讲求孝悌忠信、仁义礼让。深厚的伦理情义作为人与人之间联系的纽带，形成了伦理化的政治、伦理化的经济、伦理化的生活，也是人情感的支撑和人生意义建立的基石。而自勉向上则是指崇尚忘我无私、积极光明、奋发有为、自强不息的生活态度。对自由的理解，亦不是个体化的，而是指向终极的，是超越了感官认知局限、消泯物我分别的大化状态。因此，古人会普遍在内心建立起根深蒂固的道德自觉，具有终生无已的忧患意识和日用不离的道德存在感。

《中庸》云："人道敏政。"人道的政治治理，究其根本是为了道德教化。在中国文化里，"融国家于社会人伦之中，纳政治于礼俗教化之中，而以道德统括文化，或至少是在全部文化中道德气氛特重，确为中国的事实。"②中国文化所孕育的人生观、价值观，是为了成就道德、自他并利的，无论在物质生活保障还是精神情感调育上，都潜在地有一种追步圣贤、善人和忘我无私的道德要求在作为动力。这种道德要求是自觉的、内在的，也是整个文化氛围所主张的，犹如无形的空气，给人们的心理以潜移默化的滋养与感动。诚如梁漱溟所说，中国对世界的"特殊贡献在道德"。③

4.欲明帝王之治，当求帝王之心

"帝""王"二字在中国文化里，本义上都是表德的称呼。"帝"，

---

① 对于这两大特质，梁漱溟先生曾有过许多阐述，详见其著《中国文化要义》（上海人民出版社2011年版）、《中国文化的命运》（中信出版社2010年版）等有关篇章。
② 梁漱溟：《中国文化要义》，上海人民出版社2011年版，第22页。
③ 梁漱溟：《人心与人生》，上海人民出版社2011年版，第178页。

义理昭明，能明人所本有的性德。"王"，通天、地、人，与天地合德，天下之所归往。孔子以天地的无私来形容王者之德。我们从古代典籍中所记载的圣王先哲之言事可以看到，他们无一不是兢兢业业、严恭敬畏，唯恐所做有不合乎道者，有不尽于本分者，而绝无一毫居德求功、自恃自夸的意思。正因为如此，他们的功德才能成就。孔子说："巍巍乎！舜禹之有天下也，而不与焉。"（《论语·泰伯》）学界认为，这是孔子作为圣人，称赞他心目中的往圣之德。"巍巍乎"，是形容舜帝、禹王性德的高大、纯粹。"与"，参与其中。因其成就了性德，而能拥有天下这样大的功业；而他们之拥有天下，跟其所成就的性德相比，则不能相提并论，意谓心不着染外在的这一"拥有天下"的相。孔子以舜禹为例，形容圣人心量的广大，得失荣辱不能动其心。纵然由匹夫成为天子，也丝毫不会影响他内在的安定。意在勉励一般学者，由于不知性德的成就之乐，贫贱了就忧愁，富贵了就得意，这是亵渎了自己纯粹的本性；应当向内用力，体认本心中固有的真乐，而不要为变幻无常的外境所累。由此，可以略见中国文化所尊崇的圣帝明王及其治道的精神气质。

宋代学者蔡沉历经十年为《尚书》作传，阐发经义，在其序言中说："后世人主有志于二帝三王之治，不可不求其道；有志于二帝三王之道，不可不求其心。""得其心，则道与治固可得而言矣。"（《书集传·序》）二帝，就是尧帝、舜帝。三王，是夏朝禹王，商朝汤王和周代文王、武王父子。据古书上的描写，古圣先王所达到的治理境界，政治清明，百姓心情安乐、舒畅，连自然环境都是非常美好，有祥瑞的凤凰、麒麟，有神奇的药草……令人心驰神往。后代的人君若有志于实现这样的理想治理境界，就不可不求二帝三王用以治理的方法、道路。而要学到二帝三王的治理之道，就不可不学治道背后他们的存心、他们至高的道德修为。因为礼乐教化，是二帝三王的心所自然生发的。种种的典章制度，是二帝三王的心所凝结而成的。例如，他们无比敬畏、仁厚、公正、无私的心地，表现在对制度的设计和运用上，自然就会那么合乎天理人情，合乎当下的时宜，能够起到理想的教化效果。而家齐、国治、天下平，也无非是二帝三王的心所推广，将自己的清明仁爱之心向外不断地开发、光大，既利益了家国天下，也成就了自己生命的圆满。所以，二帝三王实现的美好治理景象，实质上是他们心境的反映，是其美德所感致的美好结果。而如若对他们成就功业的源头活水不加深思，那即便是有其志，并沿用二帝三王创立的政治制度，但是由于心灵没有修养到那一相应的层次，也依然无法学好用好现成的"法宝"，甚至会将制度变成"死"的制度，导致乱政。因此，蔡沉指出，领会了二帝三王之心这个根本，他们为政的方法和治理的成效就可以谈了。

说到这里，势必要提及尧传位给舜、舜传位给禹时，圣人相授的同一指示——"允执其中"（《论语·尧曰》）。"允"，诚信；"执"，把持；"其"，指天，可以理解为不可知的生命本体；"中"，是古圣人和天子之位相匹配的极高的生命修养层次，非常神圣，也非常实在。这句话的字面意思是说，诚实、虔恳地把持"中"的生命境界。这一指示被后世学者誉为古圣人传下来的治国平天下的心法所在，也是中国文化和政治传统的精神所在。中国的道统文化既是人道与天道的合一、入世与出世的合一，也是政教的合一。

综上而言，诚如古人所说："先明道之所以立，而后知政之所行；先明教之所以设，而后知学之所归。"（《校正〈群书治要〉序》）通过以上梳理，我们再来看习近平总书记有关共同富裕现代化建设的系列重要论述，就可以有更明确的认识：

首先，"全体人民共同富裕"中的"人民"，从根本上说，并非外在于"我"的对象，而是习近平总书记所说的"江山就是人民，人民就是江山""只有把自己的小我融入祖国的大我、人民的大我之中，与时代同步伐、与人民共命运，才能更好实现人生价值、升华人生境界"①中的"大我"，"祖国"和"人民"其实是每一个人"大我"的化身。习近平总书记说："我将无我，不负人民。我愿意做到一个'无我'的状态，为中国的发展奉献自己。"②并强调中国共产党人的初心使命，期许党员干部无论是立身处世还是从政干事，都要不断追求"我将无我，不负人民"的精神境界。在中国文化传统中，"无我"，意味着至善圆满本性的实现，这是中国人孜孜以求的圣人的生命境界，体现在其作为，必然也是这样孜孜以求的为政理想。儒家注重人道之教化，志在成就世间圣贤之道德智慧；道家追求的是"至人无己，神人无功，圣人无名"（《庄子·逍遥游》）的生命境界，对世界真理有更进一步的体认；佛学旨在穷究宇宙生命的终极真理、成就自由圆满的终极智慧。括而言之，从这种知行合一、止于至善、神圣高明又生生不已的中华文明所孕育出的政治伦理精神，必然是志于道、合于道的。

中国的道统，自尧、舜、禹、汤、文、武、周公、孔子以来相继不绝。理解今日全体人民共同富裕的中国式现代化，理应放在中国悠久辉煌的道统中，以领略其精神要义于一二。因为这是自古以来圣帝明王始终秉持的为政理念和道路，是心性起用的必然体现。正如以习近平同志为核心的党中央带领中国共产党人同心同德，共同追求"我将无我，不负人民"的精神境界，这是共同富裕现代化的精神指向，决定了我们走的共同富裕现代化道路一定是止于至善的人间正道。王道政治是法天以致用，能够替天行道，天地仁爱无私，因而必

---

① 习近平：《在纪念五四运动100周年大会上的讲话》，人民出版社2019年版，第7页。
② 《习近平著作选读》第二卷，人民出版社2023年版，第250页。

然要求实现的是全体人民都富裕，而且是以合乎情理、合乎天道规律的方式，各人依据各自的德能劳作都能得到恰如其分的效益，所谓人人各得其所。共同富裕现代化的最终目的，实际上是为了帮助全体人民都过上一种合乎天道、合乎至善本性的生活，那必将是大同世界的理想景象。

所以，提到全体人民共同富裕，就意味着它必是以超卓的精神信仰为指导的。这是治理的追求，也是人格的信念。而全体人民共同富裕的中国式现代化，"中国式"就意味着非西方式、不是出自他国文化语境和传统的，而是牢牢扎根在几千年博大精深、深厚悠久的中国文化土壤中得来的果实，有着鲜明的文化标志。质言之，秉承的是尧、舜、禹、汤、文、武、周、孔以来的道统，"志于道"是始终不变的追求和特质，一切为了道，一切围绕道，一切都是道，都合乎道的要求。而"现代化"显然意味着是从中国伟大历史实践中走来，从圣贤道统和王道政治中走来，精神实质不变，而方式方法面貌则随宜而变，万变不离其宗。

其次，"共同富裕"中的"共同"，前文提到，和诸多"共同体"中的"共同"，精神意蕴是一样的。也就是说，在中国文化道统里，这是必然的追求，也是唯一的道路，是王道政治的应有之义。

王道是和霸道相对而言的，对于王霸的实质性区别，孟子直言：倚仗土地甲兵等外在物质力量，而假托于救世安民之事，这样的人称作霸。霸者必占有大国，而后威势足以压制人，名号足以鼓动人，天下皆畏惧而服从。相反，以大公至正之德，自然地行其救世安民之仁，这样的人称作王。王者至诚足以感动人，善政足以招徕人，不待地广兵强，人心自然悦服。如商朝开国天子成汤王，在夏末暴君桀统治时为商国的国君，土地不过方圆七十里；周朝奠基者文王，在商末暴君纣统治时为西伯（西方诸侯之长），地域不过百里，但都为人民拥戴而得以称王天下。霸者能够以力服人，但是这种服是他人表面的顺从，不是真心爱戴，只是由于寡不敌众、弱不胜强，不得已对其服从。王者能够以德服人，人们的这种服从是发自内心的爱慕、喜悦，出于真诚而无所勉强，就像孔子的七十二位弟子服从他们的老师一样。孔子一生行道，不为诸侯重用，没有名位权势，但无论怎样流离困苦，弟子们都相从不二。孔子虽然没有现实的王位，却在历史上被尊为"素王"，被后世的帝王将相和读书人公认为精神文化的领袖、为官从政的导师。总而言之，王者之化，是以仁心行仁政，心是实心，政是实政；而霸主所施的在很多方面好像也是仁政，但事虽公，心实私，所以二者事功之纯杂、感人之深浅，不可同日而语。

1924年，孙中山先生在《大亚洲主义》讲演中，论及东西方文化的不同和世界文化趋向时，也提到王霸的区别。他精辟地指出："讲王道是主张仁义道德，讲霸道是主张功利强权。讲仁义道德，是由正义公理来感化人；讲功利强权，是用洋枪大炮来压迫人。"中国文化向来轻视霸道，"这种文化的本质是仁义道德。用这种仁义道德的文化，是感化人，不是压迫人；是要人怀德，不是要人畏威。这种要人怀德的文化，我们中国的古话就说是'行王道'。"孙中山先生在当时便洞悉世界文化的潮流，认为功利强权的文化要服从仁义道德的文化，霸道要服从王道，这便是世界的文化日趋于光明。

既然王道政治的宗旨是以仁心行仁政，而共同富裕是要重点解决贫富两极分化的问题，这就决定了共同富裕现代化所致力的根本在于解决民心之善恶、民俗之厚薄。贫富之所以分化，纵然有大规模工业化生产带来的影响，实质上仍是人际伦理、社会秩序出了问题，所以致力的重点，不是消灭差异，而是不再出现"朱门酒肉臭，路有冻死骨"的治理悲剧。遵循"万物并育而不相害，道并行而不相悖"（《中庸》）的原则，将人伦导归于正道，重建人伦秩序，使富人、穷人乃至所有人都能走在人道的正途上，各自顺道而为，各得其所，所谓"彝伦攸叙"。在物质生产、生活中注入伦理精神，将情理教育贯穿其中，使所有物质材料和发展资源都能更加公正合理的分配，不断促进权利公平、机会公平、规则公平，使人人都能懂礼义、有仁爱，能够互帮互助，共同致力于人的全面发展和社会的全面进步。

再次，为政要解决的无过于人的身心问题，故而全体人民共同富裕必然是物质富裕和精神富裕双向性的。在现阶段全面建成小康社会，人民的温饱问题解决之后，更要特别注重和发挥精神对物质的巨大反作用力。这涉及中国文化对"人"的理解，前文已有所提及。人的精神性突出、可塑性极强是人与动物的显著区别。因此，论及人生以及相关联的一切，要从人的生命这一整体的生机与活力着眼。即如人人所追求的富裕，也必然是物质富裕与精神富裕的统一，二者不可或缺。没有物质富裕为基础和保障，谈精神富裕便是不切民生之实际；没有精神富裕为依归与引导，物质富裕不仅无法保持和可持续发展，而且亦生大乱。几千年前，孟子所说的"饱食、暖衣、逸居而无教，则近于禽兽"，便是严重之警诫。因此，在当今时代背景下，讨论这个话题的重点，便不是单方面地探究怎样实现物质富裕，或为了物质富裕而物质富裕，而是要着力寻求物质生活与精神生活、物质富裕与精神富足的最好结合点，怎样使二者相互促进，实现"双丰收"。当人实现了自由而全面的发展之际，人的身心高度和谐，物质与精神融合无间，分别消泯于无形。正因人悖离了本性，迷失了真我，调理身与心、物质和精神的关系问题方成为人生的重大问题。虽然看起来物质富裕所占比重很大，但所指仍是为了人道之教化、圣贤道统之传承，"志于道"是领袖的终极关怀，对道义的要求实已超越了物质层面。

所以，推动实现共同富裕，不是单从形而下的层面就能够解决问题的，后者消除不了两极分化、贫富对立，问题必然是东灭西生，因为分别对立之心没有消除，小我之私欲、偏见仍在。而是要从道心立意，方法、策略都是从道心而生。古人"格物、致知、诚意、正心、修身、齐家、治国、平天下"的次序和规律不容颠倒，共同富裕的目的不是为了刺激人的欲望，而是为了调理乃至格除人的物欲，使人们逐渐将注意力集中在内在生命的修养提高上，正如孔子一生做人为学的进境："吾十有五而志于学，三十而立，四十而不惑，五十而知天命，六十而耳顺，七十而从心所欲不逾矩。"（《论语·为政》）是顺着生命本性而力争"人生在宇宙间愈进于自觉，自主，自如也"①。

只是在社会发展的现行阶段，基于国情，需要首先大力解决物质富裕问题，但解决这个问题并非最终目标，它只是一个要达到的阶段性成果，毋宁说是途径，是通过解决这个问题逐渐开化人民的心性，从而促进人的自由而全面的发展。因为就大众的心理而言，当物质问题未解决时，许多人会以为只要衣食无忧便是幸福了。但当解决了物质生活的困扰，人们的衣食普遍有了保障，生存问题不再成为人生的最大问题时，一向隐伏的对生命意义的探寻势必转而成为人生的主要问题凸显出来，人们方才发现自己还是那么不幸福，道德伦理问题困扰于心，既影响着自他的幸福安康，也阻碍着社会的和谐稳定，这是人之为人的内在规定性使然，是人性的自然表现。必要求礼义，方能有所心安，于是势必讲求伦理道德的教化，实现不仅物质富足且长久，而且身心和谐、家庭和谐、社会和谐的局面。此如古人所说的"仓廪实而知礼节，衣食足而知荣辱"，待仓廪实、衣食足之后，道德伦理问题始会代替物质生存问题而成为社会人生的主要问题、主要需求。而当人际伦理问题得到调理了，又会发现还是不能满足，人

① 梁漱溟：《东方学术概观》（增订本），上海人民出版社2014年版，第8—9页。

生依旧会落入迷茫，对生命的深层次困惑又会取而代之成为主要人生问题，这是人性的不满足，必要达于生命的完善自由而后可，于是追求宇宙人生的真谛、解决自身生命的圆满便会进而成为主要的社会需要。

从这个角度也可以看出，共同富裕现代化发展到今天这一步，必然要更加重视人的精神问题，必须大力提倡伦理道德教育，也就是注重伦理道德教育的全面覆盖和渗透，它应是存在于经济、政治等各个领域当中的，后者是载体和运用，本质上都是道德教化在起着决定性的作用。换句话说，当今阶段只有把人们的伦理道德水平提升上去，才能够有效推动共同富裕的现代化进程。

三、敬畏天道，为善致福

（一）中国人的"五福"观

人为什么要追求富裕？显然是为了过上幸福的生活。然而，何谓幸福？中国人爱讲"五福临门"，"五福"代表着中国人的幸福观。"五福"出自《尚书·洪范》，"洪"，大的意思，"范"，法的意思。该篇是说周武王即位之初，访道于商朝遗老箕子，箕子遂将由夏禹传下来的治天下的九类大法传给武王，名曰"洪范九畴"。秉此洪范九畴，可以"彝伦攸叙"。"彝"，常也；"伦"，理也；"攸"，语助词；"叙"，秩序、条理。也就是将天地间的常理常法按照其本然的秩序、规律流布于天下，以使天人和谐，民生安定。第九畴为"向用五福，威用六极"，其中，"五福"是指人的福报包含五种："一曰寿，二曰富，三曰康宁，四曰攸好德，五曰考终命。"

第一是长寿。人生必寿命长久，然后能享诸福，所以寿居第一。第二是财货丰足。人生衣食无忧了，不再为生存问题所困扰，方有更多的精力、更好的条件用于进德修业、完善自己，故富次之。第三是身体康健、心志安宁。人虽有寿、有禄，但若身心不得安泰，也不能称为有福，只有身体康健而无疾厄、心志安宁而无忧患，才算有福之人，所以康宁又次之。第四是所好在德，喜好修德。人若不知好善乐道，没有承载寿富康宁的德行，所得的福报也不过是无根之木，无法长久，并非真正有福；唯有明白做人的道理，喜好行善积德，才能心安体泰，愈发幸福，因此，所好在德是得福之道，所谓自求多福，没有比这点更重要的。第五是成其善终之正命。"考"是成的意思。诸福虽已具备，而善终尤为难得，必须顺受其正，以尽其天年，而不死于非命，才是完满的福报，故以善终而逝作为"五福"之终结。

从"五福"（长寿、富裕、康健安宁、喜好修德、善终而逝）各要素间的关系可以看出，五者辩证统一，形成幸福的有机体。而富裕作为幸福的指标之一，既为余四者提供必要的服务和保障，又同时受余四者的制约，不能孤立看待，更无法直接等同于幸福。换句话说，只有把富裕放在"五福"整体中，才能全面、深入、系统地认识它的价值；为了富裕而富裕的片面理解反而会导致人性的迷失，失去富裕之于人生的意义。

党中央提出的全体人民共同富裕理念，正如前文所说，涵括了百姓的衣食、住房、生育、教育、就业、收入、医疗健康、社保、养老等民生日用的各个方面，应该说，今日中国所致力的共同富裕道路，其中的"富裕"内涵远远超出了狭义的财物丰足，而是和古圣先贤的"五福"观念遥遥相应的，为人民所谋之幸福，应不外此"五福"的范围。而"钱多就是富裕"的狭隘认知，只会和幸福的真义背道而驰。只是钱多，未必可称为富裕，还要看钱的来路正不正、用的地方端不端，"不义而富且贵，于我如浮云"（《论语·述而》），如果富贵不以道义得之，不仅会顷刻之间败散，也会给自己招致灾祸，这种财有等于无。中国文化中的富裕观和幸福观一样，体现的是系统性的思维方式和一贯的价值取向，包含了合理的发财与合理的使用，既看其一时，更要看其长远，使人始终都活在理性的状态中。这在很大程度上抑制了拜金主义、享乐主义等庸俗人生观的滋生泛滥，后者是被中国文化所鄙弃的、非理性的、失败的活法。所以，对"共同富裕"的理解，不能简单地局限在物质上的丰衣足食这一个方面，而是要把发财致富放在"五福"的有机结构中、放在幸福的整体事业中对待。富裕的目的是为了幸福，而幸福究竟如何来理解并实现幸福，这是一个看似简单、实则深奥的人生课题。

（二）"五福"背后是对天道因果规律的敬畏

《尚书·洪范》第九畴为"向用五福，威用六极"，上文是单就"五福"来看幸福的内涵和富裕的意义，现在再从整句看其背后所遵循的规律和法则。"向"，顺也；"用"，以也，得也；"威"，义当作违，悖逆也；"极"，穷困苦厄；"五福"是指"一曰寿，二曰富，三曰康宁，四曰攸好德，五曰考终命"，而"六极"指的是"一曰凶短折，二曰疾，三曰忧，四曰贫，五曰恶，六曰弱"。"凶"是不得善终；"短折"，早夭不寿；"疾"，身患疾病而不康健；"忧"，内心忧愁而不安宁；"贫"，财用不足，生活困窘；"恶"，容貌丑陋；"弱"，身无能力。"向用五福，威用六极"，总起来说就是，顺应道德而得长寿、富裕、健康安宁、喜好修德、善终而逝五种善果；悖逆道德而致横死不寿、身不康之疾、心不宁之忧、用不足之贫、貌丑之恶、身无能力之弱这六种恶果。这和大禹所说的"惠迪吉，从逆凶，惟影响"（《尚书·大禹谟》）是同样的意思，顺道则吉、悖道则凶，就如影之随形、响之应声一样，不会有丝毫的差错。

五福、六极是相对而言，共同构成了一个辩证统一体，这是箕子向武王陈示的天道扬善抑恶的法则。如古注所云："五福者，谓人蒙福佑有五事也。""五福、六极，天实得为之，而历言此者，以人生于世，有此福、极，为善致福，为恶致极，劝人君使行善也。"（《尚书正义》）"福极者，人感而天应也。"（《书集传》）"五福六极，则天之所以祸福乎人，皆人君之所当知也"，"为善者，天必报之以福"，五福"皆天之所以福善也"；而"为恶者，天必报之以祸"，"为善则获福如彼，为恶则获祸如此，可不鉴哉！然作善降祥，不善降殃，天道之报应，固昭然不爽"（《尚书直解》）；等等。在中国文化观念里，不仅天地人一体，家国天下一体，而且生前身后一体，五福、六极说的是天理常道，而王政之所为，是遵循天道彰善瘅恶的规律，晓民以正道，修己以安民。

《周易》作为"群经之首，大道之源"，在《坤卦·文言》中说道："积善之家，必有余庆；积不善之家，必有余殃。""必"，一定，没有例外；"庆"，福的意思；有"余庆""余殃"，就必然有"本庆""本殃"。这句话的意思实际是说，自己所得的"本庆""本殃"要远远大于给家人带来的"余庆""余殃"，后者是自己所得的善报、恶果的余波：积善累德，不仅一定会为自己带来幸福，而且也必然福泽家人后代；而不仁不义，一定会为自己招来灾祸，而且其灾祸必然波及子孙。《周易》有六十四卦，除了谦卦之外，每卦都是有吉有凶。唯有谦卦，六爻全部都是吉祥的。《谦卦·象传》曰："谦，亨。天道下济而光明，地道卑而上行。天道亏盈而益谦，地道变盈而流谦，鬼神害盈而福谦，人道恶盈而好谦。谦，尊而光，卑而不可逾，君子之终也。"上天的规律是亏损盈满而补益谦虚，大地的规律是变易盈满而充实谦虚，鬼神的规律是损害盈满而福佑谦虚，人类的规律是憎恶盈满而喜好谦虚。可知，人生天地之间，应以一颗谦虚向善之心，对天地法则充满敬畏，万万不可狂妄无知，无所忌惮。

《尚书》作为"政书之祖，史书之源"，记载了尧、舜、禹、汤、文、武、周公等圣帝明哲治天下的大经大法，开篇记述的是尧帝之德与其德化之功。论及其德，《尧典》以"钦、明、文、思、安安"来概括，可以释义为：敬畏，智慧通明，礼乐教化合于中道，思虑深远，本于性德而无所勉强。其中，第一德就是"钦"。"钦"的意思是敬而畏之。如尧帝对臣子说"钦若昊天"，对于广大之天要崇敬、畏惧、顺从，虚心信受，唯恐失之。"钦"字，包含了对上天的敬畏、对宇宙法则的敬畏、对先圣的敬畏、对民众的敬畏、对历史的敬畏、对天之所赋职责的敬畏，是对大道全身心的信受、遵从与奉献。

此外，《尚书》中以敬畏相告诫的言语、行事，在全书所记载的古圣先王诸君臣、兄弟之间亦随处可见。例如，商朝圣臣伊尹对继承王位的太甲教导说："惟上帝不常，作善降之百祥，作不善降之百殃。"（《尚书·伊训》）上天对人的福佑无定，对行善的人赐予吉祥，对作恶的人降下灾祸。并一再告诫他："德惟治，否德乱。与治同道，罔不兴；与乱同事，罔不亡。"（《尚书·太甲下》）"德"，是敬畏、仁爱、至诚的总称。这句话的意思是，君王有此德，天下就会大治；无此德，天下就会大乱。与历史中实现大治的明君同道，则无不兴盛；与历史中导致祸乱的暗主同事，则无不衰亡。实现善治需要因时制宜，礼法制度或损或益，因此事未必同而道则相同。而导致亡国丧家的，无过于贪爱财色游猎、作威作福、肆意杀戮等事，因此所做的事有相同的，则结果就没有不同。所以治乱之分，就看你与谁同道。倘若开始的时候因为遵循治道而得以兴盛，但后来又与乱主同事，那亡国之祸也一样会到来的。只有君德始终如一，才是明白道的明君啊。再如，周成王册封蔡仲为诸侯时，对他说："皇天无亲，惟德是辅；民心无常，惟惠之怀。为善不同，同归于治；为恶不同，同归于乱。尔其戒哉！"（《尚书·蔡仲之命》）上天对人没有亲疏远近，只佑助有德之人；百姓心中没有认定的君主，只归往仁爱的君主。行善的方式不同，都会实现安治；作恶的手段不同，都会导致祸乱。你要戒惧啊！

不仅《尚书》是以敬畏之心开篇，《礼记》开篇亦曰"毋不敬"，中国文化中的"六经"之教——《诗》《书》《礼》《乐》《易》《春秋》这些经典教示，无不是以敬畏为基调的。因此，孔子特别指出："君子有三畏：畏天命，畏大人，畏圣人之言。小人不知天命而不畏也，狎大人，侮圣人之言。"（《论语·季氏》）"天命"，可以理解为上天所陈示的善恶因果规律。"畏天命"，就是要敬畏这些因果规律。古人认为，天命顺之则吉，逆之则凶。知命知得深远，始肯修德以立命。不但立一己之命，更为生民立命，这才能成君子之德。而"畏大人"，就是敬畏有德有位之人，如天子是替天行道者，以权力维护朝野安定，所以不能干犯。"畏圣人之言"，圣人道全德备，一言而为天下法，圣人之言记录在经典之中，流传后世，教化世人，所以不敢违背。而小人没有道德学问，不知道因果规律的存在，不知道作恶之人纵能一时幸免于国法，却无一人能逃过天罚，老子所谓"天网恢恢，疏而不失"，就是此理。他们因无知而无畏，轻视大人，侮慢圣人之言，亵渎经籍，因无敬畏，而终致灾殃。

由上足以看出，敬畏天道法则，实是做人的应有之义。它是人们通往真理的必由之路，是人与天地自然相感通的心理基础，也是中华文明继往开来的精神保障。正是由于古圣先贤深刻地洞察到，人世间小到个人祸福、命运转变，大到国家盛衰、民心向背，都受着因果规律的制约，因此，格外敬畏这一天地间恒常不变的法则，格外注重伦理道德的教化。这种对天理的认知，体现在个人修身上，就自然要求止恶修善；体现在社会治理上，也就自然要求劝善惩恶，鼓励人们向上向善。这就是中国式治理，一定是顺着本然之秩序与规律而施为；为政之要旨，则在于顺天应人，天即天理，人即民心之所向、人性之要求。而无论是个人追求的幸福之路，还是全体人民共同富裕的现代化进程，都应彰显出我们生而为中国人的独特精神世界，这种人生态度和价值判断是合道的，因而也是经得起检验的，是居于中心地位而其他一切莫不随之的。

（三）"天工，人其代之"

《尚书·皋陶谟》中有句话："天工，人其代之"，是指人世间所有官职的设立，都是要代天理事、代天保民，不可不深戒。所以，先贤是那样地敬畏道德、尊崇道德，那样地严于律己，以求无我无私，与道合一。

以刑罚为例：古人认为，刑罚的源起，是由于人违背了道德本心以致嗜欲好恶没有节度。刑罚的目的，是使无德之人复归于有德，使欲望无节度之人复归于有节度的安乐生活。因而刑罚虽然摄于法治，但根本上亦是德教。就罪犯自身而言，无论蒙受国法，抑或遭受天罚，都是其所行不善而感召的必然结果，就像"种瓜得瓜，种豆得豆"，定律使然；罪业不消，实无摆脱之法。就为政者而言，是不得已而为之的威慑策略；也是对罪犯本性的保护和长远的负责，以防其无知而无畏，造下更大的罪业，遭受更深重的惩罚，这是以仁厚之心而行严峻之事。从本质上看，也是由于为政者有这一职责要代天行使处罚，即呈现罪人因不善而感召的那个恶果。

而要尽到代天行道的职责，就不敢有私欲夹杂。否则，"欲令智迷，利令智昏"，作为天道的载体，就无法体现上天的好生之德与公正无私，势必伤害到民众而无法起到导民于正道的责任，那为政者无法德称其位，也一样会受到惩罚，所谓"德不配位，必有灾殃"。中国史书从汉代起，基本上各个朝代的史官都对酷吏专门作传或有所收录，将其所行之虐政与所受之恶果陈列史册、传之于后，明示"既为祸始，必以凶终"（《旧唐书·酷吏传》）的道理，以为惩劝。

2014年1月7日，习近平总书记在中央政法工作会议上严正告诫："实际上那些错误执行者，他也是有一本账的，这个账是记在那儿的。一旦他出事了，这个账全给你拉出来了。别看你今天闹得欢，小心今后拉清单，这都得应验的。不要干这种事情。头上三尺有神明，一定要有敬畏之心。"①这个"账"，就是老百姓口中的"善有善报，恶有恶报；不是不报，时候未到；时候一到，善恶必报"的账；"一定要有敬畏之心"，既是对昭昭天理的敬畏，也是对人人都有的良知的敬畏。

2017年1月6日，在十八届中央纪委七次全会上，习近平总书记讲到共产党人的觉悟，引用了东汉太守杨震不收"四知财"的典故：

> 历史上有个著名的故事，东汉人杨震做过荆州刺史，后调任为东莱太守。他去东莱上任时路过昌邑，昌邑县令王密是杨震任职荆州刺史时举荐过的官员。王密听说杨震路过，为报答当年提携之情，白天空手去见了杨震，晚上则准备了十斤金子送给杨震。王密说："现在是深夜没有人知道。"杨震却说："天知、地知、我知、你知，怎么能说没有人知

---

① 《〈将改革进行到底〉第四集：维护社会公平正义》，央视网2017年7月21日。

道呢？"王密听后很惭愧。杨震为官清廉，有老朋友、长辈劝他为子孙购置产业，杨震说："让以后的世人称他们是清官的子孙，我用这个留给他们，不是也很丰厚吗？"这就是一种觉悟。①

　　杨震，字伯起，因明经博览、无不穷究，被当时的儒者誉为"关西孔子杨伯起"，后来官至太尉。在其清廉德风的熏陶下，杨震的后代子孙道德高尚、贤才辈出。其子杨秉从容说道："我有三不惑：酒，色，财也"（《后汉书·杨震列传》），并官至太尉。他一生三次被贬、四次复出，都是因为极度的忠诚和刚正不阿。杨秉的儿子杨赐，同样高风亮节，正直无私，官至太尉。杨赐的儿子杨彪，少传家学，也是官至太尉。《后汉书·杨震列传》对此说："自震至彪，四世太尉，德业相继"，"四世清德，海内所瞻"。太尉，在东汉时是三公的位置，因此杨家也被称为"四世三公"。杨震既是清官的典范，在历史上也被看作"积善之家，必有余庆"的楷模。为了纪念杨震，昌邑县的百姓修建了"四知堂"；而杨氏的后世子孙也是以"四知堂"作为家族的堂号，时时缅怀祖先的德行。

　　习近平总书记说："'内无妄思，外无妄动。'党的领导干部必须讲觉悟、有觉悟。觉悟了，觉悟高了，在公和私、义和利、是和非、正和邪、苦和乐等问题面前就能心明眼亮，就能找到自己行为的准星。……有觉悟的人，有大觉悟的人，才能把党和人民放在心中最高位置，做到吃苦在前、享受在后，克己奉公、甘于奉献。"②

---

① 习近平：《论党的自我革命》，党建读物出版社、中央方正出版社2023年版，第166页。
② 习近平：《论党的自我革命》，党建读物出版社、中央方正出版社2023年版，第166页。

所以觉悟，首先要觉悟的当是做人的"规矩"，切实认识到人是生存在天地宇宙之中的，宇宙间存有森严的因果法则这一无形的"法律"，不论相不相信，它都一样对所有人发挥着作用。人们能够自觉地约束思想言行以趋吉避凶、向福远祸，进而才能做到深入觉悟道德的本真意蕴和之于社会人生的至关重要性。道德在中国文化语境中，具有甚深的意味，既通向无限的宇宙真理，又落实于具体的日常生活；既可放之于四海，又可收归于一心。古人说，本立则道生。舍此，难以从痛痒亲切处启发人们的道德本心。尤其是在今天的全球互联网时代，价值多元、信息共享，人们在精神文化上的联系更加紧密，命运共同体的特质表现得愈发明显，善恶、是非、正邪、美丑在作用于人心上的冲突较量，无论在时效还是辐射范围上也都变得更加剧烈。在这种背景下，扎实推动全体人民共同富裕，说到根本，要靠博大精深而又历久弥新的优秀传统文化来推动。文化的核心是价值观，价值观的树立要建立在对宇宙规律的领悟、对人生真相的体认之上，而这些又都需要从对圣贤之道和历史经验的敬畏与遵循中获得真知。一言以蔽之，仍是要一切从实际出发。

（四）致富得福之道在于克除悭贪，乐善好施

今人常说，要认识、把握规律，进而运用规律。前文指出，最大的规律就是宇宙间恒常不变的因果法则。而儒家经典中所屡屡言及的"天"或"上帝"，并非西方宗教意义上所用的名词。天不过是遵循着善恶因果律来彰善瘅恶。苦乐吉凶，实则皆是自己罪福所感，因为有作用力必有反作用力，反作用力的影响储存在行为者自心，成为其吉凶祸福的因由。所以，一些狡黠邪恶之徒，纵然可以侥幸逃脱人间法律的制裁，对于天道法则因识力所限或情感的逃避而不予相信，但是

逃脱不了自己的本心。本心即天心，是伏留在内心深处的善恶种子所感召的善恶结果。道德的力量和影响不受时空的限制。因而，祸福虽曰天降，实则非从天降，也不是执法者所给予的，上天和执法者只是在遵循着因果规律执行正义而已。

此外，老子说："祸兮福所倚，福兮祸所伏。"古注曰：倚，因也。夫福因祸而生，人遭祸而能悔过责己，修道行善，则祸去福来。祸伏匿于福中，人得福而为骄恣，则福去祸来。（《宋刊老子道德经》）由此足知，人的命运是由自己塑造的，既然福祸相倚，时时都在变化当中，于是人的命运改造之法在所当求。而推进共同富裕现代化，犹如治病首须查明病因才能对症下药，首先需要明察百姓疾苦的根源和化解之道，才能遵循规律进行有效治理。

先哲认为，百姓所视为最苦之事，一是贫穷，一是疾病。为解决百姓的身心疾苦，使之过上幸福生活，一方面，要促进经济和医疗卫生领域的发展。长期以来，我们党带领全国各族人民为此进行了持续奋斗。如今，我们已经实现了第一个百年奋斗目标，在中华大地上全面建成了小康社会，历史性地解决了绝对贫困问题，正在意气风发向着全面建成社会主义现代化强国的第二个百年奋斗目标迈进。另一方面，在经济和医疗卫生领域发展得到有力保障的条件下，更要加强圣贤教育，这是攸关百姓富饶、寿康的根本所在。因为贪是万恶之源，悭贪是贫困灾难的根由，而乐善好施、仁民爱物、救难扶危方是安乐自在、福寿康宁的善种，只有引导人们从本源处启发自心光明，命运才能得以真实转变，福祉才能得到根本保证。

中国有句俗谚："命里有时终须有，命里无时莫强求。"有些人就此以为中国文化是讲宿命论，其实不然。就人的命运来说，人人可见的一种情况是，出生在富贵家便享福，出生在贫寒家便受苦，好像人生来就不平等。然而，《诗经·大雅·文王》云："永言配命，自求多福。"永恒地配合天命，自己去修为更多的福德，改变命运。这一句千古流传的至理名言，破除了迷信的宿命论，体现了中国文化本有的精神。在所谓生来不平等的现象背后，生命依然遵循的是平等公正的因果法则；而正是凭借宇宙间这一亘古不变的法则，人才能知命而改命，不断超越自我的局限，实现生命的发展完善。中国文化注重的是在人类生命上的修养提高，是使人们顺着生命本性并逐渐恢复本性固有的神圣与光明。

所以，"命里有时终须有，命里无时莫强求"这句谚语，讲的不是宿命论，而是理性的人生观。字面义是告诫人们安分知足，妄求无益；实则是要人们以积极的态度、合理的方法认识命运，进而转变命运。例如，《汉书·佞幸传》记载，邓通有宠于汉文帝，文帝让相士许负给邓通看相，许负相之当贫困饿死。文帝不以为然，特赐邓通以蜀地的铜山，让他自行铸钱以求富。邓通一时富甲天下。文帝崩，景帝以旧日和邓通所结之怨坐通罪，财没入官。邓通终究穷饿而死。这是命里没有，他人不可得而与之的显例。又如，《后汉书·冯岑贾列传》记载，东汉开国名将冯异，为人谦虚退让，从不夸耀自己的功劳，在路上与诸将相逢，就引车避道，让他人先过。每当征战间隙，将领们聚在一起自述战功时，冯异就常常避坐树下，于是军中称他为"大树将军"。冯异虽然不与诸将争功，但是得到了光武帝刘秀的格外器重和封赏。这是命里应有，即使不求亦无损失的明证。再如，《新五代史·唐臣传第十五》记载，刘延朗掌管机密，遇事不以功次为先后，而是以他人的贿赂多少作为标准，因此人人都怨恨他。后来晋兵攻入，一骑出走，路过刘延朗家，指而叹曰："我所积钱三十万在此，不知何人取之！"刘延朗遂为追兵所杀。史官就此嗟叹祸福成败之理，见其始终之际。这是命里没有，蓄积非分之财，不过是暂为他人保管的史鉴。

先哲认为，一切福乐，本为人的心性所具足。人的本心与生就具有光明、灵动、崇高以及无私等特性。《大学》中说"明明德"，并引《尚书》中的《康诰》篇"克明德"、《太甲》篇"顾諟天之明命"、《帝典》（即《尧典》）篇"克明峻德"等，指出"皆自明也"。《孟子·尽心上》中亦说："万物皆备于我也，反身而诚，乐莫大焉。"学者修养的程度进一分，相应地就会恢复一分自心的光明，多一分自得的利益。"在不知者或以为用功如此严密，徒自苦耳。其实不然。学者精神振作（集中），心地光明，大有受用"①。心地光明之人所得的利益和受用，即如《孟子·离娄下》所言，自得之则居之安，资之深，取之左右逢其原；《中庸》所谓"大德必得其位，必得其禄，必得其名，必得其寿"，"君子无入而不自得焉"，种种幸福之事自然享用丰厚。相反，心有障碍者，则时常感到所得并非所愿，或者即便实现了愿望也倍感艰难，此是心性的光明被遮障深厚的缘故。

必欲富饶，不可不消除贪利。贪是万恶之源，兼有悭吝、贪婪之义。悭吝就是小气、舍不得，不肯帮助他人，拔一毛利天下而不为，包括嫉妒他人所得的福德，不愿发自内心地赞叹他人的善心善行；贪利是指贪图不义之财。在行为表现上，无论是明处劫夺，暗地偷窃，还是只图自己便宜，不顾对方损失，抑或只患积聚寡少，而不顾义务有亏，无非都是昏扰于心，遮蔽本性光明的罪因。这些不善的心行所招致的苦果，有的受到刑法的制裁，有的遭到群众的摈弃，有的罹患意外的灾祸，……凡此种种，无不是酸楚苦痛之事。即便备遭磨折之后，由于内心的贪念尚在，所得到的亦是资财贫乏的穷苦状况。其他贪欲，如贪图纵欲美色，贪图虚名假誉，贪图安逸、好逸恶劳等诸多

---

① 伍庸伯口述，梁漱溟等编录：《礼记大学篇解说》，见于《梁漱溟全集》第四卷，山东人民出版社2005年版，第38页。

恶行，又足以成为导致贫困灾难的助因。

消除贪利的办法，其一是作釜底抽薪之计：竭力戒除贪欲，以消溶积习。随着积习渐薄，遮蔽光明本性的恶念渐轻，贫穷等苦楚可得而避免。财物享用的丰厚抑或贫乏，和当初所造贪利罪因的轻重是成比例的，罪障重者欲富不能，罪障轻者欲贫不可，完全都是宇宙因果定律在自身的体现。我们常常看到有的人贪图了不义之财而依然逍遥享用，好像不合因果定律，然而这种现象在传统文化看来，他只能得到他命里有的财货，不能求到分外之享用。若不急于贪求，他日亦有享用的时候；而正因其贪求非分之财的反作用力，反倒使他本应享用的福德大打折扣，这就是俗语所说的"眼前种种便宜，将来实不便宜"，得不偿失。而懒惰懈怠也是遮蔽本性光明的一种过恶。尽力于正当人事，形式上所以对治懒惰懈怠，实际上即是拨开障碍，使本性之光明得以流露而出。又有些人，常将为利欲所驱使的努力与尽力于正当人事混为一谈，欲望与志向不分。对此，古圣先贤指出，贪求之人，为利欲所驱使以行其恶，原本并非是为了对治自己的懒怠；纵然兼含对治之意，无奈贪求所结之心性恶念，相较于懒怠本身所结的恶念，更为深重，依旧是得不偿失。享用是生于自心之光明，所以正当人事，只有尽其能力，一涉贪心即非。

其二是起乐善好施之行，本性的光明则会更加炽盛，虽然种种不善种子的恶念未能彻底澄清，其所产生的牵掣力也会愈益寡少。而仁者爱人，喜好助人为乐，但若虽能诚心施与，其后遇事却期望对方有相应的报偿，也会阻碍自己的德业。贪利之念固然不可有，足以昏扰于心，有害无益；而做一点善事就在心中念念不忘，并责望于人，亦不免遮蔽自心光明，阻碍感应之道，以致所得甚微。老子说"既以为人己愈有，既以与人己愈多"，河上公注："既以为人施设德化，己愈有德；既以财贿布施与人而财益多，如日月之光无有尽时也。"（《宋刊老子道德经》）施得之间有一定不变的法则在其中，尽心欢喜施与而不求酬报，则与真心本性相应，必有一种特别愉快、祥和的感受荡漾于胸间，其福德也因此而未可限量。

孟子说："行一不义，杀一不辜，而得天下，皆不为也。"做一件不义的事、杀一个无罪的人而可以得到天下，都不会去做。这样爱好仁德的国君就算不想称王天下，也是推辞不掉的。因此，无论是做人还是为政，能竭力戒除贪欲，以消溶恶习；又能起仁爱布施之行，以启发自心光明这一福德的本源，则一切逆境可转为顺境，非只得富饶寿康而已。

关于转贫为富，通过改过积善而转变命运的史例，多不胜举。中央纪委国家监委网站曾经推介的明代思想家袁黄（1533—1606）就是一位绝好的典范。袁黄初号"学海"，后来改号"了凡"，以号名于世，不仅博学通才，对儒释道三家学问、教育、民生、农业、水利、医学、音乐、几何、数术、天文、历法、军事、养生等诸多方面都有深入的研究，而且也是百姓心目中的"好官"，被誉为"宝坻自金代建县八百多年来最受人称道的好县令"。在他主政宝坻期间，敢于担当，推行善政，抚恤老人，教化士子，整顿吏治，减免赋役，治水兴农，赈灾存粮，改善民风……用短短五年时间（1588—1592）就让宝坻全县发生了天翻地覆的变化，先后受到二十七次举荐，离任时狱中竟然没有一个犯人，公堂之上亦无人相争诉讼，达到了置刑而不用的程度。袁黄离任之时，宝坻县城空巷，百姓十里相送，场面极其感人。袁黄离开宝坻十天，县内士坤、学子、百姓就纷纷自发筹资，敬造先生的生祠，并由教谕韩初命撰写了《袁侯德政碑》，以纪念这位"爱民重而官爵轻"的知县。宝坻人常到先生祠内行香致祭，其祠堂也成为宝坻享"香火"最为久远的祠堂。直至今天，宝坻百姓仍对袁黄充满了无限敬仰之情，他那可歌可泣的故事在宝坻民间盛传不朽……除此之外，袁黄还以自己富有传奇色彩的人生经历诠释了独具特色的中国式人生智慧，不但求财而得财，求福而得福，自身功、名、子、寿如愿相偿，其撰写的家训《了凡四训》也成为四百多年来深受国内外各界人士推崇的立命指南，享有"中国历史上的第一善书""东方励志奇书"等盛誉。如清代"中兴名臣"曾国藩在读了《了凡四训》后，遂改号"涤生"。"涤者，取涤其旧染之污也；生者，取明袁了凡之言：'从前种种，譬如昨日死；从后种种，譬如今日生也。'"曾国藩还将此书列为子侄必读的第一本人生智慧之书。日本"经营四圣"之一、两家世界500强企业的创始人稻盛和夫早年有幸读到《了凡四训》，并将其作为人生指导。他后来在其著作中说道：我邂逅了袁了凡所写的《了凡四训》，顿时得到了顿悟的感觉，原来人生是这样的。[1]

关于积善修德的原理、纲目和方法，袁黄在《了凡四训》中进行了精微深入的讲解，特别是他指出为善须穷理。他说："为善而不穷理，则自谓行持，岂知造孽？枉费苦心，无益也！"如果精细地分析为善之事，"则善有真有假；有端有曲；有阴有阳；有是有非；有偏有正；有半有满；有大有小；有难有易。皆当深辨"。举善之是非一例而言，按照从前鲁国的规定，凡是鲁国之人，如果把在其他诸侯国沦为奴隶的同胞赎回来，就能得到政府的补偿和奖励。孔子有一位弟子叫子贡，曾任鲁国、卫国之相，并善于经商，他把人赎了回来，却没有接受政府的补偿和奖励。孔子听说后并不认同子贡的做法，说道："子贡把这件事做错了。圣人做事，可以移风易俗，教化可以施于百姓，并非是为了满足自己的需要而去做事。如今鲁国富人少而穷

---

[1] 参见冯达庵：《佛法要论》（上），宗教文化出版社2015年版，第60—66页；以及〔明〕袁了凡著，李树明正义：《了凡四训正义》，团结出版社2019年版，"前言""封底"。

人多，如果接受了官府的补偿就认为是贪财，那么百姓们拿什么去赎人呢？从今以后，鲁国不会再有人愿意出钱从诸侯国那里赎人了。"孔子的另一位弟子子路，拯救了一个落水之人，那人为了感谢他的救命之恩送了一头牛，子路接受了。孔子喜悦地说："从今以后，鲁国就会有很多拯救落水之人的百姓了。"袁黄针对这两则历史上的典故，分析道：以世俗的眼光看，子贡不接受官府的补偿和奖励是优一等的，子路接受了人家的牛是劣一等的，而孔子则赞许子路而责备子贡。由此而知，人之为善，不论现行而论流弊，不论一时而论久远，不论一身而论天下。现行虽善，而其造成的结果和影响足以害人，则看似善而实非善也；现行虽不善，而其造成的结果和影响足以济人，则看似不是善而实际是善。这只是就一种情况来说明罢了。他如非义之义，非礼之礼，非信之信，非慈之慈，皆当抉择。袁黄的辨析非常发人深省，对于今天应当如何正确深入地看待富裕，实现人民对幸福生活的向往，扎实推动共同富裕现代化，具有宝贵的借鉴价值。

（五）人之所以为人的标志

探究全体人民共同富裕现代化的文化底蕴，最后归结为一点，就是在中华优秀传统文化中，怎样理解人之所以为人。倘若对于这一根本问题的认识模糊不清，共同富裕的事业便无从下手。

以儒家学术为例。儒学是以孔孟为代表，重在求仁；仁者，人也，人心也，认为仁是人之所以为人的标志。儒学即求实践人所以为人之道，着重解决人道的社会人生问题；同时，又因立足于身心修养而有无限的演进空间。及至明代，被清人誉为"明第一流人物，立德、立功、立言，皆居绝顶"（王士祯《池北偶谈》）的王阳明，资取释道修养工夫而将此道德学问进一步发明，他晚年在实践基础上提倡的"致良知"学，阐发了身心修养的深层学理，并以良知贯通事功的终生体道工夫和卓越的功绩证实了人人本具的良知的效能。如有学者所说："爱民如子并不只是观念上的臆想，一体之仁为阳明真切体认的道德本怀，是其一系列施政用兵方略的精神核心与根本。"① "良知的自知自证，意味着人性原本就是一种超越性的存在，'时时知是知非，时时无是无非'，精神在当下能动地显现并创造。"② 例如，王阳明用兵如神，当被问及其中秘诀时，他答道："我无秘术，但平生所自信者良知，凡应机对敌，只此一点灵明神感神应，一毫不为生死利害所动，所以发机慎密，敌不知其所从来。在我原是本分行持，世人误以为神耳。"并告诫弟子："若人真肯在良知上用功，时时精明，不蔽于欲，自能临事不动。不动真体，自能应变无言。"③ 致良知是本于生命内在的创造，"即为其心日造乎开大、通透、深细、敏活而映现之理无尽。东方古人之学盖正是致力乎此理的开展，或云心的开展者。说心的开展，非止于头脑心思的开展。身心既相联为一体，人身的结构体质亦不知不觉在隐微变化中矣"④。不唯人身机能随着心灵的净化而改善，自身在与他者关系结构中的作用力和反作用力，以及此中形成的命运，也在不知不觉的隐微变化之中。

古人无论做人还是治学、从政，都以志在圣贤为人生的理想。关于人所以为人的名义与圣贤格致工夫，先哲亦指出：

① 张卫红：《由凡至圣：阳明心学工夫散论》，生活·读书·新知三联书店2016年版，第186页。
② 张卫红：《由凡至圣：阳明心学工夫散论》，生活·读书·新知三联书店2016年版，第91页。
③ 张卫红：《由凡至圣：阳明心学工夫散论》，生活·读书·新知三联书店2016年版，第189页。
④ 梁漱溟：《东方学术概观》（增订本），上海人民出版社2014年版，第41页。

人之所以与天地并名三才者，以其能格物致知，克己复礼，以明其明德，而止于至善也。去此，则但一血气之伦而已，何可以与天地并立为三而称之乎？孟子以夜气不足以存者，为违禽兽不远，又谓人之所以异于禽兽者几希，庶民去之，君子存之。是知任心纵意，胡作非为者，不过名之为人，实则与禽兽或相埒，或不如矣。

"格物致知"，乃群圣传授之心法。以人欲之物，乃由外境而生，必须格除净尽，而吾心固有之良知，自可全体显现矣。固有之良知即"明德"也。"格"之与"致"，皆所以明其"明德"也。明德既明，则意诚心正而身修矣。此匹夫匹妇皆能为之事也。……能明其明德，则独善其身矣。若得位行道，以先觉觉后觉，则兼善天下矣。吾人未能人欲净尽，天理流行，故必须多识前言往行，以为前途导师，日读诵而绎思之。必期于过日寡而德日崇，以至于德纯过无而后已。然曾子临终，尚曰："战战兢兢，如临深渊，如履薄冰。而今而后，吾知免夫。"蘧伯玉行年五十，而知四十九年之非。孔子"以德不修，学不讲，闻义不能徙，不善不能改为忧。行年七十，尚欲天假数年，以期学《易》而免大过"。虽曰以身说法，勉励后进，实属圣贤格致工夫，自强不息，了无已时也。（《格言联璧》重刻序）

人为万物之灵，倘若不本道义，唯以饮食男女之欲是骋，则与禽兽没有区别。圣人的一切言教，无非欲人各修其德，各尽其分，各复本有之真心。在教法上，先说道德伦理，再详示或遵或违之利害得失，亦即因果规律；二者相辅而行，不可偏废。前者显见，后者不易觉察。而家庭是培养人才的摇篮，欲致天下太平，须极力提倡家庭教育。

党的十八大以来，以习近平同志为核心的党中央高度重视发展教育事业，明确指出"两个一百年"奋斗目标的实现、中华民族伟大复兴中国梦的实现，归根到底靠人才、靠教育；并从新时代坚持和发展中国特色社会主义的战略高度，作出了优先发展教育事业、加快教育现代化、建设教育强国的重大部署，就教育改革发展提出一系列新理念新思想新观点，为新时代中国特色社会主义教育事业指明了前进方向，提供了根本遵循。特别是制定施行了《中华人民共和国家庭教育促进法》，这是我国首部针对家庭教育领域的专门法律，通过制度设计将家庭教育由传统的"家事"上升为新时代的重要"国事"。习近平总书记强调："中华民族历来重视家庭。正所谓'天下之本在家'。尊老爱幼、妻贤夫安，母慈子孝、兄友弟恭，耕读传家、勤俭持家，知书达礼、遵纪守法，家和万事兴等中华民族传统家庭美德，铭记在中国人的心灵中，融入中国人的血脉中，是支撑中华民族生生不息、薪火相传的重要精神力量，是家庭文明建设的宝贵精神财富。""我们要认识到，千家万户都好，国家才能好，民族才能好。国家富强，民族复兴，人民幸福，不是抽象的，最终要体现在千千万万个家庭都幸福美满上，体现在亿万人民生活不断改善上。同时，我们还要认识到，国家好，民族好，家庭才能好。"①

教育兴则国家兴，教育强则国家强。习近平总书记指出："建设教育强国，是全面建成社会主义现代化强国的战略先导，是实现高水平科技自立自强的重要支撑，是促进全体人民共同富裕的有效途径，是以中国式现代化全面推进中华民族伟大复兴的基础工程。""当今

① 习近平：《在会见第一届全国文明家庭代表时的讲话》，人民出版社2016年版，第2、3页。

时代，人才是第一资源，科技是第一生产力，创新是第一动力，建设教育强国、科技强国、人才强国具有内在一致性和相互支撑性，要把三者有机结合起来、一体统筹推进，形成推动高质量发展的倍增效应。"[1]推动全体人民共同富裕的现代化，"教育是实现国强民富最深刻、最持久和最磅礴的力量，强国崛起无一不体现出教育兴国、科技立国、人才强国的基本逻辑，无一不是把教育视为国家的'战略投资'和持久繁荣的根基。"[2]"近期靠就业、中期靠产业、长期靠教育，由近到远、从易到难，不断巩固扩大成果，归根到底要靠教育来改变。""仅靠分配政策调整，实现不了共同富裕，差距的根源在人。共同富裕，需要人的创富能力。"[3]创造财富，实现幸福，离不开人生观和价值观的教育；而创造了财富，更要引导人们怎样把外在的物质财富进而转化为内在的生命财富，实现永恒的价值，这种生命财富是超越时空的。很多落马官员贪污腐败，把贪污的公家钱财用于置办子孙的豪宅豪车，这是不明理的表现。《司马光家训》说："积金以遗子孙，子孙未必能守。积书以遗子孙，子孙未必能读。不如积阴德于冥冥之中，以为子孙长久之计。"而孔子对于富人、贫人都有教诲，富而不骄、富而好礼，就是引导富人善于将身外之物转化为改造命运、积累福德的资粮，积善之家必有余庆；同样贫而无谄，乃至贫而乐道，也是生命的教诲，着眼于终极的关怀。中国文化中的富裕观，不是要诱发人的欲望，而是要合乎情理法则地调服欲望。当今推动共同富裕，鼓励富人多做慈善，就是这个目的，将有限的物质财富转化为永恒的生命财富。所以，在中国式治理中，个人对生命价值的追求与

① 习近平：《扎实推动教育强国建设》，《求是》2023年第18期。
② 中共教育部党组：《高标准高质量开展主题教育 奋力建设教育强国》，《中国教育报》2023年5月16日。
③ 张国、刘世昕、胡春艳：《共同富裕：等不得 急不得》，《中国青年报》2022年10月21日。

国家对个人的政治教化是互相呼应、相得益彰的，都是基于对真理的深刻认知，志于道、合于道是共同的价值理念和实践原则。

昔日，魏徵概括隋唐以前的贤明政治说："观彼百王，不疾而速，崇巍巍之盛业，开荡荡之王道。可久可大之功，并天地之贞观；日用日新之德，将金镜以长悬。"（《〈群书治要〉序》）习近平总书记在2022年春节团拜会上明确指出："心中装着百姓，手中握有真理，脚踏人间正道，我们信心十足、力量十足。"[①]新时代的全体人民共同富裕现代化建设，应是既能安百姓有形之身，更能净百姓无形之心；令其各除心垢、各得其乐，以各自之道德自觉共同致力于修己安人的进升之道。如此，必能利益百姓于无穷，而家国天下亦将不治而治。

---

① 《习近平谈治国理政》第四卷，外文出版社2022年版，第554页。

第四章

富之教之：物质文明和精神
文明相协调的现代化

实现民族复兴，既需要强大的物质力量，也需要强大的精神力量。当高楼大厦遍地林立时，民族精神的大厦也应该巍然耸立。党的二十大报告指出："中国式现代化是物质文明和精神文明相协调的现代化。物质富足、精神富有是社会主义现代化的根本要求。物质贫困不是社会主义，精神贫乏也不是社会主义。"①前进道路上，只有把物质文明建设和精神文明建设都搞好，国家物质力量和精神力量都增强，全国各族人民物质生活和精神生活都得到改善，才能有效保证中国式现代化的顺利向前推进。习近平总书记强调："马克思主义中国化时代化这个重大命题本身就决定，我们决不能抛弃马克思主义这个魂脉，决不能抛弃中华优秀传统文化这个根脉。"②"'第二个结合'让马克思主义成为中国的，中华优秀传统文化成为现代的，让经由'结合'而形成的新文化成为中国式现代化的文化形态。""中国式现代化赋予中华文明以现代力量，中华文明赋予中国式现代化以深厚底蕴。"③物质文明和精神文明协调发展作为中国式现代化的重要特征之一，具有丰富而深厚的中华优秀传统文化底蕴。在《论语·子路》中，孔子提出"富之""教之"的治国理念，对当今建设物质文明和精神

① 《习近平著作选读》第一卷，人民出版社2023年版，第19页。
② 《习近平在中共中央政治局第六次集体学习时强调 不断深化对党的理论创新的规律性认识 在新时代新征程上取得更为丰硕的理论创新成果》，《人民日报》2023年7月2日。
③ 习近平：《在文化传承发展座谈会上的讲话》，《求是》2023年第17期。

文明相协调的现代化，有着重要的参考价值和借鉴意义。

一、富之：物质文明建设的优秀传统文化基因

中国古代经济高度发达，在生产力方面长期领先于世界，创造了发达的物质文明，形成了丰富的经济思想。富民思想作为中国古代经济思想史上可贵而优良的传统，对经济发展、社会治理有着深远而持久的影响。

（一）治国之道，富民为始

富民作为安邦治国之基石，备受古代诸多思想家、政治家重视。在中国古人看来，所谓"富民"，即是指解决人们的温饱问题，并让大家过上更加富裕的生活。民富则国强。孔子尤为关注富民问题。《论语·子路》记载了孔子有关"庶之""富之""教之"社会发展"三部曲"的论述。

> 子适卫，冉有仆。
> 子曰："庶矣哉！"
> 冉有曰："既庶矣，又何加焉？"曰："富之。"
> 曰："既富矣，又何加焉？"曰："教之。"

文中"富之"鲜明而直白地反映了孔子的富民立场，而"教之"则突出强调了教化的必要性。孔子并不否认人对物质财富的正当追求。例如，子曰："富与贵，是人之所欲也。"（《论语·里仁》）"富

而可求也，虽执鞭之士，吾亦为之。"（《论语·述而》）财富和地位是人们都想要得到的，这是人之常情，如果真的能求到富贵，哪怕成为一个执鞭之士，自己也愿意去做。只是在追求富贵过程中，孔子更想提醒人们，要以合乎道义的方式去追求。他曾说："不以其道得之，不处也。"（《论语·里仁》）又云："不义而富且贵，于我如浮云。"（《论语·述而》）

孟子认为，富民是保持社会安定的必要前提。如果民众连最基本的温饱问题都得不到保障，人们的道德水平就难以提升，那么社会安定自然也就无从谈起。"是故明君制民之产，必使仰足以事父母，俯足以畜妻子，乐岁终身饱，凶年免于死亡；然后驱而之善，故民之从之也轻。今也制民之产，仰不足以事父母，俯不足以畜妻子，乐岁终身苦，凶年不免于死亡。此惟救死而恐不赡，奚暇治礼义哉！"（《孟子·梁惠王上》）意思是说，所以英明的君主制定百姓的产业，一定要让他们上足以赡养父母，下足以抚养妻儿。好年成丰衣足食，到了荒年也不至于饿死。然后，再教化他们走上善良的道路，老百姓也就很容易听从了。现在君主您制定的田产制度，使民众上不足以侍奉父母，下不足以养活妻子儿女，年头好的时候终日奔波辛劳，一旦遇到荒年就免不了饿死逃亡。在这种情况下，人们死里逃生还唯恐来不及，哪有闲工夫讲求礼义呢？齐国著名政治家、经济学家管仲，也充分意识到富民之于国家治理、社会发展的重要意义。在《管子·治国》篇中，管子明确提出："凡治国之道，必先富民。民富则易治也，民贫则难治也。"由此可见，一定的经济发展水平和物质基础是社会发展的前提。

"治国之道，富民为始。"习近平总书记指出："人民对美好生活的向往，就是我们的奋斗目标。"①"坚持以人民为中心的发展思想，坚定不移走共同富裕道路。"②这些论述都坚定地告诉人们，共同富裕是中国特色社会主义的本质要求，是我们党坚持全心全意为人民服务根本宗旨的重要体现，是党和政府的重大责任。民富国强是盛世的重要象征，民富是国强的基础。

（二）富民之基，农业为本

中华文明根植于农耕文明，农业是立国之本，也是富民之基。《国语·周语》云："民之大事在于农。"《汉书·食货志》言："一夫不耕，或受之饥；一女不织，或受之寒。"《潜夫论·务本》曰："夫富民者，以农桑为本，以游业为末。"中国古人认为，民众是国家的根本，而粮食又是民众的根本。要让民众衣食无忧，首先要解决温饱问题，而温饱问题的解决依赖农耕。

古人认为，在社会生产实践中，要以农事生产为本，以商业为末。如果重末轻本、本末颠倒，即忽视农业、重视商业，容易导致四大社会问题。

第一，会导致贫富差距拉大，社会矛盾加深。《群书治要·崔寔政论》提到："且世奢服僭，则无用之器贵，本务之业贱矣。农桑勤而利薄，工商逸而入厚。故农夫辍耒而雕镂，工女投杼而刺绣。躬耕者少，末作者众。生土虽皆垦乂，故地功不致，苟无力稼，焉得有年？财郁蓄而不尽出，百姓穷匮而为奸寇，是以仓廪空而囹圄实。一谷不登，则饥馁流死，上下俱匮，无以相济。"意思是说，世间奢侈

---

① 《习近平著作选读》第一卷，人民出版社2023年版，第59页。
② 《习近平著作选读》第二卷，人民出版社2023年版，第437—438页。

之风愈来愈重，服饰都违背礼制，没有实用价值的器具愈来愈昂贵，而农业这个本业却愈来愈低贱。务农的人、栽桑的人很勤苦，收入却很微薄；从事工商业的人很安逸，收入和利润却丰厚百倍。这就容易诱导农夫放下锄头去雕花刻镂，织女也放下织布机去学习刺绣。如此一来，从事耕种的人越来越少，从事工商业的人越来越多。荒地虽然有开垦，但是因为人们没有把心思放在种地之上，所以没有尽心尽力地去耕种、收割，怎么会有丰收的年景呢？财富集聚在少数商家之手，民众穷匮，于是很多人沦为奸寇、盗贼。国家的仓库愈来愈空虚，监狱却人满为患。一旦年景不好，五谷不丰登，那些受饥挨饿、流亡过世的人就不可胜数，然而由于国人从上到下都很穷匮，所以也无法做到互相接济。因此，最后强调："国以民为根，民以谷为命。命尽则根拔，根拔则本颠。"（《群书治要·崔寔政论》）国家都是以民众为根本，而民众是以粮食为命根。土地无人耕种，民众不能保命，国家的根本被削弱，整个国家就会陷入危难，这是国家最大的忧患。于是，古之圣贤君子指出，"明君贵五谷而贱金玉"（《汉书·食货志》）。

第二，会导致贫穷者奸邪，富足者淫逸，作奸犯科屡禁不止。《群书治要·说苑》记载："魏文侯问李克曰：'刑罚之源安生？'对曰：'生于奸邪淫佚之行也。凡奸邪之心，饥寒而起。淫佚者，文饰之耗。雕文刻镂，害农事者也；文绣纂组，伤女功者也。农事害则饥之本，女功伤则寒之源也。'"魏文侯曾问李克刑罚产生的根源在哪里？李克认为，是生于百姓邪曲不正、放纵奢侈的行为。凡是人们奸诈、邪曲不正之心，都是因为人们饥寒交迫才生起的。而放纵奢侈的人，都是把心思耗费在文饰之上。一旦人们把精雕细镂的奢侈品看得很有价值，男子将会放弃农业从事雕纹镂花，女子也会放下织机而学习刺绣。农事受到妨害是饥饿的根源，纺织受到妨害是寒冷的根源。

"饥寒并至，而能不为奸邪者，未之有也；男女饰美以相矜，而能无淫佚者，未尝有也。"（《群书治要·说苑》）民众饥寒交迫、吃不饱、穿不暖，还能够不作奸犯科、不做邪曲不正的事，这是很少的；男女都互相炫耀衣服饰品华丽漂亮，却不奢侈、放荡、纵欲，是从未有过的事。因此，如果上面不禁止机巧之事，奇技淫巧的事情愈来愈多，奢侈品的生产愈来愈多，导致国贫而民侈，国家贫困，人们愈来愈奢侈浪费。贫穷的人就会想出一些奸诈的、邪曲不正的方式，来追求富裕的生活。富足的人则会互相攀比，过上更加放荡纵欲的生活。这就等于驱使人民去做邪曲不正之事。当人们被驱使走上邪路，再用刑罚来诛杀他们，这等于为大众设置了陷阱。刑罚的兴起是有根源的，如果君主不堵塞它的根源，而只是在枝节上进行督促，对国家是有损害的。

第三，会导致天下的财产缺乏，甚至导致环境危机。贾谊认为："生之者甚少，而靡之者甚多，天下财产，何得不蹶哉。"（《汉书·食货志》）即生产的人，特别是生产粮食的人愈来愈少，而浪费者、不参与生产的人、不劳而食的人愈来愈多，奢侈浪费的风气也愈来愈严重，天下的财产便会因此而枯竭。

第四，会导致衣食储备不足，无法应对突发事件。《群书治要·汉书二》贾谊接着阐述："世之有饥穰，天之行也，禹、汤被之矣。即不幸有方二三千里之旱，国胡以相恤？卒然边境有急，数十万之众，国胡以馈之？兵旱相乘，天下大屈，有勇者聚徒而衡击，并举而争起矣，乃骇而图之，岂将有及乎？夫积贮者，天下之大命也。"世上有荒年和丰年，是自然运行变化的规律，即使在夏禹、商汤时，也都遭逢过。如果不幸遇到方圆二三千里的旱灾，国家拿什么来救济百姓？如果边境突然发生紧急军情，国家拿什么来供给几十万兵众？战争、旱灾接踵而至，天下物资匮乏，有勇力的人就会聚众蛮横打劫，进而发动徒众争相起事，到了这时才惊慌失措地设法应对，还能来得及吗？所以，储藏粮食等物资是天下的大事。汉文帝被贾谊的谏言所打动，他开设天子责任田，亲自耕种以勉励百姓回归农业。此外，汉朝还采取了一系列利农惠农的政策，重视粮食蓄积，以备赈灾救济之用。

概言之，农民付出多、收入少，工商业者付出少、收入却很丰厚，导致了贫富差距加大。贫穷的人就会做奸邪之事，富裕的人就会做纵欲放荡之事，这样作奸犯科的事情会愈来愈多。而一旦人们养成奢侈放纵、浪费的习惯，国家的资源也会愈来愈枯竭。如果国家再不重视农业，耕田的人就会愈来愈少，人们的衣食都不能得到保证，那么遇到灾荒时，国家就无法接济民众，应对不了突发事件。因此，要实现强国富民，就必须注重农业这个本业。

（三）富民之要，在于节俭

勤俭节约是立业兴邦的重要途径，领导者以身作则去奢从俭，民众才会生活得更加富裕。《史记·平津侯主父列传》曰："富民之要，在于节俭。"《政要论·为君难》云："服一彩，则念女功之劳；御一谷，则恤农夫之勤。"穿一件丝织品，就要想到织女的辛苦；进用一粒粮食，则要体恤农夫劳作的辛苦。于领导者而言，应该念念体恤百姓的不易，即便身居高位，也应力求节俭，戒除奢靡之风。《政要论》又云："修身治国也，要莫大于节欲。《传》曰：'欲不可纵'。历观有家有国，其得之也，莫不阶于俭约；其失之也，莫不由于奢侈。俭者节欲，奢者放情。放情者危，节欲者安。"（《政要论·节欲》）节制欲望是修身治国的重要基础，纵观古今，凡是取得成就的君主，无一不节欲简朴。比如，在中国历史上，尧舜所居住的地方只有三级土台阶，夏天穿着粗布编织的衣服，冬日也只穿着鹿皮制成的大衣。禹的宫室低矮简陋，饮食微薄。这几位帝王并非生来就不讲究衣食住行，而是他们最大限度地做到节俭。也正因为帝王力行节俭，在上行下效的示范作用下，奢靡之风被杜绝，在百姓之中实现财富的积累，为天下太平奠定基础。

历史上的"文景之治""贞观之治"等的出现，都是因为皇帝有这样的认识，并带头力行节俭。汉文帝时，有人进献了一匹千里马，汉文帝颁诏说，鸾旗车在前先行，随班的车在后紧跟着，吉日出行一天行五十里，军队行军一天行三十里，朕骑千里马，独自先到哪儿去？于是，将千里马归还，并且付给献马的人行程费用。他又下诏声明，朕不接受进贡，可下令四方之人不要再进献了。汉文帝对这些远方之物、难得之物都不认为贵重，闲游的娱乐禁绝了，珍奇美丽的赠礼杜绝了。在唐朝时，杨绾做了中书侍郎同平章事，他为官清廉，崇尚节俭。他被封的命令下达之日，郭子仪正要宴客，听到这个消息，立即就把座中的声乐减了五分之四；京兆尹黎干的随从本来人数众多，也于当天就减少了；中丞崔宽把房屋建造得豪华奢侈，结果马上下令把它拆毁。可见，上行而下效的感应效果，如"影之随行，响之应声"一样迅速。在位的领导者倘若能够带头节俭，就会起到上行下效、立竿见影的教育效果。

唐太宗也秉持了节欲而富民的理念。《贞观政要·君道》中记载说："为君之道，必须先存百姓。若损百姓以奉其身，犹割股以啖腹，腹饱而自毙。"为君之道，必须先使百姓能够生存，安居乐业。如果损害百姓的利益来奉养自身，这就像割大腿上的肉来填饱肚子一样，肚子确实填饱了，但终究会亡身。

古人反复告诫人们，不可放纵欲望，原因在于"欲壑难填"，欲望一旦被引发出来，就没有止境，而且愈放纵愈难以满足。《群书治要·新语》中这样讲道：怀里揣着璧玉，腰间系着环佩，穿戴名贵的衣服，上面还有珠宝的装饰，收藏珍奇怪异的物品，用玉斗斟酒，在金杯上刻镂花纹，这些都是可以在小人面前夸耀的东西。修筑百丈的高台，在坚固的城墙上绘画，这些是导致老百姓筋疲力尽的因素。所以，圣人住着低矮的宫室却高扬道德，穿着极差的衣服却勤行仁义。他们不因为装扮容貌而损伤操行，不因为装饰外表而亏缺品德。国家不兴办无益的功业，家中也不收藏不实用的器物，借此减少民众的劳役，节省他们的赋税。如果君主不喜欢璧玉珠玑，那么玩好之类的东西也会被百姓抛弃；君主不收藏雕琢刻画，那么淫巧之类的物品也会被民众弃绝。放弃农业、蚕桑等重要事务，上山下海，采集珠玑，捕猎禽兽，消耗民众的劳力，浪费国家的资财，只是为了满足耳目一时的愉悦，满足骄奢淫逸的欲望，这难道不是谬误透顶吗？以古人之见反观当今社会，不少人仍在做着这样荒唐至极的事情，更有甚者还以此为荣、沾沾自喜，岂不悲哉！

针对我国奢靡之风的现状，习近平总书记指出："有些领导干部爱忆苦思甜，口头上说是穷苦家庭出身，是党和人民培养了自己，但言行不一，心里想的是自己当上官了，终于可以扬眉吐气了，要好好享受一下当官的尊荣，摆起官架子来比谁都大。享乐主义实质是革命意志衰退、奋斗精神消减，根源是世界观、人生观、价值观不正确，拈轻怕重，贪图安逸，追求感官享受。奢靡之风实质是剥削阶级思想和腐朽生活方式的反映，根源是思想堕落、物欲膨胀，灯红酒绿、纸醉金迷。"[1]在这种情况下，党的十八大以后，党中央提出了"八项规定"。2020年，习近平总书记对制止餐饮浪费行为又作出

---

[1] 中共中央文献研究室编：《习近平关于全面从严治党论述摘编》，中央文献出版社2016年版，第154页。

重要指示。对于餐饮浪费现象，他用八个字做评价"触目惊心、令人痛心"。提倡节俭、反对浪费，这就是"国奢则示之以俭，国俭则示之礼"（《礼记·檀弓下》）的具体落实。《大学》云："自天子以至于庶人，壹是皆以修身为本。"而修身要从戒贪做起，因为"贤者多财损其志，愚者多财生其过"（《贞观政要·贪鄙》）。人能在财色名利的诱惑面前如如不动，把持住自己，才能涵养智慧，进一步治国平天下。所以，领导干部的吃、穿、住、行都要力求俭朴，不能奢侈浪费，所谓"俭以养德"。

总之，这些深邃的富民思想，对于今天解决经济社会发展出现的一些问题，以及进一步加强物质文明建设，仍具有重要意义。

二、教之：精神文明建设的优秀传统文化底蕴

在治国理政过程中，中国古人虽然强调要以富民为始，但富民并不是终极目标。富民是前提，民富之后还要善教，即通过加强伦理道德教育，提升人们的精神境界和社会的文明程度。《礼记·学记》云："建国君民，教学为先。"

（一）德教洽而民风和

道德不是虚无缥缈的海市蜃楼，也不是凌驾于生活之上的抽象概念，一个人的思想和行动都显性或隐性地内含着道德。有德者必有威，德高者必望重。一个有道德、有秩序的民族，也终将永远充满希望。

在中国历史上，儒家向来重视道德在教育中的重要作用。孔门四

科，德行第一，"德者本也，财者末也"（《大学》）。"财者末也"并非指财不重要，而是指"财"是"德"的结果，即《大学》中讲的："有德此有人，有人此有土，有土此有财，有财此有用。"如果本末颠倒，则会出现《大学》中所说的"外本内末，争民施夺"的情况，也即《孟子·梁惠王上》所提到的"上下交征利，则国危矣"。而官员的德行上可影响领导者，下可影响社会普通民众，因此，注重官德修养同样尤为重要。北宋名臣司马光曾在《资治通鉴》中论及德才关系时写道："才者，德之资也；德者，才之帅也。"一个人博学多闻固然重要，但若没有一定的道德素养作为承载，就可能导致知识越多、能力越强，对社会造成的危害却越大的结果。司马光接着说："才德全尽谓之'圣人'，才德兼亡谓之'愚人'，德胜才谓之'君子'，才胜德谓之'小人'……君子挟才以为善，小人挟才以为恶……自古昔以来，国之乱臣，家之败子，才有余而德不足，以至于颠覆者多矣。"（《资治通鉴》卷一）在社会生活中，医有医德，师有师德，艺有艺德，官也有官德。对于官员而言，官德乃为官之本，官德盛则政风淳，官德败则民风糟；反之，对于那些只要官职，不要官德，有心做官，无心修德的人而言，即使混入官场，也终究难逃栽跟头的厄运。

时至今日，中国在选用干部时，仍然坚持"德才兼备，以德为先"的原则。习近平总书记指出："各级党委及组织部门要坚持党管干部原则，坚持正确用人导向，坚持德才兼备、以德为先，努力做到选贤任能、用当其时，知人善任、人尽其才，把好干部及时发现出来、合理使用起来。"①

---

① 中共中央文献研究室编：《十八大以来重要文献选编》（上），中央文献出版社2014年版，第343页。

　　另外，一个不争的事实，现代教育在普及科学知识技能、培育公民精神、促进社会物质发展等方面，起到了积极作用。然而，其在一定程度上忽视了教育的本质——关于做人的教育，这也是导致现代社会形形色色社会问题层出不穷的重要原因之一。道德教育作为中华优秀传统文化的核心所在，具有导正人心的作用。

　　中国古人特别重视道德教育，"德主刑辅，以德化人"的德治主张历来备受推崇。《群书治要·盐铁论》中，对刑罚与道德教化的关系进行了形象比喻：刑罚对于治理国家，就像马鞭对于驾车一样，好的驭手不能没有马鞭就去赶车，而是拿着马鞭却不轻易使用。圣人借助刑罚来实现教化，教化成功了，刑罚便可以搁置不用。这就是《尚书》上所说的"刑期于无刑"。刑罚是要起到警戒、威慑的作用，但最终的目的是期望人们不要触犯法律。《汉书·董仲舒传》记载，董仲舒向汉武帝上书时提到："王者承天意以从事，故任德教而不任刑。"圣明的君主承顺天道从事政治。天道是好生恶杀，有仁爱之心。所以，圣明的君主一定是把道德教化作为首要任务，而把刑罚设置得相当简单。他们甚至还指出，如果重视道德教育、重视人心的治理，即使法制不是很健全，只要人们重视道德教化，国家仍然能够保持和美的风俗，正所谓"人心正，则国治"。因此，古之先贤主张通过学校教育来立德树人、长善救失、化民成俗。如汉代董仲舒所言："古之王者明于此，是故南面而治天下，莫不以教化为大务。立大学以教于国，设庠序以化于邑，渐民以仁，摩民以谊，节民以礼，故其刑罚甚轻而禁不犯者，教化行而习俗美也。圣王之继乱世也，扫除其迹而悉去之，复修教化而崇起之。教化已明，习俗已成，子孙循之，行五六百岁尚未败也。"（《汉书·董仲舒传》）历史上，在周成王、周康王统治的时期，依靠道德教育，社会出现了"囹圄空虚，刑措不用"的大治之象。相反，即便这些礼法都记载在册，但如果搁置不用，也无法达到治理的效果。《群书治要·汉书七》载："自成康以来，几且千岁，欲为治者甚众，然而太平不复兴者，何也？""成康盛世"到汉代这长达将近一千年的岁月里，想使国家得到治理的大有人在，但这样的太平盛世却再也没有出现过，原因何在？原因就在于，昏庸无道的君主"舍法度而任私意，奢侈行而仁义废也"（《群书治要·汉书七》）。由此可见，通过道德教育培养具有道德素质的人，特别是领导者，才是社会大治的根本，正所谓："其人存，则其政举；其人亡，则政息。"（《中庸》）

社会实现善治必须具备良好的制度和具有良好品德的为政者这两个条件，即善制和良佐。《群书治要·傅子》云："明君必顺善制而后致治，非善制之能独治也，必须良佐有以行之也。"一方面，明智的君主一定是依循着良善的制度治理国家，才能达到社会和谐、天下大治的效果；另一方面，良善的制度很重要，但是它不能单独发挥作用，还必须有良好的辅佐人才。

《荀子·君道》强调："法不能独立，类不能自行，得其人则存，失其人则亡。法者，治之端也；君子者，法之原也。故有君子，则法虽省，足以遍矣。无君子，则法虽具，失先后之施，不能应事之变，足以乱矣。"荀子认为，礼法制度不能孤立地存在，有了圣明的君主，它才能发挥作用；失去了圣明的君主，没有正义美德的人，它就不可能发挥作用。所以，礼法制度是治理的开端和依凭，而圣贤君子是制定和推行礼法制度的人。有了圣贤君子，则法令虽然简略，也足以治理好一切；反之，没有圣贤君子，即使礼法制度制定得很完善，也同样会导致国家混乱。西方学者也有类似的观点。当代西方著名的伦理学家麦金泰尔说："无论美德与法律之间在其他方面有着怎样的紧密联系，对于法律的应用而言，它仅仅对那些拥有正义美德的人才有可能发挥作用。"①

可见，当物质文明发展到一定程度时，注重加强道德教育，通过道德教育导正人心，培养具有道德素质的人，才能最终实现社会的安定和谐。

（二）德教失而民风哀

中华传统伦理道德教育以明明德、长善救失为目的，强调智仁勇，恰恰对于加强公民道德建设在内的精神文明建设具有重要意义。忽视伦理道德教育，即使有好的制度，也难以从根本上有效解决因人的道德滑坡而出现的种种社会问题，甚至还会使作奸犯科之事屡禁不止，愈演愈烈。正所谓"德教失而民风哀"。

在古人看来，忽视道德教育而仅仅重视公平正义的制度，会导致以下结果。

其一，"道之以政，齐之以刑，民免而无耻。"（《论语·为政》）即人们因为惧怕刑法的处罚而免于作恶，但是由于没有羞耻心，甚至还会以作恶后能想方设法地免于刑法的处罚而沾沾自喜，自以为聪明。在现代西方社会，很多年轻人不再相信宗教了，宗教道德教化失灵了，而它的政治制度仍然是以维护公平正义为核心进行安排的，结果出现了大量的"反社会行为"。狭义地讲，"反社会行为"是指没有触犯法律但却是不道德的行为，如校园霸凌、青少年吸毒、酗酒、斗殴等。鉴于孩子年纪小，达不到法律制裁的标准，往往不了了之。这些现象对社会和谐造成了不良影响。《论语·为政》云："道之以德，齐之以礼，有耻且格。"要用道德教育来引导人们，用礼仪来教化人

---

① MacIntyre，Alasdair，*After Virtue*，London: Gerald Duckworth，1981，p.152.

们，人们有了羞耻之心，就会打心底里不愿意去做坏事，而且还会有人格的归附。

其二，不能培养出品德高尚的圣贤君子。《群书治要·盐铁论》中说："法能刑人，而不能使人廉；能杀人，而不能使人仁。"法律的确可以给人以制裁，并对犯罪的人处以刑罚，但是培养不出一个人的廉洁之心；法律也能够把犯罪的人杀掉，但是培养不出一个人的仁爱之心。《淮南子·泰族训》对这句话讲得更具体，曰："法能杀不孝者，而不能使人为孔、曾之行；法能刑窃盗者，而不能使人为伯夷之廉。"法律确实可以把不孝的人判处死刑，但不能使人们成为像孔子、曾子那样具有高尚德行的人；法律也确实能够对偷盗的人给予处分，但不能使人成为像伯夷那样廉洁的人。后面还举了一个相当有说服力的例子，即："孔子弟子七十，养徒三千人，皆入孝出悌，言为文章，行为仪表，教之所成也。"（《淮南子·泰族训》）孔子的徒弟出名的有七十多位，学生有三千多人，他们每一个人在家都知道孝敬父母，出门懂得尊敬长辈，一言一行、一举一动，都能成为社会大众的表率。这些恰恰都是依靠教育成就的。时下社会，人情异化较为严重，官员贪腐案、未成年人恶性犯罪案、各类网络负面舆情增多，如"指鼠为鸭"事件、"女大学生造谣偷拍"事件、"天价彩礼"话题等时有出现。人们可能认为，上述现象还是由法律监督机制不够健全所致。然而，这类事件的发生，除了说明法律监督机制、社会舆论引导确实有需要改革的地方之外，更为关键之处，还在于道德教育缺失，人心冷漠到麻木不仁。

其三，"法令滋彰，盗贼多有。"（《道德经·第五十七章》）即法律条款越来越严密具体，渗透到生活的方方面面，但是违法乱纪的人依然众多。这表现为监狱以人满为患，政府以警察短缺为忧。比如，食品安全出了问题，就有食品安全法；贪污腐败问题出现，就有反腐败法；环境受到污染、生态遭到破坏，就有环境保护法；酒后驾车的人多了，就有酒后驾车相关惩罚规定；恐怖现象出现了，又有专家呼吁要设立反恐怖法；等等。只要有什么问题出现，就有相关法规出台，所以，法律越来越多、越来越具体、越来越严密，渗透到生活的方方面面。严格的法律和监督机制确实可以把犯人关进监狱，但仍有一些人违法乱纪、钻法律漏洞，很显然这并不能从根本上解决问题。如果缺乏伦理道德的教育，犯人在监狱里学到的反而是更加狡诈的作案方式，一旦被释放，仍然会危害社会。因此，《群书治要·袁子正书》中提到："不能止民恶心，而欲以刀锯禁其外，虽曰刑人于市，不能制也。明者知制之在于本，故退而修德。"倘若不能制止人们作恶的心，而仅仅以刀锯在外面执行死刑、惩罚犯人，也终究难以避免作奸犯科的事情发生。所以，圣明的君主深谙德为"制之本"，懂得专注于自身的道德修养，等到君主修身有成，其嘉言懿行自然也会潜移默化地影响到在下位者。正所谓："君子之德风，小人之德草，草上之风，必偃。"（《论语·颜渊》）

其四，"不知礼义，不可以行法。"（《淮南子·泰族训》）如果忽视道德教育，即使国家拥有健全完善的法律监督机制，也无法有效地实行。之所以这样说，从实施者的角度而言，法律、监督机制都是由人来制定和实施的，如果人"不知礼义"，即制定和实施法制的人没有公正的美德，就不可能制定出公平合理的法律；即使能够制定出公平合理的法律，如果执行者没有公正的美德，也不可能将合理的制度实施到位。高尔基在他的名剧《在底层》中有这样一句台词："人，这个字眼听起来是多么的自豪。而能够让人自豪起来的显然是高尚的道德及优良的人格，就像飞翔是鸟的天职，游水是鱼的天职，绽放是花的天职一样，加强道德修养，锻造高尚人格，是人的天职。"他们都在向我们传达这样的信息，即道德是做人之本，人如果丧失了伦理道德，没有了羞耻之心，做什么事都无所谓，那么，再好的制度，对他来说也都是无能为力、无济于事。

其五，"刑罚积而民怨背。"（《汉书·贾谊传》）"以礼义治之者，积礼义；以刑罚治之者，积刑罚。刑罚积而民怨背，礼义积而民和亲。故世主欲民之善同，而所以使民善者或异。或道之以德教，或驱之以法令。道之以德教者，德教洽而民气乐；驱之以法令者，法令极而民风哀。哀乐之感，祸福之应也。"（《汉书·贾谊传》）意思是说，用礼义治国者，积累的就是礼义；用刑罚治理国家者，积累的就是刑罚。刑罚用多了人民就怨恨背叛，礼义积累多了人民就和睦亲爱。世代君主渴望让人民德行美好的意愿是相同的，但用以使人民德行美好的办法却不同。有的是用道德教化来引导，有的是用法令来驱使。用道德教化引导，德教和谐时人民的精神状态就表现出欢乐；用法令来驱使，法令严酷民风就呈现出哀怨。哀怨与欢乐，就是祸福相对应的。在《论语·尧曰》中，孔子说，"不教而杀谓之虐"。即在位者如果没有教导人们仁义慈悌的道理，人们因为缺少伦理道德的教育、不知做人的本分责任，从而走向违法乱纪的道路，结果会被处以死刑，这种政治属于虐政。秦朝之所以二世而亡，就是只有严刑峻法，而没有道德教育所致。《史记·酷吏列传》讲："汉兴，破觚而为圜，斫雕而为朴，网漏于吞舟之鱼，而吏治烝烝，不至于奸，黎民艾安。由是观之，在彼不在此。""彼"即道德教化，"此"即严苛的法制。汉朝之所以兴起，是因为去严刑而从简政、去浮华而倡质朴，法网宽疏得可以漏掉能吞噬船只的大鱼，可官吏的政绩却蒸蒸日上，谁也不敢为非作歹，百姓和美安定。由此看来，治理国家重要的是道德的引导，而不在于刑罚的严酷。

其六，不能达到"不忍欺"的最高管理境界。《史记·滑稽列传》记载，历史上出现过三种不同层次的管理，即"子产治郑，民不能欺；子贱治单父，民不忍欺；西门豹治邺，民不敢欺"。第一种就是"不能欺"。子产在治理郑国的时候，他的法律监督机制非常严密，老百姓想欺骗他都做不到，这个就叫"不能欺"。西门豹在治邺的时候，他的法律非常严苛，只要人触犯了法律，就会受到严厉的惩罚，百姓吓得不敢去做违法乱纪的事，他做到了"不敢欺"。孔子的弟子宓子贱在治理单父的时候，他提倡孔子的"仁爱"思想，做到"爱民如子、视民如伤"，老百姓对他感恩戴德，都不忍心欺骗他，所以，他做到了"不忍欺"。显然，"不忍欺"的管理境界最高。而重视伦理道德的教育，可以达到"不忍欺"的管理境界。《群书治要·体论》中说道："德之为政大矣，而礼次之也。夫德礼也者，其导民之具欤。太上养化，使民日迁善，而不知其所以然，此治之上也；其次使民交让，处劳而不怨，此治之次也；其下正法，使民利赏而欢善，畏刑而不敢为非，此治之下也。"即相较于礼法，道德教化更具优先性、首要性。道德与礼法都是引导人民的工具。远古时代的道德教化，使人民日益转向善良，却不知道自己为什么会转向善良，这是最好的治理（正己化人，无为而治）；其次，使人民互相礼让，身受劳作之苦而并无埋怨，这是次一等的状况；最后就是用法规来纠正，使人民因利益得到保障而喜欢从善，因畏惧刑罚而不敢做非法之事，这是最末一等的治理。毋庸置疑，中国古圣先贤追求的是最高层次的治理。但是，当今社会，不管是企业管理，还是政府的治理，倘若放弃了这种高层次的、善的治理模式，而去追求低层次的治理形式，便是很遗憾的事。

（三）传统德教之经验

中华传统伦理道德教育具有五千多年的历史，积累了五千多年的智慧，创造了五千多年的文明。中国古人对于道德教育的经验，可以概括为八个特点。

第一，目标明确。中国古代是从治国理政的高度对伦理道德教育加以重视的。《礼记·学记》提出"建国君民，教学为先"，即建立国家和领导人民，教育是首要的；又有"教也者，长善而救其失者也"，说明教育的目的是使人的过失得以挽救、善良不断增长。那么，"长善救失"的目的何在？《大学》开篇讲道："大学之道，在明明德，在亲民，在止于至善。"这就点明了教育的目的是明明德，即恢复人们本善的本性，并且通过亲民、爱民、化民，使民众也明明德。明明德与亲民是自觉觉他的教育过程。而这种明明德的教育，就是成圣成贤的圣贤教育。

古人充满仁爱与智慧的教育之道，培养出了大批襟怀天下，心系苍生的君子仁人。例如，"鞠躬尽瘁，死而后已"（《后出师表》）的诸葛亮；"先天下之忧而忧，后天下之乐而乐"（《岳阳楼记》）的范仲淹；"天下兴亡，匹夫有责"（《日知录·正始》）的顾炎武；"苟利国家生死以，岂因祸福趋避之"（《赴戍登程口占示家人》）的林则徐；等等。而反观当今，人们在众多的诱惑前尤显浮躁，做事急于求成、贪名求利，读书不再是以安身立命、深造自得、服务社会为目的，而是以考试、拿学历、赚钱为导向。因此，导致现代社会出现了一些"精致的利己主义者"，有"知识"没"文化"的人多了。然而，真正躬行实践、深造自得、仁以为己任的儒者、仁人，却少之又少。为什么古今读书人会有如此之大的差别？一个很大原因就在于人们所受的教育不同，所读的书不同，所经历的事不同，因此，生命的格局与境界也就有所不同。教育是一个生命影响另一个生命的过程，是生命与生命的相互润泽，教育直接影响着年轻一代的成长，关乎国家的前途和命运。只有办好教育，尤其要重视伦理道德教育，才能使人心逐渐得以安顿，人与人之间的伦常关系得以调和，如此也才能从根本上有效保证社会的和谐与稳定。

第二，规范概括。既然教育的最终目标是使人恢复善的本性，那么，教育的内容就要与性德相应。中国古人讲：大道至简。同样，中国传统道德规范也简要明确，易记易传。概言之，即"四维""八德""五伦""五常"。四维即礼、义、廉、耻。《管子·牧民》讲"四维张，则君令行"；"四维不张，国乃灭亡"。八德即孝、悌、忠、信、礼、义、廉、耻。五伦即父子有亲、君臣有义、夫妇有别、长幼有序、朋友有信。五常即仁、义、礼、智、信。这些都是千百年来人们普遍奉行的价值观。

现今社会，如果人人都具备这样的道德品质，想必孩子不孝敬父母、食品安全问题、国有资产流失、贪污腐败、网络暴力等诸如此类的问题，就基本可以化解于未然。社会问题看似很多，其实只是枝叶花果，社会出现的一些问题就在于人心坏了，人的良心泯灭了。所以，只要人们都有孝悌忠信、礼义廉耻的意识，这些问题就能迎刃而解。例如，如果把孩子的孝心、感恩心提起来，就不会有不孝敬父母、轻生自杀的问题；把企业家的诚信之心树立起来，就不会出现假冒伪劣产品、食品安全问题；把官员的廉耻之心提起来，就不会出现贪污受贿、以权谋私问题；把网络公民的恭敬之心、是非之心提起来，就不会有"以曝制曝"和"以暴制暴"现象。所以，问题的关键在于，人们对于道德教育的重要性没有足够认识，对于道德教育的规律，掌握得不够清楚。

第三，内容丰富。中国传统教育不仅包含伦理道德的教育，"善有善报、恶有恶报"的因果教育也是必不可少的内容。在中国古代，教育由儒释道三家共同承担，因果教育贯彻于三家教育之中，核心都是教导人们"诸恶莫作，众善奉行"。如儒家经典《周易》云："积善之家，必有余庆；积不善之家，必有余殃""善不积，不足以成名；恶不积，不足以成名"；《大学》曰："德者本也，财者末也""货悖而入者，亦悖而出"；《中庸》言："大德，必得其位，必得其禄，必得其名，必得其寿"；《尚书》载："惠迪吉，从逆凶，惟影响""天作孽，犹可违；自作孽，不可逭"；《诗经》又云："无念尔祖，聿修厥德；永言配命，自求多福"；《左传》也说："多行不义必自毙"；道家经典《道德经》又有"天道无亲，常与善人"；《太上感应篇》则开篇便告诫人们"祸福无门，惟人自召。善恶之报，如影随形"；等等，这些内容皆属因果教育。在中国历史上，因国家、社会大力提倡因果教育，使得"因果报应"的观念深入人心、妇孺皆知，比如"人在做，天在看""人善人欺天不欺""人算不如天算"等古训，直到今天依然可以听到。在古代，因果教育对端正世道人心起到了不可替代的作用，为形成淳朴向善的民风起到了重要作用。

第四，形式多样。中国古代道德教育的形式多样，体系完整，可以保证教学始终不中断。家庭教育是道德教育的开始。更确切地说，道德教育从胎教开始。中国自古便重视胎教。《大戴礼记·保傅》记载："周后妃任成王于身，立而不跛，坐而不差，独处而不倨，虽怒而不詈，胎教之谓也。"周后妃邑姜，在怀着后来的成王时，非常重视自身的修养。站有站相，坐有坐相，站的时候不踮脚尖，重心不旁落，坐的时候身子不歪斜，即使没有人在场，对待下人也不傲慢，即使生气的时候，也不口出恶言。这段记载一直被奉为胎教的典范。五伦关系中的"夫妇有别"，这里的"别"并不是指夫妻地位上的差异，而是指夫妻之间分工不同：男子是家庭的支柱；女子护持家庭，更重要的职责是教导儿女，使他们成为有用之才。古人说："闺阃乃圣贤所出之地，母教为天下太平之源。"（《女诫》）《说文解字》将"教育"的"育"字，解释为"养子使作善也"，并引徐锴的解释："不顺子亦教之，况顺者乎？"段玉裁在《说文解字注》中进一步注解："不从子而从倒子者，正谓不善者可使作善也。"正是父母对子女从一出生便开始言传身教，使子女在潜移默化中有了良好德行的基础。中国古代是传统大家庭，家庭的稳定是社会稳定的基础。在维护家庭稳定和教育子女方面，家规、家学、家训、家道起了极其重要的作用。一些千古流传的家训名篇如《颜氏家训》《朱子治家格言》《弟子规》等，都是中国传统家规的经典之作。

学校教育是教育的主体。《群书治要·汉书二》说："古之王者，莫不以教化为大务。立大学以教于国，设庠序以化于邑。"古代的君王，无不把教化民众作为治国要务。他们设立太学在国都推行教化，设立庠序在地方教化民众。《群书治要·周礼》中记载，"建邦之六典"中，教典位列第二，仅次于治典，在礼典、政典、刑典、事典之上，教典的作用是"以安邦国，以教官府，以扰万民"，即安定诸侯，教导官员，驯化百姓。《周礼》详细记载了掌管教育的各级官员以及教授的内容。例如，大司徒施行十二种教法：

> 一曰以祀礼教敬，则民不苟；二曰以阳礼教让，则民不争；三曰以阴礼教亲，则民不怨；四曰以乐礼教和，则民不乖；五曰以仪辨等，则民不越；六曰以俗教安，则民不愉；七曰以刑教中，则民不虣；八曰以誓教恤，则民不怠；九曰以度教节，则民知足；十曰以世事教能，则民不失职；十有一曰以贤制爵，则民慎德；十有二曰以庸制禄，则民兴功。
>
> （《周礼·地官·大司徒》）

另有乡学的三种教法来教导百姓：

> 一曰六德：智，仁，圣，义，忠，和；二曰六行：孝，友，睦，姻，任，恤；三曰六艺：礼，乐，射，御，书，数。（《周礼·地官·大司徒》）

掌管王室教育的官员"师氏"则以美诏王（告王以善道）。

> 以三德教国子，一曰至德，以为道本；二曰敏德，以为行本；三曰孝德，以知逆恶也。教三行，一曰孝行，以亲父母；二曰友行，以尊贤良；三曰顺行，以事师长。（《周礼·地官·师氏》）

由此可知，古时施行教化，无不是以德行教育为教化的主要内容，而且自天子至于庶人，无有遗漏，乃属全民施教。

学校教育也是家庭教育的延续。《礼记·学记》云："凡学之道，严师为难。师严然后道尊，道尊然后民知敬学。"对老师有恭敬心是最难的，有恭敬心才能对老师所传之道生起恭敬心；恭敬老师所传之道，才能接受老师的教诲并努力精进。在家里，父母教导子女恭敬老师；在学校，老师教导学生孝敬父母，亲师配合共同教导下一代。中国传统社会重义轻利，医生和老师这两种职业最受世人尊敬。因为医生救人身命，不言财利；老师成就人之慧命，使人明道。古人云："千金不卖道。"古代的老师不用学问谋利，如遇清寒而又真心向道的学生，不仅不收供养，还会补贴学生。正是为人师者"谋道不谋食"（《论语·卫灵公》）的品质，备受社会尊重。而古人对师道的尊重，又可以通过礼节得以体现。比如，古人入私塾读书，要先行拜师礼。

而行拜师礼者不仅是学生，连学生的父母都要向老师行跪拜礼：父亲带领儿子，先向"大成至圣先师孔夫子之神位"行三跪九叩首的大礼，之后老师入座于夫子牌位前，接受父子二人三跪九叩首的大礼。中国古代家道谨严，长幼尊卑秩序分明。试想，身为一家之尊的家长是怀着何等恭敬之心，才会向老师行如此大礼？而这种仪式，又会在孩子的心中烙下怎样深刻的"尊师重道"之印记？

社会教育是学校教育的延续，是家庭教育的扩展。上古时代，"风"是很重要的一种教化形式。《群书治要·毛诗》讲："风，讽也，教也。风以动之，教以化之……上以风化下，下以风刺上，言之者无罪，闻之者足以自诫。"在上位的君王通过诗歌对民众实行教化，在下层的百姓则通过诗歌将民间的风俗与疾苦向上传达给君王。《论语·为政》记载，子曰："诗三百，一言以蔽之，曰'思无邪'。"在中国古代，社会教育秉持"思无邪"的理念，音乐、歌舞、戏剧、诗词等所有文艺作品，无不以宣扬道德、弘扬正气为主要内容，使得社会的正气上升、邪气下降。同样，在科学迅猛发展的今天，网络渗透到人们生活中的方方面面，社会教育对人们正确价值观的树立更是起着潜移默化的深远影响。所以，国家文化部门、新闻媒体、网际网络等，都应当承担起弘扬社会正气的责任，为倡导和树立正确的道德观营造良好的社会氛围。

第五，次序合理。教学从教"孝"开始。在中国人的观念世界和社会生活中，孝占有至关重要的地位。《诗经·大雅·下武》有云："永言孝思，思孝惟则。"孝道思想从早到晚，自然而然就可以察觉到。在古人那里，它被视为民生日用的"天则"。《孝经·开宗明义章》云："夫孝，德之本也，教之所由生也。"意在说明"孝"是道德教育的基础、动力与起点。德者，道之用也，德是需要通过行动呈现出来的，所以它必须有切入点，在人的本能中要有依据。儒家找到的此物便是"孝"之爱，也即"亲亲"之情。"亲亲"是发生在孩子与父母之间最自然、最真实的情感，父爱子，子敬亲，这是人成长最基本的情感要求，它既左右着一个人的成长，也是各种德性与道德发生的微观机制。正如，《论语·学而》所载，有子曰："君子务本，本立而道生。孝弟也者，其为仁之本与。"所以，道德教育应当从培养人的孝心开始。张祥龙在其《家与孝——从中西间视野看》一书中，也同样认为孝是人类本性的一部分，是一种发自良知的自发行为，与人的各种生存体验有关。他说："如果孩子不照顾父母，他会觉得天良不安。没有孝，家庭是不完整的，也是不健全的。"①可见，孝能培养人恩义、情义、道义的处世原则，有了这种原则，人们便不会违法乱纪、作奸犯科。相反，以利害为取舍的处世原则，会使人见利忘义或忘恩负义。于是，有子继续说："其为人也孝弟，而好犯上者，鲜矣；不好犯上而好作乱者，未之有也。"（《论语·学而》）《孝经·广要道》中也讲："教民亲爱，莫善于孝；教民礼顺，莫善于悌。"《孝经·感应》中讲"长幼顺，故上下治"。孝的教育是维持良好社会伦理秩序的根本。《说文解字》解释"孝"字为"子承老也"，即父子一体。孝教导人们互亲互爱，教给人们"一体"的观念："仁者，人也，亲亲为大"（《中庸》）；孝，"始于事亲"（《孝经·开宗明义》），进而"老吾老，以及人之老"（《孟子·梁惠王上》），从"亲亲而仁民，仁民而爱物"（《孟子·尽心上》）及至民胞物与，再到"天地与我并生，而万物与我为一"（《庄子·齐物论》）的境界。因此，《孝经·孝治》中说，孝可以使"天下和平，灾害不生，祸乱不作"。

第六，保障有力。中国历史上的道德教育之所以奏效，是有各种制度来加以保证和维护的。例如，古代的圣王都把教化视为最重要的

---

① 张祥龙：《家和孝是人类的根本命运所在》，《第一财经日报》2017年4月28日。

事，在国都设立太学，在乡镇设立乡间的学校，教民以"仁义礼智"的道理。所以，即便当时的刑罚很轻，但是人民因为有了良好的教育，都不会去做违法乱纪之事。这是教育盛行、社会风气得以淳美的原因。教育制度如此，选拔制度也是如此。中国自汉代就实行了"举孝廉"的人才选拔机制，地方官员负责把本地具有廉洁品质的孩子举荐出来，作为官吏的候补由国家培养。因为一个人对父母孝就能对国家忠，品行廉洁就没有贪心，这是非常好的选拔人才的制度。此外，中国传统并没有忽视法律在治国理政中的作用。《孝经·五刑》中说："五刑之属三千，而罪莫大于不孝。"北齐律首创"重罪十条"，而其中不孝罪为"十恶不赦"的罪名之一。唐律规定，骂祖父母与父母的要处以绞刑，殴者处以斩刑，并对种种不孝的罪行作出了更具体的处罚。简单地讲，社会弘扬什么，就要通过制度激励什么；反对什么，就要通过制度约束什么。道德教育与制度建设两者之间不是非此即彼、相互对立、相互矛盾，而是相互促进、相辅相成。

中国传统社会对道德教育的重视，是通过教育、考试、人才选拔、监察、法律、激励等制度予以保障的。此外，中国传统社会还设计出承载伦理道德教育功能的建筑物，像祠堂、孔庙、城隍庙、四合院等，使得教育潜移默化地渗透到人们生活的各个方面。

第七，方法有效。《说文解字》把"教"解释为"上所施，下所效"。道德教育的有效方式是身体力行的感化，而不是空洞的说教，因此特别强调"正人先正己""身教胜于言教"，尤其重视作为国家和社会事务的管理者、领导人的道德示范作用。《论语·子路》篇中，子曰："其身正，不令而行；其身不正，虽令不从。"真正贤圣的领导者，不仅是身体力行礼义忠信的道德楷模，而且也是在治国理念上落实"建国君民，教学为先"的人。

《习仲勋传》的第三十五章，讲述了习仲勋同志的家庭教育和家风，以及如何对子孙言传身教。

习仲勋注意教育孩子从小养成节俭的良好生活习惯，他言传身教，从点滴做起。他经常用"谁知盘中餐，粒粒皆辛苦"的名言教育孩子，吃饭时掉在桌子上的米粒都要捡起来吃掉，一丁点也不浪费，吃到最后还要掰一块馒头把碗碟上的菜汁擦干净。这种无声的教育，使孩子们都养成了不浪费一粒粮食的好习惯。孩子们的衣服和鞋袜大都是"接力"着穿，大的穿旧了，再让小的穿。①

习仲勋还非常注意保护环境，节约水电，经常教育家属和身边工作人员厉行节约。习家人节俭行为出乎人的意料。习仲勋习惯用浴盆洗澡，每次洗完澡的水留着让孩子们再洗，然后还要用澡水洗衣服。家里厅堂的灯晚上一般很少打开，他要求房间里只要没人，一定要随手关灯。在外面散步时看见地上有烟头，他都会俯身捡起，扔到垃圾桶里。在他的影响下，家人一直保持着随手关灯、节约用纸、拧紧水龙头、自觉维护公共卫生的良好习惯，不仅儿女们一直保持着，就连孙辈们也继承了爷爷的这些好传统。②

习仲勋在最后的日子里对子女们说："我没给你们留下什么财富，但给你们留了个好名声！"这就是习仲勋留给子孙后代的享之不尽的宝贵财富！他以光辉的榜样，教诲儿女们如何做一个纯粹的有益于人民的人！③

---

① 《习仲勋传》编委会编：《习仲勋传》下卷，中央文献出版社2013年版，第634页。
② 《习仲勋传》编委会编：《习仲勋传》下卷，中央文献出版社2013年版，第636页。
③ 《习仲勋传》编委会编：《习仲勋传》下卷，中央文献出版社2013年版，第643页。

习仲勋同志这样的行为，让人不由得想起《咏史》所说的："历览前贤国与家，成由勤俭败由奢。"正因为习仲勋真正认识到且也愿意相信"成由勤俭败由奢"的道理，所以才这样去教导儿女。正是由于习仲勋的严格教育以及家庭的耳濡目染，他的子女都自立、自强，无论是在逆境中还是在顺境中，都经受住了考验，成为党和国家的有用之才。

第八，重点突出。中国古代社会着重培养的是每一个人"行有不得，反求诸己"的责任意识。《中庸》上说，一个君子的修身和弓箭手的射箭有相似之处，"射有似乎君子，失诸正鹄，反求诸其身"。这里有什么相似之处呢？当这个弓箭手把箭发了出去，结果却"失诸正鹄"，就是没有射中靶心，那么，对于一个真正好的弓箭手而言，他绝对不会率先寻求客观原因，而是反省自己在技艺上还有哪些不够精湛的地方，有哪些有待提高的地方。一个君子的修身也是如此。《孟子·离娄上》曰："行有不得者，皆反求诸己，其身正而天下归之。"人们做事如果没有成功，应当马上反过头来从自己身上找原因。只要自身端正了，连天下人都会归服。孔、孟所称道的尧、舜、禹、汤等古代的圣人，都是"行有不得，反求诸己"的楷模。《说苑·君道》中记载："尧存心于天下，加志于穷民，痛万姓之罹罪，忧众生之不遂也。有一民饥，则曰此我饥之也；有一人寒，则曰此我寒之也；一民有罪，则曰此我陷之也。"尧帝看到百姓挨饿，他就会自责，"这是我让他们挨饿的"；有百姓穿不暖，他还自责，"这是我让他们受冻的"；有百姓犯罪，他同样自责，"这是我让他们犯罪的"。这就是所谓的"先恕而后教，是尧道也"（《说苑·君道》）。可见，尧的治国之道就是先要宽恕百姓，然后再给他们以良好的伦理道德、因果、圣贤的教育。

如今，小到家庭夫妻间的摩擦，大到种族、国家间的冲突，很大程度上，都是由于彼此相互责怪而不能反躬自省所致。

> 在人生的旅途上，人们往往背着两个包袱，一个包袱上写着他人的过失，另一个包袱上写着自己的过失。然而，走人生路的时候，很多人却往往把写着他人过失的包袱放到胸前，而把写着自己过失的包袱放在背后。所以这类人无论怎么看，也看不到自己的过失，但是一低头，却很容易看到别人的过失。①

而我们的古人早在千百年前就教导人们，"各自责，天清地宁；各相责，天翻地覆"（《呻吟语》），时至今日，这仍然是实现社会和谐的心法。

要而言之，从历史上看，中国一直重视伦理道德教育，不仅出现了一代代明君，更开创过一个个盛世，达到万国来朝的局面，治理功绩举世瞩目。反之，忽视伦理道德的教育，则会出现《大学》中所说的"外本内末，争民施夺"的情况，也就是《孟子》所说的"饱食、暖衣、逸居而无教，则近于禽兽"（《孟子·滕文公上》）的情况。习近平总书记指出："不忘本来才能开辟未来，善于继承才能更好创新。"②新时代新征程，为高质量推进物质文明和精神文明相协调的现代化，无疑需要借鉴中国古人关于道德教育的成功经验，着力解决好"教之"的问题。

---

① 刘余莉：《心态即命运：正说传统人生智慧》，世界知识出版社2010年版，第16页。
② 《习近平谈治国理政》第一卷，外文出版社2018年版，第164页。

三、富之教之：物质文明和精神文明协调
发展的历史密码

李卓吾曰："一车问答，万古经纶。"①孔子看似无所用心的"庶之""富之""教之"社会发展理念，却拨动了历史的脉搏，道出了家国生存史的精髓②，乃至成为当今破解物质文明和精神文明协调发展的历史密码。

"富之"即解决民众的温饱问题，使人们富裕起来；"教之"即进行伦理道德教育，长善救失、化民成俗。就"富之"与"教之"的关系而言，传统政治虽然多提倡"先富后教"，但以孔子为代表的儒家实则更强调，在现实的社会治理中，要重视富、教的统一性以及教化的独立性，认为道德教育是治国的第一要义。《荀子·大略》云："不富无以养民情，不教无以理民性。""富"要与"教"相应，时代的经济发展要与道德教育相统一。更重要的是，"富"与"教"都应由国家主导统一安排，否则会造成混乱，"富教二者，为圣人经国之大猷。不能富，则民将自为富，而垄断侵夺之事兴；不能教，则民将自为教，而异端邪说之徒众"③。所以，"富"与"教"作为两大治国方略，国家都要看重，特别是要加强对民众的伦理道德教育，以防异端邪说。另外，就教育自身的重要性而言，它还具有超越物质条件和经济发展的独立使命。子曰："君子去仁，恶乎成名？君子无终食之间违仁，造次必于是，颠沛必于是。"（《论语·里仁》）苏轼则从形而

---

① 〔明〕李贽著，张建业主编：《李贽文集·四书评》，社会科学文献出版社2000年版，第69页。
② 参见韩凤鸣：《"富"与"教"的历史辩证与时代赋义》，《南京社会科学》2023年第4期。
③ 唐文治：《四书大义》，上海古籍出版社2016年版，第326页。

上的道德之维谈起，认为经济意义上的民富国强只是表面现象，真正的民富国强是道德意义上的，"夫国家之所以存亡者，在道德之浅深，不在乎强与弱；历数之所以长短者，在风俗之厚薄，不在乎富与贫。道德诚深，风俗诚厚，虽贫且弱，不害于长而存；道德诚浅，风俗诚薄，虽强且富，不救于短而亡"（苏轼《上神宗皇帝书》）。可见，道德教育在治国理政过程中发挥着至为关键的作用。而那些单纯以胜民、制民导致的国家控制，乃至通过裕民、富民达到的经济富足，都不是长治久安的根本。①

党的二十大报告指出："十年前，我们面对的形势是，改革开放和社会主义现代化建设取得巨大成就，党的建设新的伟大工程取得显著成效，为我们继续前进奠定了坚实基础、创造了良好条件、提供了重要保障，同时一系列长期积累及新出现的突出矛盾和问题亟待解决。"②的确，改革开放以后中国取得了举世瞩目的经济发展成就，也出现了一些令人担忧的问题。例如，贪污腐败严重、贫富差距悬殊、假冒伪劣充斥、食品安全堪忧等，这些问题已成为影响社会长治久安的重要因素。反思上述这些问题，原因之一是忽视了伦理道德教育。在推进中国式现代化建设的进程中，习近平总书记强调："经济总量无论是世界第二还是世界第一，未必就能够巩固住我们的政权。经济发展了，但精神失落了，那国家能够称为强大吗？"③"没有先进文化的积极引领，没有人民精神世界的极大丰富，没有民族精神力量的不断增强，一个国家、一个民族不可能屹立于世界民族之林。"④"一个国家、一个民族的强盛，总是以文化兴盛为支撑的，中华民族伟大

① 韩凤鸣：《"富"与"教"的历史辩证与时代赋义》，《南京社会科学》2023年第4期。
② 《习近平著作选读》第一卷，人民出版社2023年版，第4页。
③ 习近平：《做焦裕禄式的县委书记》，中央文献出版社2015年版，第35页。
④ 习近平：《在文艺工作座谈会上的讲话》，人民出版社2015年版，第5页。

复兴需要以中华文化发展繁荣为条件。"①这就强调中华文化的繁荣兴盛、人们道德水平的提升和精神文明的发展，是中华民族伟大复兴的前提。为此，仍需借鉴古人"建国君民，教学为先"的理念，从而使社会主义核心价值观和中华传统美德贯穿在国民教育的全过程，渗透到家庭教育、学校教育、社会教育的方方面面。

习近平总书记多次强调要注重家庭家教家风建设；主持召开学校思想政治理论课教师座谈会，强调思想政治理论课的重要性，提出立德树人的教育理念；召开文艺工作座谈会，强调文艺工作者要德艺双馨；反复强调党员领导干部要加强以"明大德，守公德，严私德"为主要内容的政德修养。通过在党员领导干部中开展群众路线教育实践活动、"三严三实"专题教育、"两学一做"学习教育、"不忘初心、牢记使命"主题教育、党史学习教育、学习贯彻习近平新时代中国特色社会主义思想主题教育等，将"教学为先"的理念制度化常态化，不仅下定决心系统解决道德领域的失范问题，避免道德危机，并且进一步建设高度的道德文明，重塑礼义之邦的形象。可以说，道德文明是中国特色社会主义优越性的集中体现。

党的二十大报告明确指出，中国式现代化是物质文明和精神文明相协调的现代化。为实现这一目标，可进一步借鉴中华优秀传统文化，落实好以下几项具体工作。

第一，培养并选拔通达型人才。所谓通达者，简言之，即德高理明，有真才实学，能知行合一。培养并挑选一些真正能够通达中华伦理道德的教师，在国家级电视台、网络、广播等各类传媒上宣讲伦理（父子有亲，君臣有义，夫妇有别，长幼有序，朋友有信）、道德（孝悌忠信，礼义廉耻，仁爱和平）的精神，使人羞于作恶，形成舆论的

---

① 习近平：《汇聚起全面深化改革的强大正能量》，《人民日报》2013年11月29日。

氛围；同时，配以圣贤经典教育，使"积善之家，必有余庆；积不善之家，必有余殃"等道理深入人心，令人不愿、不敢作恶。之所以强调选拔出来的教师必须通达中华伦理道德，是因为通达者既能明了宇宙人生的事实真相，同时也能做到知行合一、言行一致，他们能够给人信心、给人欢喜、给人希望、给人方便。所以，通达者能够真正做到实至名归，由他们担任道德教育的教师，那么教育必然会达到事半功倍的效果。反之，如果选拔出来的教师，仅仅了解中华伦理道德，或者知识储备相当丰厚，但不能做到通达，那就很难真正唤醒他人的觉醒与改变。

第二，完善人才选拔考核机制。落实"德才兼备，以德为先""进贤受上赏，蔽贤蒙显戮"（《汉书·武帝纪》）的人才选拔标准。领导者的选拔必须具备"孝廉"的条件，无论是入党，还是选拔领导者，首要条件即是"孝廉"，并把能否进贤作为领导干部政绩考核的一项重要内容。将"孝廉"作为选拔人才的首要条件，是因为一个人在家对父母孝，就会对国家忠；一个人廉洁没有贪心，才能把自己的职责尽好。《孝经·圣治章》中说："不爱其亲而爱他人者，谓之悖德；不敬其亲而敬他人者，谓之悖礼。"之所以相背离，是因为一个人不爱父母，他为人处世的原则，即恩义、情义、道义，就难以树立起来，进而就很容易做出忘恩负义的事情。此外，强调"进贤"，是因为一个人的能力终究有限，领导者如果懂得识才、选才、惜才、爱才，那他一生为官，便可以为国家举荐良才，当为国家效力的良才愈来愈多，那么，和谐安泰的社会局面自然也会成为常态。

第三，优化全民终身学习内容。国民教育和领导干部培训课程要注重汉字和文言文的学习，并以"五伦八德"的道德教育作为主修课或必修课，如以《群书治要》作为治学治国的重要参考。领导干部要率先参加并且身体力行中华传统伦理道德教育，为社会大众作出榜样示范，通过上行下效的作用，对广大群众起到教化作用。

汉字、文言文超越时空，是最佳文化的载体。学好汉字、文言文，就拿到了传统文化智慧宝库的钥匙，如此便可以深入汲取五千多年老祖宗的智慧与经验，并为当今社会所用。正如习近平总书记在文化传承发展座谈会上所强调的："坚定文化自信，就是坚持走自己的路。坚定文化自信的首要任务，就是立足中华民族伟大历史实践和当代实践，用中国道理总结好中国经验，把中国经验提升为中国理论，既不盲从各种教条，也不照搬外国理论，实现精神上的独立自主。要把文化自信融入全民族的精神气质与文化品格中，养成昂扬向上的风貌和理性平和的心态。"①试想，倘若我们连经典都不明晓，又何以体会古人的经验与智慧？何以用中国道理总结中国经验？何以真正实现精神上的独立自由？《群书治要》作为一部"用之当今，足以鉴览前古；传之来叶，可以贻厥孙谋"的治世宝典，是由魏徵等社稷股肱之臣编纂而成，内容涵盖了五帝至晋朝的经、史、子部典籍中关于修身、齐家、治国、平天下理论的智慧精华，具有普遍的价值，不仅能"救弊于一时"，而且可"成法于万世"。老一辈无产阶级革命家习仲勋同志曾为此书亲笔题词"古镜今鉴"。时至今日，这部资政巨著仍可谓领导干部深入认识中国传统治国安邦理念、建设中国特色社会主义文化强国的必读经典。在《礼记·缁衣》中，孔子说："下之事上也，不从其所令，而从其所行。上好是物，下必有甚矣。故上之所好恶，不可不慎也，是民之表也。"在下位者侍奉在上位者，并不是看他所下达的命令，而是看他的行动。所以，在上位的领导干部作为民众的表率，如果能主动学习、深解力行以《群书治要》为代表的经典著作，不仅可以实现个人幸福，而且也可以自然而然影响到在下位的

---

① 习近平：《在文化传承发展座谈会上的讲话》，《求是》2023年第17期。

民众，如此社会才会风清气正，民族才会生生不息，国家才会兴旺发达，人民才会幸福安康。

第四，开展办点示范互观互学。办试验点、办特区是中国经济建设和改革开放取得成功的重要经验之一。在弘扬圣贤教育方面，也可以选择一个小镇、社区、学校、企业或监狱作为落实传统伦理道德教育的试验区，将其试验成果通过网络、卫星电视向全国乃至全球传播。这种教育方式已经有过不少成功的先例。比如，有大德者曾在一些乡镇做过办班教学试验，用时仅仅三年，这些乡镇的风气就有了明显的转变。而且，他们还向社会广泛地举办"幸福人生"讲座。不少企业家、监狱管理者，以及其他单位的领导去听讲座，只有短短四五天的时间，却让大家感受很深、触动很大。讲座结束之后，这些与会者还将自己学到的道德教育理念落实在各自的企业、单位、监狱等管理之中，无一例外地都取得了相当好的效果……无论是地方"道德讲堂"的试验，还是和谐企业的典范，抑或监狱改造服刑人员的成功案例，都令人们更加坚定文化自信，深信借鉴中华优秀传统文化的圣贤教育能够导正人心。

总之，进入新时代，在物质生活极大丰富的当下，精神空虚和对生命的迷茫，使一些人面临着严峻的挑战。而诸如此类问题的化解，理应依靠教育解决。因此，借鉴中华优秀传统文化重视道德教育的经验，推进文化自信自强，可以为建设物质文明和精神文明相协调的现代化贡献智慧，从而化解人伦冲突，解决因人心堕落而导致的各种社会问题，切实提升全社会文明程度。

第五章

天人合一：人与自然和谐共生的
现代化

生态文明建设，归根结底，在于正确处理经济发展与环境保护的关系，实现人与自然的和谐共生。在2023年6月2日的文化传承发展座谈会上，习近平总书记首次深刻阐述中华文明的五大突出特性，并将中华文明的连续性作为中华文明的第一个突出特性。世界四大文明古国为什么仅有中华文明没有中断，始终生生不息，而且每次遭遇劫难或崩溃之后还能再度崛起，中华文明生生不息、万物并育的生态理念是什么？

　　人与自然和谐共生的现代化是中国式现代化的五个特征之一。党的十八大以来，"生态文明建设"已成为新时代建设美丽中国、统筹协调全局工作的重要内容。习近平总书记在学习贯彻党的二十大精神研讨班开班式上的重要讲话中进一步强调："中国式现代化，深深植根于中华优秀传统文化，体现科学社会主义的先进本质，借鉴吸收一切人类优秀文明成果，代表人类文明进步的发展方向，展现了不同于西方现代化模式的新图景，是一种全新的人类文明形态。"[1]这里的"全新"指的是不同于西方的以战争、殖民掠夺完成的资本主义现代化。中国式现代化，打破了"现代化＝西方化"的迷思，展现了现代化的另一幅图景，拓展了发展中国家走向现代化的路径选择。"天人

① 《习近平在学习贯彻党的二十大精神研讨班开班式上发表重要讲话强调 正确理解和大力推进中国式现代化》，《人民日报》2023年2月8日。

合一"作为生生不息、万物并育的中华生态文明理念，为人类建设现代生态文明提供了中国方案。

然而，长期以来，由于一些人习惯于用西方人与天分离的二元对立的哲学观构建起来的现代工业文明思维认识问题、判断问题，导致人们对"天地人"的认知割裂、对立，因而认为人与自然失衡导致的能源危机，工业与农业失衡导致的全球粮食危机，传统与现代失衡导致的世界多样性文化被破坏的危机，物质与精神失衡导致的世界性精神文明缺失的危机是不可避免、无法挽救的，而对数千年的中华文明"天人合一"的生态观和"一体之仁"的世界观、文明观无法理解。

针对当今世界过度西方现代化所带来的食品安全、粮食安全、乡村社会安全、生态环境安全与国际农业安全等现实问题，本章将从认识上、实践上和战略上探讨"人与自然和谐共生的现代化"的中华历史文化根源，阐释"天人合一"的内涵，天、地、人内在的生成逻辑和相互关系，挖掘道法自然的可持续生产和生活方式的实践智慧，归纳总结未来人与自然和谐共生的人类新文明新形态实施策略，为坚定不移地走可持续发展的中国式现代化道路提供参考。

一、认识上的现代化：人与自然和谐共生的哲理依据

现代化源于西方，工业革命以来，现代化成为世界历史的必然趋势。从历史的角度看，其含义多是指人类社会从工业革命以来所经历的一场急剧变革，这一变革以工业化为推动力，导致传统的农业社会向现代工业社会的全球性大转变，它使工业主义渗透到经济、政治、文化、思想各个领域，引起深刻的相应变化。从哲学的角度看，学者

们普遍认为，现代化是一个包含人的现代化与物的现代化两个层面的整体变迁过程，物的现代化（自然环境、经济产品、物质财富等）与人的现代化（价值观、道德观念、行为方式等）交互发展、相互依存、相互制约、相互作用、相互渗透；其中人的现代化是物的现代化的主导动力，社会现代化是人的现代化的现实基础，归根到底是人的现代化。正如习近平同志所说："人，本质上就是文化的人，而不是'物化'的人；是能动的、全面的人，而不是僵化的、'单向度'的人。"①也就是说，再先进的现代制度和丰硕的物质文明成果，如果要想取得预期效果，必须依赖运用它们的人。如果人民的思想意识、心态行为不能与自然万物和谐相处，那么，这个国家的现代化成果很难持续造福人类。相反，或许会给人类带来不可挽回的痛苦和灾难。

中国是农业大国，"天人合一"作为五千多年中华传统文化的核心理念之一，孕育和塑造了代代相传、生生不息的中华民族，在当今构建人与自然和谐共生的人类文明社会发展中，仍可提供宝贵精神财富。

（一）"天人合一"的内涵

"天人合一"是古圣先贤仰观天文、俯察地理、中观人世而发展出的关于天人关系的重要思想。《庄子》云："天地与我并生，而万物与我为一。"（《庄子·齐物论》）董仲舒则明确提出："天人之际，合而为一。"（《春秋繁露·深察名号》）"天人合一"的境界被表述为"与天地参""民胞物与""以天地万物为一体"等。《中庸》云："唯天下至诚，为能尽其性；能尽其性，则能尽人之性；能尽人之性，

---

① 习近平：《之江新语》，浙江人民出版社2007年版，第150页。

则能尽物之性；能尽物之性，则可以赞天地之化育；可以赞天地之化育，则可以与天地参矣。"张载《正蒙·乾称》有云："儒者则因明致诚，因诚致明，故天人合一。"认为天与人的关系紧密相连，不可分割，强调天道与人道、自然与人为的相通、相应、共生和统一。儒、释、道等诸家对天人合一均各有阐述，不仅仅是哲学思想，也是一种前沿科学的认知。这一理念源于远古时期伏羲对"天地人三才"的观察和古人实践经验的积累。作为华夏民族人文始祖的伏羲，将天地变化的规律用代表阴阳的符号画出了八卦，中古时期经周文王的潜心推演，下古时期再经孔子研学和实践，最终阐释出"天道""地道""人道"的相互对立又和谐统一的、生生不息的、不以人的意志为转移的运行规律，这个规律被称为"道"。"道"一是用来代表宇宙万有的本体；一是指道理、发展、规律、真理，即天地万物运行的规律，人类的行为准则等。

天之道，揭示宇宙生生不息、周而复始的自然规律；地之道，是顺承天道而长养万物的厚德之道；人之道，是指人与人之间的五伦（父子有亲，君臣有义，夫妇有别，长幼有序，朋友有信）五常（仁义礼智信）之道。在五伦关系中凡是能够始终坚持像天地那样恪尽职守持之以恒地用仁爱之心、恭敬之心待人接物而不求回报的人，常常被古人称为"大人"。《周易·乾卦·文言》也说："夫大人者，与天地合其德，与日月合其明，与四时合其序，与鬼神合其吉凶"。这就是说，具备"大人"品格的人，道德像天地一样覆载万物，圣明像日月一样普照大地，施政像四时一样井然有序，符合天阳地阴运转规律，能与大自然和谐共处。古代士人读书的目的在于成为"大人"，志在圣贤。所谓圣贤，也就是开启了自性明德的得道之人，这种"得道之人"在不同的学派有不同称呼，例如，在《周易》中称为"大人"，在儒家称为"圣贤"，在道家称为"真人"。

老子说："故道大，天大，地大，人亦大。"（《道德经·第二十五章》）孔子也认为："天地之性，人为贵。"（《孝经·圣治》）"天行健，君子以自强不息，地势坤，君子以厚德载物"（《周易·象传》），天体运动，周而复始，自强不息，勇往直前，这是"君子大人"当效仿的美德；大地承载万物，无怨无悔，包容谦恭，这是"君子大人"当学习和具备的厚德。在天地万物之间，人之所以被尊称为万物之灵，正是因为本性中蕴藏着强大的德能，可以发挥其能动性智慧地传承天持之以恒、自强不息的精神，效法大地那样宽广包容、谦卑厚重的精神。当人能够遵循天地的规律，再现天地无私、无畏、无条件付出的德行之时，也就是与天地之道相合之时，所以"天人合一"也被称为"天人合德"。庄子认为，天与人同源同质："天地与我并生，而万物与我为一"（《庄子·齐物论》），强调回归合乎天性、合乎找到自然本性之人可与天地平等、和谐共生达致与天地万物为一体的关系。"辟如天地之无不持载，无不覆帱。辟如四时之错行，如日月之代明。万物并育而不相害。道并行而不相悖。小德川流；大德敦化。此天地之所以为大也。"（《中庸》）就像天地那样没有什么不能承载，没有什么不能覆盖。又好像四季的交错运行，日月交替光明。万物一起生长而互不妨害，遵循各自的规律而互不冲突。小的德行如河水一样长流不息，大的德行使万物敦厚纯朴。这就是天地的伟大之处啊！

道为体，德为相。简单来讲，做与道相应的事，就是有德之人。能够洞察宇宙人生真相的得道之人，都具有"一体之仁"的德性。顺着天地自然之道来修身治国，才能达到理想的效果，否则必然败亡。

习近平总书记充分继承并发展了传统文化中天人合一、道法自然的思想。早在2005年8月，习近平同志就提出了"绿水青山就是金山银山"的重要理念，并于2006年3月在中国人民大学发表演讲时对绿水青山就是金山银山"两山论"进一步实质阐发。2018年5月，在召开的全国生态环境保护大会上，习近平总书记首次提出了"生态文明体系"，涉及生态文化体系、生态经济体系、生态环境质量目标责任体系、生态文明制度体系和生态安全体系五大方面。就山水林田湖草生命共同体和坚持系统治理，他说："山水林田湖草是生命共同体。生态是统一的自然系统，是相互依存、紧密联系的有机链条。人的命脉在田，田的命脉在水，水的命脉在山，山的命脉在土，土的命脉在林和草，这个生命共同体是人类生存发展的物质基础。"[①]习近平主席在"领导人气候峰会"上的讲话中指出："大自然孕育抚养了人类，人类应该以自然为根，尊重自然、顺应自然、保护自然。不尊重自然，违背自然规律，只会遭到自然报复。自然遭到系统性破坏，人类生存发展就成了无源之水、无本之木。我们要像保护眼睛一样保护自然和生态环境，推动形成人与自然和谐共生新格局。"[②]2023年7月，习近平总书记在全国生态环境保护大会上强调，要以高品质生态环境支撑高质量发展，加快推进人与自然和谐共生的现代化。党的十八大以来，以习近平同志为核心的党中央站在全局和战略的高度，对生态文明建设提出一系列新思想、新论断、新要求，形成了习近平生态文明思想，为我国社会主义生态文明建设指明了科学方向。

（二）"人与自然和谐共生"的生成逻辑

人作为与自然和谐共生的关键要素，在"三才"中发挥着怎样的主导作用？为什么只有"大人"才能够"与天地合其德"？古人为什

---

① 《习近平著作选读》第二卷，人民出版社2023年版，第173页。
② 习近平：《共同构建人与自然生命共同体——在"领导人气候峰会"上的讲话》，《人民日报》2021年4月23日。

么说"三才"的和谐与否，与领导者的决策密切相关？如何达到孔子和孟子所说的"使民以时""虽劳不怨"的效果，以实现"天时、地利、人和"的天人合一的社会和谐景象？要回答这些问题，需要理解"天人合一"的生成逻辑和运行规律。

1. "天、地、人"三者的功能

早在春秋战国时期，古人就对"天、地、人"各自的功能和作用有了清醒认知。荀子说："天地者，生之本也；先祖者，类之本也；君师者，治之本也。"（《荀子·礼论》）天地是万物的根本，没有天地，就没有万物；先祖是人类的根本，没有先祖就没有后世子孙；领导者和老师是治理的根本，没有领导者日理万机的治理和老师的辛勤教导，就没有安定和谐的社会环境。

2. "天、地、人"之间的相互作用

"人法地，地法天，天法道，道法自然。"（《道德经·第二十五章》）老子是世界上较早发现生态伦理大道的人，他把"道"视作宇宙万物的本体，将天地人组合成一个整体，并深刻揭示出"人与天地"和谐共生的生成逻辑。法，主要有两层意思：一是效法、学习之意；二是法则之意。王弼对此解释说："人不违地，乃得全安，法地也。地不违天，乃得全载，法天也。天不违道，乃得全覆，法道也。道不违自然，乃得其性，法自然者。"（《老子注·第二十五章》）人不违背地，就能保全安定，所以，人要遵循大地的法则。大地不违背天，就能保全它所承载的事物，所以，大地要遵循天的法则。天不违背道，就能保全它所覆盖的事物，所以，天要遵循道的法则。道不违背自然，就能获得自己的本性，所以道要遵循自然的法则。

可见，自然大道，不以任何人的意志为转移，天地人三者本为一体，不可分割，不可对立，相互依存，互为因果，才能相互成就。春秋时期一些著名的思想家从不同角度论述了"天时、地利、人和"的内在联系和相互作用，尤其重视"人"的特殊作用，如"天时不祥，则有水旱；地道不宜，则有饥馑；人道不顺，则有祸乱。此三者之来也，政召之自。"（《管子·五辅》）管子认为，天时不好，则有水灾、旱灾；地力不宜，则有饥荒；人道不和，则有祸患。三者的到来，都是因为领导没有遵循自然规律诸如顺天时、重地力之道而致。因此，他告诫官员们要尊重大自然的运行规律，要了解民情，满足百姓生活之需，并通过道德教化，使人敬畏和感念天地之德，才能够顺天时、尊地利、致人和。同时，要提高人的综合素养，发挥人的才智，纵然有天灾，也可找到避险的方法。反之，违背天道，小视地道，悖礼悖德，逆天行事，势必危难频起、灾祸难抵。

3.人与自然和谐共生的原则

人与自然和谐共生的原则至少有三。其一，敬畏天道自然，恭敬万物，尊道贵德，恪守天地之道；顺天时、重地力；"天下神器，不可为也，不可执也。为者败之，执者失之"（《道德经·第二十九章》）。其二，以自然为师，不断学习并效法天地无私奉献的美德和自强不息的精神，努力提升自己的人文修养和扎实的科学知识，按照天地运行的规律做人做事。其三，敬畏因果，遵循宇宙因果律，守者不失之，不忘初心，方得始终，与时俱进，守正创新。这也是中华文脉没有中断的根本原因。

"天行有常，不为尧存，不为桀亡。"（《荀子·天论》）大自然的运行有其自身规律，不会因为尧的圣明或者夏桀的暴虐而改变。人类只有敬畏自然并按照自然规律修身、齐家、治国，才能逢凶化吉。"上得天时，下得地利，中得人和"（《荀子·富国》），才能强国富民。

（三）"人与自然和谐共生"的生态文明理念

中华优秀传统文化是志于道的文化，"天人合一"即是合道的体现。自古以来，我国一直倡导并践行着人与自然和谐共生的生态文明理念。

依天时而动。春秋战国时期，人们已深刻认识到"顺天时"的重要性，强调农业生产要"不违农时"，才能耕有所获。反之，"斩木不时，不折必穗，稼就而不获，必遇天菑"（《吕氏春秋·审时》）。伐木不顺应天时，木材不是折断就是弯曲。庄稼熟了不及时收获，一定会遭到天灾。"春耕夏耘秋收冬藏，四者不失时，故五谷不绝而百姓有余食也。"（《荀子·王制》）只要不违农时、不耽误百姓耕种，粮食就吃不完。古人不仅强调以粮食生产为主的种植业要顺天时，对于广义农业所涉及的牧业、林业也要求"不失时"。孟子说："数罟不入洿池，鱼鳖不可胜食也；斧斤以时入山林，材木不可胜用也。"（《孟子·梁惠王上》）不用细密的网在池塘里捕捞，鱼鳖就吃不完；按照时令采伐林木，木材就用不完。

依地力而用。在古代，管理农事的官员已高度重视地形和土壤状况的开发和利用，并强调因地制宜合理利用土地资源，以满足不同环境、不同土质、不同作物的生长需要。《礼记·月令》记载："立春之日，天子亲率三公、九卿、诸侯、大夫，以迎春于东郊。……命相布德和令，行庆施惠，下及兆民。……善相丘陵、阪险、原隰，土地所宜，五谷所殖，以教道民，必躬亲之。田事既饬，先定准直，农乃不惑。"每到春耕季节，天子下令布置农耕之事，要率领三公、九卿、诸侯、大夫，亲自耕种，并要求地方农官认真考察丘陵、坡地、原隰等各种土地所适宜种植的作物，教导农民什么谷物应在什么地方种植，免得农民疑惑。这表明战国时期，无论农夫还是有关管理农林牧副渔的官员已经对因地制宜和精耕细作的思想有了深刻认识。在这种思想的指导下，人们已懂得因地制宜采取精细的土壤耕作，周到的田间管理，合理的灌溉、施肥（有机肥）及选育良种等一系列农业技术措施，以达到提高单位面积产量的目的。

依人力而使。在农业生产中，古人不仅深知"生之者地也，养之者天也"（《吕氏春秋·审时》）的道理，更看重人在农业生产中的主导作用。天有四时的变化，地有蕴藏的财富，而人有利用天时、挖掘地利的办法。发挥人的主观能动性，因时因地因物从事农耕，趋利避害，不仅是我国传统农学思想的重要特色，也因人的自性本自具足，有无限潜力，所以从思想上认知"农人"和农业的重要性十分必要。

"地之生财有时，民之用力有倦，而人君之欲无穷。……故取于民有度，用之有止，国虽小必安；取于民无度，用之不止，国虽大必危。"（《管子·权修》）其意思是，土地生产财物是有季节性的，老百姓的气力有用尽的时候，可是君王的欲望却是无穷无尽的。向百姓征赋收税要有限度，生活费用要有节制，国家再小也能安定；相反，征赋敛税若没有限度，生活费用又没有节制，国家再大也必然很危险。也就是说，要使百姓生活富足、国家富强，不仅要清醒认识顺天时、重地宜等遵循自然规律的重要性，更重要的是要重视涉农之"人"，发挥其主观能动性和创造力。在土地资源有限的条件下，通过借助和利用天地的资源或尽可能改变不利的环境条件，才能取得人类所需要的高产高质的农产品。

中国近代以来，受工业文明大潮的影响，盲目追赶西方现代化、去中国传统文化曾一度成为国家建设采取高效率的途径，但是在新中国成立之后，以毛泽东同志为主要代表的中国共产党人在对"中国革命的目标和中国社会进步的出路"的探索中总结历史经验教训，提出"古为今用"和"洋为中用"的文化建设基本原则，使中国探索出了一条不同于西方的、始终以人民为中心的、物质文明与精神文明共进的具有中国特色的现代化道路。

改革开放以来特别是党的十八大以来，以习近平同志为核心的党中央，把生态文明建设摆在全局工作的突出位置，全面加强生态文明建设，"坚持绿水青山就是金山银山的理念，坚持山水林田湖草沙一体化保护和系统治理，全方位、全地域、全过程加强生态环境保护，生态文明制度体系更加健全，污染防治攻坚向纵深推进，绿色、循环、低碳发展迈出坚实步伐，生态环境保护发生历史性、转折性、全局性变化，我们的祖国天更蓝、山更绿、水更清"①。

党的十九大报告提出"八个明确"，首先要"明确坚持和发展中国特色社会主义，总任务是实现社会主义现代化和中华民族伟大复兴，在全面建成小康社会的基础上，分两步走在本世纪中叶建成富强民主文明和谐美丽的社会主义现代化强国"。其中尤其指出，新时代坚持和发展中国特色社会主义基本方略之一是："坚持人与自然和谐共生。建设生态文明是中华民族永续发展的千年大计。必须树立和践行绿水青山就是金山银山的理念，坚持节约资源和保护环境的基本国策，像对待生命一样对待生态环境，统筹山水林田湖草系统治理，实行最严格的生态环境保护制度，形成绿色发展方式和生活方式，坚定走生产发展、生活富裕、生态良好的文明发展道路，建设美丽中国，为人民创造良好生产生活环境，为全球生态安全作出贡献。"②

总之，习近平生态文明思想的鲜明主题是努力实现人与自然和谐共生。"要倡导尊重自然、爱护自然的绿色价值观念，让天蓝地绿水

---

① 《习近平著作选读》第一卷，人民出版社2023年版，第9—10页。
② 《习近平著作选读》第二卷，人民出版社2023年版，第20页。

清深入人心，形成深刻的人文情怀。"① "万物各得其和以生，各得其养以成。"（《荀子·天论》）人与自然是生命共同体，生态兴衰关系文明兴衰，我们要传承"天人合一""道法自然""取之有度"等生态智慧和文化传统，并对其进行创造性转化、创新性发展。

二、实践上的现代化：人与自然和谐共生的实践路径

如何实现人的现代化？在人们的思维习惯中，传统人常常被称为是守旧的、固执的、思想落后的人，而现代人常常是指时尚的、乐于接受新事物的、有个性的、敢于创新的人。事实上，判断一个人是否具有现代人的风格或样貌，不能仅仅通过外在的形式和表象来进行判断，更重要的还是需要向内看其所坚持或创新的内容，特别是要在"三观"或认知正确的前提下，才能评判其志向是否高远，信念是否坚定，行为方式是否与时俱进，是否善于学习人类文明的前沿知识，做人做事是否合乎天地人三才之道，创新设计是否健康、可持续等，这些内容是衡量人的现代化程度的重要指标。培养具有正知正见、具有远大理想和坚定信念、与时俱进、引领时代潮流、勇于担当、不断进取的现代人，是实现人与自然和谐共生的基础和保障。

---

① 习近平：《共谋绿色生活，共建美丽家园——在二〇一九年中国北京世界园艺博览会开幕式上的讲话》，《人民日报》2019年4月29日。

（一）人的现代化思维特征

习近平总书记在中国共产党与世界政党高层对话会上的主旨讲话中谈道："现代化的最终目标是实现人自由而全面的发展。现代化道路最终能否走得通、行得稳，关键要看是否坚持以人民为中心。……让现代化更好回应人民各方面诉求和多层次需要，既增进当代人福祉，又保障子孙后代权益，促进人类社会可持续发展。"①

如何实现人的现代化，习近平总书记已经全面地论述了人的现代化思维特征。

1.树立守正创新意识，保持现代化进程的持续性

守正，语出《汉书·刘向传》："君子独处守正，不桡众枉。"正，即正道、正气、正念，它代表着一种正义的精神和堂堂正正、至大至刚的人格力量。《史记·礼书》上说："守正笃实，久久为功"，意为要围绕坚定的目标恪守正道，踏实做事，持之以恒，锲而不舍，驰而不息，方能成就一番功业。在古人看来，美好的品行离不开坚守，唯有持之以恒，久久为功，将美好的德行坚守下去，方能成仁。可见，习近平总书记提出坚持守正创新，都是有历史文化渊源的。守正就是恪守正道，守护正心，方向明确，顺应天道，回归自然。具有守正创新意识的人，面对现代化进程中遇到的各种新问题新情况新挑战，一定会坚守正确的方向，即践行人与自然和谐共生的生态文明理念，敢于担当、勇于作为，并坚持以人民为中心的发展思想，采取恰当的手段解决各种棘手的问题，造福人民，利益国家。

犹如中国共产党从成立之日起，就立下全心全意为人民服务的誓

---

① 习近平：《携手同行现代化之路——在中国共产党与世界政党高层对话会上的主旨讲话》，人民出版社2023年版，第2—3页。

言。这种铁肩担道义的精神与孔孟杀身成仁、舍身取义、仁政爱民、实现大同社会的理想同出一辙，这就是守正。在守正的基础上所创新的成果才能用之于民，而不是害之于民，伤于自然。

中国共产党始终以人民为中心，审时度势、果敢抉择，锐意进取、攻坚克难，带领全国各族人民，义无反顾地与西方拜金主义、享乐主义、极端个人主义和历史虚无主义等错误思潮作斗争。进入新时代，在以习近平同志为核心的党中央领导下，坚持马克思列宁主义、毛泽东思想、邓小平理论、"三个代表"重要思想、科学发展观，全面贯彻习近平新时代中国特色社会主义思想，全面贯彻党的基本路线、基本方略，采取一系列战略性举措，推进一系列变革性实践，实现一系列突破性进展，取得一系列标志性成果，经受住了来自政治、经济、意识形态、自然界等方面的风险挑战考验，党和国家事业取得历史性成就、发生历史性变革，推动我国迈上全面建设社会主义现代化国家新征程。

中国共产党领导的中国式现代化打破了现代化等于西方化的迷思，跨越了当年马克思主义设想的"卡夫丁峡谷"，而不是像西方现代化倡导建立在抽象人性论基础之上的"普世价值"，以及人与人、人与环境二元对立的思维方式，以资本积累利益最大化、弱肉强食、丛林法则等理念，以牺牲人类生存环境而发展的现代化。中国式现代化则是建立在古圣先贤对"道"的体悟以及"一体之仁"的思维方式之上，即奠定在古圣先贤观察天地自然之道、历史发展规律和社会人伦大道的基础之上，借鉴了人类文明的一切成果，代表人类文明进步的先进方向的以和为贵、好战必亡、亲仁善邻、协和万邦的和平之道，全面、协调、共同、绿色、可持续发展的现代化。

2.弘扬立己达人精神，增强现代化成果的普惠性

中华优秀传统文化是志于道的文化，是修身、修心、修德的文

化。习近平总书记提出的弘扬立己达人精神，让现代化成果普惠人民，这是对孔子思想的继承和发扬。《论语正义·宪问》记载，孔子的学生子路曾问孔子，怎样做才算君子？孔子连续给出三个答案，"修己以敬""修己以安人""修己以安百姓"。这三个回答步步深入，层层递进，境界逐级提升。这种修己达人的精神和品格并非天生，而是修炼而成。

修己就是修炼自身，不断提高自身的品德修养。君子人格是如何修炼出来的？孔子认为，自古以来，人们都把修身视为做人的根本，上到高级官员，下至黎民百姓，无论身份高低贵贱，都需要修养自身的道德品行。修身有成后，就要通过做事"修己以安人"。修身不只是为了独善其身，而是为了安抚周围的人，即"达则兼善天下"。自己通达了，还要帮助身边或周围的人通达，在成就自己的同时，成就他人。之后，还有更高的要求，就是"修己以安百姓"（《论语·宪问》），即通过修养自己，使天下百姓都得到恩惠，安居乐业。安抚天下百姓的标准虽然很高，但是，只要笃信好学，就会使自己的生命觉醒，而且随着学习的不断深入，也会对生命的意义理解得越来越深刻。从生命的迷茫到生命的觉醒，从生命的不自觉到生命的自觉，从生命的自觉到高度的生命自觉，心中的喜悦也会油然而生。这就是孔子在《论语》开篇所说的："学而时习之，不亦说乎？"

在古人看来，学习的目的是"志在圣贤"，而不是志在赚钱谋利。习近平总书记强调增强现代化成果的普惠性，就是希望人人提高自身修养，不断发挥自己的能动性，创造出惠及天下百姓的成果，进而品尝众乐乐的滋味。中华传统经典记录了"天人合一""道法自然"的宇宙人生真相，如果人能深入经藏，找到与自然和谐共生、获得幸福究竟为何的大道和方法，难道不是人生最快乐的事吗？孔子把自己长期学习实践经验告诉学生，就是希望后代子孙乃至世界民众都能成为一个与天地日月共生存的、内心充满喜悦和幸福的人。

为此，孔子感慨："笃信好学，守死善道。"（《论语·泰伯》）做人要有好学奋进、勇毅笃行的姿态，坚持向善向上，坚定文化信仰，弘扬立己达人、安人、安百姓的精神，为中国人民谋幸福、为中华民族谋复兴。正如习近平总书记所说："现代化不会从天上掉下来，而是要通过发扬历史主动精神干出来。"①这应成为新时代有开创性的、襟怀天下、心系苍生的现代人的标准之一。

3.养成尊道贵德、敬天爱人的行为习惯，成为生态理念的践行者

天地是养育人类和万物的摇篮，人是由天地所化育。所以，成为循环可续的生态理念的践行者，前提基础就是尊道贵德。"尊道贵德"源于老子的《道德经》："'道'生之，'德'畜之，物形之，势成之，是以万物莫尊'道'而贵'德'"。清朝道家真人宋常星《道德经讲义》注释说："道者，德之本也。德者，实践于道也。在万物为道，体于身而用于世，成于己而立于人，皆道之周流，而德之存发也。天下之物，无不生于道，无不成于德，所以为天下之至尊，为天下之至贵。"

也就是说，万物之形，非道德而不形，万物之成，非道德而不成，道德即是万物之父母也。万物未有不尊者，万物未有不贵者。所以自古至今，在中华传统文化的基因中始终刻着两个字——"崇德"，道德一体，尊道敬德。《左传》云："敬，德之聚也。能敬必有德。"敬之心，德业自然增厚，所以对天地万物有恭敬之心的人容易开发德性。礼德的本质是尊重、敬重和爱敬。无论时代如何变幻，"尊道敬德"始终是中华文化道德修养的重要内容，它既是一种态度，也是一

① 习近平：《携手同行现代化之路——在中国共产党与世界政党高层对话会上的主旨讲话》，人民出版社2023年版，第4页。

种道德品格。《礼记》中介绍礼仪规范的《曲礼》开篇就讲:"毋不敬,俨若思,安定辞,安民哉!"对万物尊重恭敬,人类和万物才能共同"长之育之,亭之毒之,养之覆之"(《道德经·第五十一章》)。

习近平总书记提出的"绿水青山就是金山银山"的发展理念,其目的也是希望唤醒人们对天地的敬意,遵循自然规律办事,才能与自然共存共生。反之,没有敬畏自然之心,不能按照自然规律做人办事,必然受到自然的惩罚。

4.学习圣贤"与时偕行,依时而动"的智慧,成为学以致用的现代化的人

衡量人的现代化的指标之一就是能把握时机,依时而动。《周易·艮·彖传》里说:"时止则止,时行则行,动静不失其时,其道光明。"这里的"时"至少有两层意思:一是能否跟上时代的步伐,与时俱进;一是在与时代同行的过程中,能否尊重自然规律,依时而动或守位待时。

中国古人做事最讲究时机和适时。在合适的时间做合适的事,是中国人传承千年的"道"。例如,对儿童的教育不仅要抓关键时期育德养正,还要根据教育的规律因人、因时、因地、因材施教,适时而教。《吕氏春秋·首时》里说:"事之难易,不在小大,务在知时。"在农业生产上更强调"知时",春生、夏长、秋收、冬藏是大自然运行的铁律。"谷雨前后,种瓜点豆。""春种一粒粟,秋收万颗子",春天错过播种时节,秋天一定颗粒无收,同样冬天懂得涵养收藏,春秋才能厚积薄发,事半功倍。

党的十八大的召开,标志着中国已经进入生态文明的新时代。新时代如何紧跟党中央的战略部署,在短时间内找准自己的位置、角色和使命,完成时代、国家赋予我们的任务,遇到困难,如何去除阻碍,化困难为机遇,依时或待时而动,都需要有较强的鉴别力和依时

而动的智慧。

大自然可能也会有这样的现象："人间四月芳菲尽，山寺桃花始盛开。"（白居易《大林寺桃花》）由于环境、气候等特殊原因，大自然也有一些不依时的现象。但智慧之人，只要尊重自然，读懂自然，放下自己的私利，与天地合一，埋头耕耘，智慧一定会源源不断地涌现出来。反之，不敬不爱自然，不懂自然规律，凡事以自我为中心，夜郎自大，固执己见，一定会四面楚歌，十面埋伏，遗憾终生。

总之，正道即天道，天道的特点是天下为公，持之以恒，生生不息，无私奉献。把握阴阳，依时而动是考量人与自然能和谐共生的重要量尺。时机未到，则潜伏不动，静若处子；时机一到，则顺势而发，动如脱兔。这种依时而动的世界观、历史观、文明观、生态观，应该是实现人的现代化的重要前提基础。

（二）尊重自然：人与自然和谐的生产方式

民以食为天，我国农业人口数量多，人地关系紧张程度要远高于其他国家。"我国用占全球9%的耕地、6%的淡水资源，养活了近20%的人口，实现了从饥饿到温饱再到小康的历史性巨变。这既保障了中国自身的粮食安全，也为全球的粮食安全做出了积极贡献。"[1]然而超大规模人口引致的超大规模农产品需求，决定保障粮食安全和重要农产品供给必然是推进农业现代化的首要任务。

众所周知，使用化肥和农药的土地，虽然可以增加某些土壤营养，防治病虫草害，提高作物产量，减少劳动量，但给土壤、水源、

---

[1] 国家粮食和物资储备局编：《〈中国的粮食安全〉白皮书重要文献汇编》，人民出版社2020年版，第149页。

空气等均会带来不同程度的污染。特别是改革开放以来，随着工业化进程加快，化肥、农药大量使用，导致部分农业生产功能畸形发展，乡村社会空心化问题日益凸显，生态环境遭到破坏，不利于社会经济生态可持续发展。2017年，党的十九大为2050年前我国的发展，制定了实施乡村振兴战略的决策，开启了社会主义建设新时代乡村事业全面发展的征程，强调："坚持人与自然和谐共生。建设生态文明是中华民族永续发展的千年大计。"必须树立和践行绿水青山就是金山银山的理念，形成绿色发展方式和生活方式，建设美丽中国，为人民创造良好生产生活环境，为全球生态安全作出贡献。[1]

如何解决食品安全、粮食安全、乡村社会安全、生态环境安全、国际农业安全五大问题，实现人与自然和谐共生的愿景？农业专家普遍认为，解决农业安全问题的战略突破口是食品安全，解决食品安全的突破口是改变生产方式，实施顺应自然的绿色有机农业种植，进而解决其他农业安全问题。但是也有专家学者认为，有机农业生产成本高，加上种地的农民少，中国14亿多人口要吃饭，实现这种与自然同呼吸、共命运、生态循环式的有机农业生产方式比较困难。实践证明，这种担心除去部分实践技术缺乏之外，主要是对自己国家的文化自信不足所致。

中国五千多年"天人合一"的理念，农耕文明兴盛发达，中国以占全球9%的耕地，养活了世界近20%的人口，这一基本事实足以告诉世人，中国选择走中国式现代化道路可以为发展中国家提供智慧方案。

中国古代推行"天人合一""道法自然"的理念，主要靠教育。《礼记·学记》上讲，"建国君民，教学为先"。"教，上所施，下所效

---

① 参见《习近平著作选读》第二卷，人民出版社2023年版，第20页。

也"；"育，养子使作善也。"（《说文解字》）育人的目的是唤醒人本自具足的纯善之心，有效的方法是父母、长辈、老师、领导的身教。《礼记·月令》记载了一年十二个月分别要做的政事。"月"即天文，"令"即政事。古代圣王"上察天时，下授民事，承天以治人"，制定了一套依据天文、阴阳五行来施行政事的纲领，按照天道、天时来治民。

例如，在孟春之月，即春季第一个月，在立春之日，天子亲自率领三公九卿诸侯大夫，到东郊举行迎春之礼，命令三公颁布德教，宣布时下的禁令，褒扬善行，周济贫困不足之人，恩德普及于广大的民众。迎春之礼后祭祀上天，并选择吉日，天子亲自率领三公九卿诸侯大夫，在籍田（天子的责任田）耕种，率先垂范。同时还要求地方农官认真地考察丘陵、坡地、原隰等各种土地所适宜种植的作物，教导农民什么谷物应在什么地方种植，免除农民疑惑。

孟夏之月，即夏季第一个月，不可大兴土木，不可大量征发民众。因为此时正值农忙，随顺天时的一个重要方面就是"不误农时"。而夏季的第二个月由于阳气盛而且经常干旱，所以，要举行祈雨的祭礼。而夏季的最后一个月，由于雨水较多，更不可大兴徭役，否则会有天殃。

孟秋之月，即秋天的第一个月，要命令将帅挑选武士，磨砺兵器；命令治狱官慎重判刑；命令百官修缮堤坝，谨防堵塞，以防止水涝灾害。因为秋天主金、主肃杀之气。这也是依据天文五行来执政。而秋天的第二个月，则要注意养护衰老的人，授给他们坐几、手杖；司农之官则催促人民收藏谷物；务必积蓄干菜，多积聚粮食，为过冬做准备；并劝勉民众种麦子，不错过农时。

孟冬之月，即冬天的第一个月，要加赏以身殉国者的后代，抚恤以身殉国者的妻子儿女；命令百官谨慎保管府库、谷仓的财物、粮食；巩固封疆，防备边境，完善要塞，紧守关口桥梁，举行大饮烝之礼。大饮烝礼后来演变成燕礼和乡饮酒礼，是一种尊老敬老、长幼有序之礼，提倡不忘本、知恩报恩、饮水思源、不恃强凌弱的社会风气。

而到了季冬之月，也就是冬天的最后一个月，则命令田官告诉民众取出五谷的种子，说明大寒节气已过，农事即将开始，命令农民计划耕种的事宜，修理翻土的耒耜，备办耕田的农具；天子与公卿大夫共同修订完善国家的法典，按照四季的时令，以确定哪些适用来年运用。

古人能够做到敬畏自然、顺应自然规律治国理政。其中很重要的一点就是坚守祭祀中的祭天地、祭祖宗之礼，通过祭礼的习俗活动，以培养大众敬畏自然、顺应自然规律的心性，进而使天地祖先、天子百官、黎民百姓、山林鸟兽共同构成了一个息息相关的生命共同体。

数千年来，正是由于中华文化文脉没有完全断流，以及千年积累的农耕经验，人们已经探索出一条依时而动、因地制宜的"人与自然和谐共生"精耕细作的绿色生产方式。新中国成立以来，尽管受工业文明的浸染，带来了人天关系在一定程度上的割裂，导致人居环境严重污染、粮食安全问题暴露等情况，在党中央的坚强领导下，结合时代特征，深入挖掘优秀传统文化蕴含的"天人合一"思想观念等，同时吸纳世界上先进的科学成果，以乡村振兴为重要抓手，集成创新，建设新型体系，带领人民走向生态文明的新时代。

（三）顺应自然：人与自然和谐的生活方式

千百年来，随着时间的推移，"天人合一，道法自然"的思想已经成为中国人的文化信仰和行为准则，这一生态文明思想不仅应用在农业生产中，也指导着人们的日常生活和工作，涉及居住环境、健康养生、家风建设、社区文明、产品消费、文化娱乐等衣食住行的方方面面。

1. 人居环境，天人合一

生态宜居、风景秀丽、人文气息浓厚的居住环境是人人所向往的。在中国古代，对于人居环境，人们更加追求人与自然的协调与融合。比如，庭院的建设常常以"左青龙、右白虎、前朱雀、后玄武"作为理想人居选择的标准，聚居的房屋比较讲究南北朝向、东西指向，庭院内也常常凿池植树，栽花培草，使人能够直接感受日月星辰、昼夜复始，感知四时交替。陶渊明《归园田居》云："方宅十余亩，草屋八九间。榆柳荫后檐，桃李罗堂前。暧暧远人村，依依墟里烟。狗吠深巷里，鸡鸣桑树颠。户庭无尘杂，虚室有余闲。久在樊笼里，复得返自然"。自古以来，这种亲近自然，向往自然，渴望与自然融为一体的精神，已成为中国人居环境建设的基本准则。

从一些千年古村落遗址的空间布局上，能清楚地感受到古人已将"天人合一"的思想融入骨髓里血脉中。比如，古建筑群保存完好的北京明清古村落爨底下村，该村位于北京西部门头沟区斋堂镇西北部的深山峡谷中，四面群山环抱，山脉起伏蜿蜒。在其龙山前的缓坡上（风水的格明堂部位），70余座精巧四合院民居由上到下沿着等高线分层筑台而建，并随山势层层上升呈扇面状向两侧延展。这种布局不仅充分合理利用土地，不占耕地，且为爨底下整体居住环境提供了良好的采光通风，日照充足，水土深厚，草木昌茂，群山秀丽的生态条件，反映了京郊山区村民对营建人居环境的深刻认识：居高而水源充足，水丰而不洪涝，林木繁茂而阳光明媚。在村落的活动空间塑造上，随地形变化灵活布置，道路街巷有曲有直，空间有开有合错落有致，建筑就地取材，排水随山组织有序，创造了融于自然、自然美与人工美融合的山村环境，体现了"天人合一"的生态观。可见，中国的人居建设很早体现了自觉保护自然环境的意识，重视对居住地山脉地势、河湖水系、古树林木的保护。寺庙、陵墓、名山大川的建设更是如此。

中国古代村落或建筑一般有教化的功能。很多家庭的厅堂上都供奉着"天地君亲师"的牌位，如爨底下村在村口建有大庙供奉关帝，以关帝忠、孝、节、义的精神进行伦理道德教化，规范村民的行为；在大庙中供奉龙王，提供村民"祈雨祭龙王"的场所，祈求风调雨顺，丰衣足食。村口的娘娘庙是村民祈福消灾、祈寿生子的场所。此外，在村内还建有灯场、石碾场、水井台等公共活动空间，联系村民邻里之情。爨底下村构筑的"敬天、敬祖、亲自然"教化的环境体系，提供了村落开展传统文化教育、生态教育活动场所，不仅提高了村民的道德情感，也体现出天对人的"终极关怀"。

同时，在屋脊、墀头、墙腿石、门墩石、门神龛、门罩以及影壁上，雕刻吉祥的花卉、鸟兽以及自然与人和谐的文字，均反映出人们对自然环境的崇尚、对美好生活的向往。总之，长久的秩序化、伦理化的人居环境，使人在不知不觉之中成为"天人合一"的实践者。

2. 健康养生，顺应四时

中国最早的中医学典籍《黄帝内经·素问·宝命全形论》说："人生于地，悬命于天，天地合气，命之曰人。"生命是天地阴阳二气交合化育的结果，大自然是人类赖以生存的源泉。人体要保持健康，必须顺应自然规律。人类如何饮食、起居才能健康长寿？

中国自古就有"五谷为养，五果为助，五畜为益，五菜为充""医食同源"（《黄帝内经》）的食养文化。强调饮食起居要顺应天地运行规律，养成合于自然的生活方式，才能寿比南山不老松。《黄帝内经·素问·四气调神大论》说："阴阳四时者，万物之终始也，死生之本也，逆之则灾害生，从之则苛疾不起，是谓得道。道者，圣人行之，愚者佩（背）之。"根据自然界春生、夏长、秋收、冬藏的生化规律来调节生活秩序。顺时养生，则疾病不起，这就是得道之人与逆道之人认知和选择上的差异。

《黄帝内经》历来有"四季作息十二时辰养生法"，十二时辰对应人体的十二经络和十二脏腑，在合适的时间起居，才能精准调养精气神。古人发现一天中的早晨、中午、傍晚、子夜四个时段类似一年四季生、长、收、藏的变化规律；每天3点到9点，清晨阳生，为"春季"；9点到15点，日中阳盛，为"夏季"；15点到21点，日入阳收，为"秋季"；21点到凌晨3点，夜半阳藏，为"冬季"。如果到9点，还没有起床，譬如春季农耕时节没有播种，自然秋天无所收获；如果9点到15点，还在睡觉，等于夏季田间没有除草劳作；如果15点到21点，仍然懒怠悠哉，等于放弃田间果实没有收获；如果21点到3点，依然没有睡觉，等于寒冬腊月，穿着单薄的衣服站在冰天雪地。

饮食也很讲究"天人合一"：有机食材五谷、五果、五畜、五菜、五脏、五味、五行，要适当平衡、有机搭配。早食应当早，晚食不宜迟，宜细嚼缓咽，忌虎咽狼吞；宜淡食，宜暖食，宜熟软。俗话说："民以食为天，食以素为先。"按时令及食物性理饮食养生，合理搭配，一定延年益寿。

改革开放以来，工业文明虽然使人们的物质生活大大提高，但一些地方为发展经济把自然作为征服对象，致使我们的生存环境遭到严重破坏。在今后的20年，40岁以上人群慢性病的发病人数会增长三倍。大健康如何迎接新风口，还需深入挖掘中华传统文化"天人合一"智慧。

3.和乐家风，社区文明

中华优秀传统文化是研究人与人之间、人与自然之间和谐相处的文化。古人认为，"道"与"德"二者本为一体，"道"是体，"德"是用。数千年来，孝、悌、忠、信、礼、义、廉、耻美德已成为人们评判是非曲直的价值标准，潜移默化地影响着中国人的行为方式。礼德的本质是尊重、敬重和爱敬。实现"产业兴旺、生态宜居"需要落实"敬天地之德"，实现"和乐家风，社区文明"同样需要落实"敬父母之德""敬国家之德"。

2016年12月12日，习近平总书记在会见第一届全国文明家庭代表时说："家庭是社会的细胞。家庭和睦则社会安定，家庭幸福则社会祥和，家庭文明则社会文明。历史和现实告诉我们，家庭的前途命运同国家和民族的前途命运紧密相连。我们要认识到，千家万户都好，国家才能好，民族才能好。国家富强，民族复兴，人民幸福，不是抽象的，最终要体现在千千万万个家庭都幸福美满上，体现在亿万人民生活不断改善上。"[1]

古语有云"天下之本在家"（《申鉴·政体》），家是最小国，国是千万家。《孟子·梁惠王上》中讲："老吾老，以及人之老；幼吾幼，以及人之幼。天下可运于掌。"这是古代的圣人从"上观天象，下察人文"中得出的人与人之间和谐相处的规律，也是千百年来中国人奉行的中华优秀传统文化的价值观，也是习近平总书记强调的"培育和弘扬社会主义核心价值观必须立足弘扬中华优秀传统文化"的中国智慧。

万物与我为一的世界观已经深深地渗透在中国人的思维里血液中，修身齐家治国平天下是一件事，心中有敬有爱，不仅人和、家和，世界万物也会和。敬天地之德，可以长养恭敬大自然的生态文明之心；敬父母之德，可以长养爱敬父母、祖宗的感恩之心；敬国家之

---

[1] 习近平：《在会见第一届全国文明家庭代表时的讲话》，人民出版社2016年版，第3页。

德，可以长养感怀国家护佑的报国之心。

实现全面小康，是中国共产党为人民利益而奋斗的目标。回首百年来中国共产党带领人民从贫穷落后的旧中国走向富足的新时代，一代又一代优秀共产党人抛头颅洒热血，舍小家为大家，与人民群众同呼吸共命运，终于带领人民走进幸福的小康生活。中国共产党全心全意为人民服务的宗旨、为人民谋幸福的初心和自力更生艰苦奋斗的精神，一次次证明了中国共产党既是中国先进文化的积极引领者和践行者，又是中华优秀传统文化的忠实传承者和弘扬者。践行中华传统美德不仅仅用嘴说，而应该处处体现在行动上。习近平总书记反复强调，历史是最好的教科书。

4. 崇天敬祖，礼乐教化

我们要建设的现代化是人与自然和谐共生的现代化，既要创造更多物质财富和精神财富以满足人民日益增长的美好生活需要，也要提供更多优质生态产品以满足人民日益增长的优美生态需求。坚守"天人合一""一体之仁"理念是人与自然和谐共生的法宝，而将这一生态文明思想代代相传，养成良好生活习惯和文明生活方式的有效途径就是教育。

"建国君民，教学为先。"（《礼记·学记》）中国历来就崇尚礼乐教化。中华礼乐文明的实践是在崇天敬祖的基础上展开的。在古人看来，"崇天"，一则在于"天地者，生之本也"（《荀子·礼论》）；二则也是效法天地之德。"天无私覆，地无私载，日月无私照"（《礼记·孔子闲居》），有平等无私的情怀，对万事万物一视同仁，平等关爱。孟子说："亲亲而仁民，仁民而爱物。"（《孟子·尽心上》）要把对父母、兄弟的爱推而广之，关爱人民、动物、自然生态等。有这种心就不会破坏生态，破坏环境。三则在于培养人的感恩心和敬畏心。古人常讲"知天命、畏天命"，其目的就是通过祭天祭祖的仪式，提起人们的敬畏心和恭敬心。因此，无论是人居环境、饮食起居、商品消费，还是文化娱乐，人们随时随地都能感受到播种"尊重自然、顺应自然"的种子。

子曰："教民亲爱，莫善于孝。教民礼顺，莫善于悌。移风易俗，莫善于乐。安上治民，莫善于礼。礼者，敬而已矣。"（《孝经·广要道章》）礼的含义很多，既有恭敬、约束、克制的意思，也指秩序、法则、自然规律之义。如果人人都能按照自然规律约束自己的言行，崇俭尚德，合理使用自然资源，不浪费有限的地球资源，天下自然会变得和谐温馨、仁爱和平。

所以，孔子说："克己复礼为仁，一曰克己复礼，天下归仁焉，为仁由己，而由人乎哉。"（《论语·颜渊》）历史学家钱穆先生认为，中国文化的核心是礼，礼是整个中国人世界里一切习俗、行为的准则，标志着中国的特殊性。在中华民族的古老传统节日中，处处可以感受到浓浓的尊重自然、敬祖孝先、勤俭节约、尊老爱幼、和睦团圆、爱国爱家的文化信仰，以及天文历法、易理术数等人与自然和谐相处的内容。民间艺术在寻常百姓之家依然占有重要的一席之地，不仅是因为其娱乐方式能给人带来快乐，更重要的是中华优秀传统文化"文以载道""以文化人"的特点使国人的内心不断得到净化。如戏曲这一传统艺术，多教人忠孝节义、廉洁奉公、敬天爱民、扬善抑恶。

三、战略上的现代化：人与自然和谐共生的人类文明形态

生态环境是人类生存和发展的根基，生态环境变化直接影响着文明兴衰演替。保护自然，建设生态文明，是关系人民福祉、关乎民族

未来的长远大计。习近平总书记指出："我们应该遵循天人合一、道法自然的理念，寻求永续发展之路。"①反观"天人对立"的西方式现代化，对当代人类最大的伤害就是隔断了人类与自然的联系。失去对天地的敬畏与约束，肆意掠夺自然，造成了蔓延全球的生态环境危机。

党的十八大以来，以习近平同志为核心的党中央把生态文明建设作为统筹推进"五位一体"总体布局和协调推进"四个全面"战略布局的重要内容，大力推进生态文明建设。党的十九大报告再次强调："人与自然是生命共同体，人类必须尊重自然、顺应自然、保护自然。人类只有遵循自然规律才能有效防止在开发利用自然上走弯路，人类对大自然的伤害最终会伤及人类自身，这是无法抗拒的规律。"②只有依据大自然的规律，深刻领悟天人合一、道法自然的理念，构建人与自然和谐共生的生命共同体，科学合理地设计中华生态文明建设蓝图，才能推动实现人与自然和谐发展的人类文明新形态。

（一）培育"人与自然和谐共生"的生态人：新时代现代人的典范

如何解决现代化在满足人们物质丰富的同时，带来的食品安全问题、粮食安全问题、社会安全问题、生态环境安全问题和国际农业安全问题？培养"人与自然和谐共生"的生态人是社会所需、时代必需。那么，新时代生态人有什么特征？生态人格养成的途径和条件有哪些？

---

① 习近平：《共同构建人类命运共同体》，《求是》2021年第1期。
② 《习近平著作选读》第二卷，人民出版社2023年版，第41页。

1.新时代生态人的特征

新时代，"生态"一词涉及的范畴越来越广，几乎成了一门显学。通俗地理解，生态是指一切生物的生存状态，但从生态文明的角度看，生态的内涵即为发展、循环、永续的意思。而生态人则应指尊重自然、顺应自然、保护自然，与自然和谐共生共存的人。

《周易·文言》上讲："夫大人者，与天地合其德，与日月合其明，与四时合其序，与鬼神合其吉凶。"明代王阳明在其《大学问》中也说："大人者，以天地万物为一体者也。""大人"即具有君子人格、圣贤人格的人，深明万物一体之道，并能够坚守"天人合一"理念，时刻与自然万物和谐共生。这就是说，古人已经发现天人合一的方法，以及从凡夫转变成君子、大人、圣贤的秘密，即："志于道，据于德，依于仁，游于艺。"（《论语·述而》）孔子认为，人的本性没有差别，人人皆可成圣贤，只要找到人生正确的方向（立志做有道之人），以美德为行为标准（以德为根据），坚守仁爱之心（以仁为凭借），就可与道相通，随心所欲地驾驭多门技艺，成为德才兼备的国家栋梁之才（成为人格完美的人）。

事实上，关于为谁培养人，培养什么样的人，怎样培养人的问题，习近平总书记2014年到北京师范大学考察与师生们座谈时提出做"四有"好老师，就继承发展了古代培养圣贤人的思想，为新时代中国未来培养什么样的人指明了方向。

（1）有理想信念（志于道）。教人先教己，作为肩负着培养下一代重要责任的老师，首先要做有理想信念的老师。正确的理想信念是教书育人、播种未来的指路明灯。唐代韩愈说："师者，所以传道授业解惑也。""传道"是第一位的。一个老师，如果只知道"授业""解惑"而不"传道"，不能说这个老师是完全称职的。有理想信念的老师，是以"传道"为责任和使命。传做人之道，爱党、爱国之道，人与人、人与自然和谐相处之道，引导学生肩负使命、勇于担当，做尊重自然、敬畏自然、顺应自然、保护自然的有道之人、有德之人。

（2）有道德情操（据于德）。老师的人格力量和人格魅力是教育成功的重要条件。"师也者，教之以事而喻诸德者也。"（《礼记·文王世子》）老师对学生的影响，离不开老师的学识和能力，更离不开老师为人处世、于国于民、于公于私所持的价值观。"师者，人之模范也。"教师的职业特性决定了教师必须是道德高尚的人。教师必须率先垂范、以身作则，引导和帮助学生把握好人生方向，特别是引导和帮助青少年学生扣好人生的第一粒扣子。

中华民族伟大复兴中国梦的实现，归根到底靠人才、靠教育。师德是深厚的知识修养和文化品位的体现。新时代生态人是有德之人，行为上应做出据于德、毋不敬、守诚信、顺自然、戒奢侈、崇俭德的榜样。

《道德经》说："我有三宝，持而保之。一曰慈，二曰俭，三曰不敢为天下先。"（《道德经·第六十七章》）老子根据天地运行的规律推衍出，做人要永远持守珍惜三件宝。第一是慈爱，即向天地那样对待万物，仁爱、宽容、温柔、坚强、果敢，"慈故能勇"。第二是节俭，天地万物的资源有限，人要养成躬行节俭、珍惜物品、节约集约、绿色低碳的习惯；不违背事物本性，不滥用或挥霍财物，"俭故能广"。第三是尊重敬畏大自然，不要把个人的利益放在最高处，对天地恭顺谦卑，像水一样利万物而不争。

《易经》说："君子以多识前言往行，以畜其德。"中华民族自古以来就有崇俭戒奢的美德，现代人要像君子那样多记取古圣前贤的言论、往圣的事迹和教诲，以史为鉴，提升自己的道德学问，才能面对名利诱惑不动心，不因自己的私欲掠夺侵占自然资源，造成物质匮乏和资源危机。生态人要俭以养德，时刻约束自己的言行，尊道贵德，克勤克俭，制节谨度，反对浪费，才能使生态文明事业发展壮大。

（3）有扎实学识（游于艺）。《尔雅·释水》说："游者，泳也。"是指潜入水底，代表深入。譬如，学一门技艺，能够坚持不懈地学习和实践，学到一定深度就可与道相通。这里的"道"是指宇宙万有的本体。方向明确，志在大道，是守正创新的基础。

党的十八大以来，党中央的重点工作中有乡村振兴和生态文明建设。而解决工业文明带给我国乃至世界人民的各种环境污染问题，关键要靠守正创新的生态人和各种高密度的生态技术。在事业上，游于艺，道术通，守正道，顺时动，勇创新，才能"修己以安百姓"。

（4）有仁爱之心（依于仁）。习近平总书记说："好老师应该是仁师，没有爱心的人不可能成为好老师。"①新时代生态人也应是仁爱之人。

《说文解字》云："仁"会意字，从人，从二。"仁"由"二""人"组成，意指把对方和自己看成一体，不分彼此。但也不是单纯指两个人，而是指人与人之间相处时所应具备的和善、有爱和同情。"仁"的本义是亲善、有爱、博爱。早在2500多年前，儒家的创始人孔子就提出了"仁"的理念。他认为"仁"是一个如何做人修身的问题，所以他对"仁"有各种不同的解释，如孝、悌、忠、信、礼、义、廉、耻、恭、宽、恕、敏、惠等，这些美德都是道的体现，即一体之仁，万物一体。

如何达到"仁"呢？孔子认为，能按照"仁"的标准而做到"仁"的人，便可称为仁者。《论语》中说"仁者，爱人"；《弟子规》

---

① 习近平：《做党和人民满意的好老师——同北京师范大学师生代表座谈时的讲话》，人民出版社2014年版，第9页。

中说"谨而信，泛爱众，而亲仁"；《孟子·告子上》中说"仁，人心也；义，人路也"，主张"仁义"由爱亲推及到"爱人"，由"爱人"推及到爱万物生命。《孟子·公孙丑上》："以德行仁者王。"如果人人都能够换位思考，从自己做起，把爱自己父母和兄弟姐妹的心推及到爱他人父母和他人兄弟姐妹；进而爱天地父母，爱山河大地、山林草木、花鸟虫鱼，世界一定会因我而美丽。养成依于仁，敏以行，尚好学，时习之，泛爱众，谐自然的习惯非常重要。

总之，志向上、行为上、习惯上和事业上均朝着成为君子、大人的方向努力，将有道有德有担当+先进科学技术+科技成果转化+爱心传播等智慧变为生活方式，应是新时代生态人努力的方向。

2.新时代生态人成就的"六个下功夫"

2018年9月，习近平总书记在召开的全国教育大会上强调，要在坚定理想信念上下功夫，要在厚植爱国主义情怀上下功夫，要在加强品德修养上下功夫，要在增长知识见识上下功夫，要在培养奋斗精神上下功夫，要在增强综合素质上下功夫。这"六个下功夫"，为做好新时代生态人的培养工作指明了方向。

耕读传家久，诗书继世长。中华耕读文化是中华文明之根，耕读教育是关系国家人才培养和后继有人的大问题，是进行知行合一、全人教育、提升知农爱农创新人才能力的有效途径，也是新时代生态人格养成的抓手和关键。

2020年以来，中共中央、国务院专门部署大中小学劳动教育、全面加强涉农高校耕读教育等相关政策之后，全国大中小学都相继开设了劳动实践课。这有助于强化学生劳动观念，弘扬勤俭、奋斗、创新、奉献的劳动精神；这种身心参与、手脑并用的与天地联结的教育方式，弥补了当今中国人才培养体系中忽视天人合一教育的缺憾。但耕读教育不是一门简单的劳动课，而是面对未来人类文明社会，国家和党中央对新时代德智体美劳全面发展的人才提出的新要求。

明末清初著名的教育家张履祥在晚年的重要著述《训子语》中说："耕与读又不可偏废，读而废耕，饥寒交至；耕而废读，礼义遂亡。"古人认为，耕田可以事稼穑，丰五谷，自力更生，养家糊口；读书可以知礼义廉耻，通天文地理，修身养性，齐家治国。耕、读二者不可或缺。强调耕读教育是德才双修、知行合一、自利利他的全人能力素质教育。古人为何如此推崇耕读教育？耕读教育为什么是一不是二呢？耕与读为何必须合二为一？古人为何强调耕作之余"读经书"而不是读小说或读一些科技类的书籍？研究发现，耕与读的关系可以用这16字概括：耕中有读，读中有耕，耕能化读，读能领耕。二者融合的教育方式与习近平总书记提出的"六个下功夫"一脉相承。

（1）耕中有读，读中有耕（坚定理想信念、加强品德修养、厚植爱国主义）：耕读教育的特点是亦耕亦读、耕读不二，就像人的左右脑，不可分割，犹如阴阳一体，不可分割。"孤阴不长，独阳不生，交通成和，万物化生"（《易经》），"万物负阴而抱阳"（《道德经·第四十二章》）。古代的"读书"与当今的"读书"最大的区别，就是读书种类和内涵有所不同。古代读书，主要指的是读诵"四书五经"等典籍。正如习近平同志所说："读优秀传统文化书籍，是一种以一当十、含金量高的文化阅读。领导干部多读优秀传统文化书籍，经常接受优秀传统文化熏陶，可以提高人文素养，增强对人与人、人与社会、人与自然关系的认识和把握能力，正确处理义与利、己与他、权与民、物质享乐与精神享受等重要关系。"[1]

---

[1] 习近平：《领导干部要爱读书读好书善读书——在中央党校2009年春季学期第二批进修班暨专题研讨班开学典礼上的讲话》，《学习时报》2009年5月18日。

"耕"不仅是认识自然、连接天地、实践人生的过程，也是对典籍中揭示的道理的进一步理解、体悟和验证的过程；或者说"读"经典不仅是向前人学习的过程，也是与圣贤对话的过程，更是体悟经典智慧、开启自身创新能力的过程。一耕一读、一动一静、一阳一阴交替循环往复地学习、践行和体悟，人们才会更加清楚地认识到中华传统经典中揭示的做人之道、齐家之道和治国之道，更加坚定自己的理想信仰和信念，感佩中华传统文化的魅力，进而将无我利他、全身心服务于社会的仁义大道内化于心、行乎于外。"实践是检验真理的唯一标准"，习近平总书记七年知青岁月的经历均进一步论证了"亦耕亦读，知行合一"是人的生命历程中不可或缺的环节，只耕作不读圣贤书，是很难培养出德智体美劳全面发展的社会主义建设者和接班人的。

（2）以耕化读，以读领耕（增长知识见识、培养奋斗精神、增强综合素质）："经"是恒常不变之意，有识之士常常将生产和生活中体悟感悟的天地运行之道、做人之道记录在"经典"之中。如《道德经》说："为学日益，为道日损。"求道学道的过程不是一个追名逐利的、享乐逐渐增加的过程，而是去除私欲、贪欲，舍己利他的过程，看似在降低物质享受指数，实则在德福日进，积功累德。这与西方的以个人为中心、追求利益最大化的价值观完全相反。

"耕读传家"这四个字包含了中国人特有的人生观、价值观和宇宙观，还蕴含着关于修身、立德、齐家、治国的智慧和吃苦耐劳、艰苦奋斗、自力更生的工匠精神。正是这些耕读传家的精神，造就了我国一代代治国安邦、强国富民、忧国忧民的政治家、科学家、革命家和仁人志士。

培养知农爱农的新型人才，重要的是通过耕读教育的理念和实践课程，引导大学生走进农村，通过躬耕实践真正了解农村、农业和读懂农民。《尚书·无逸》说："不知稼穑之艰难，乃逸乃谚。"没有体验过农夫"面朝黄土背朝天"的滋味，不仅不知道珍惜劳动成果，也不知道父母、老师的辛劳，更不懂感恩，久而久之，不劳而获、贪图享受、狂妄粗暴，以至于养成欺诈诓骗习性。孔子的"力行近乎仁"，王阳明的"知行合一"，陶行知的"生活即教育"，等等，强调的都是时时历练身心的耕读教育实践和浓浓的家国情怀。

"耕"创造物质，"读"滋养精神，耕读也是培养学生创新能力的最佳手段。民国时期和新中国成立初期，我国许多著名科学家哪一位不是胸怀报国的远大理想和坚强的革命意志，发扬自力更生、默默耕耘、持之以恒的耕读精神而成就伟业的？正是这种基于物质与精神自足、自养的耕读生活，使其生命从不自觉到自觉、从生命自觉到高度生命自觉成为可能。

（二）构建"人与自然和谐共生"的生态文明体系：合道的人类文明新形态

"五位一体"是中国特色社会主义事业的总体布局，主要是统筹推进"经济建设、政治建设、文化建设、社会建设、生态文明建设"五个方面。在生态文明理念的指导下，实现"人与自然和谐统一"的"五位一体"的人类文明新形态，把我国建成富强民主文明和谐美丽的社会主义现代化强国的新目标，需要明确起步的切入点。

1.政治上：古镜今鉴，牢固树立和践行绿水青山就是金山银山的理念

绿水青山就是金山银山，是时任浙江省委书记习近平，于2005年8月在浙江湖州安吉考察时提出的科学论断。党的十八大以来，习近平总书记在不同场合的讲话中反复强调。习近平总书记指出："坚

持以人民为中心，牢固树立和践行绿水青山就是金山银山的理念，把建设美丽中国摆在强国建设、民族复兴的突出位置，推动城乡人居环境明显改善、美丽中国建设取得显著成效，以高品质生态环境支撑高质量发展，加快推进人与自然和谐共生的现代化。"[①]

习近平总书记的"两山"理论，通俗易懂地将中华优秀传统文化"天人合一，道法自然"的生态思想阐释出来，顺道则昌，逆道则亡。他创新性地指出，若实现人与自然和谐共生的目标，必须发挥人的主观能动性，各国人民联合起来共建地球生命共同体。要深切地认识到生物多样性丧失、气候变化、土地退化和荒漠化、海洋退化和污染以及日益严峻的人类健康和粮食安全风险，这些前所未有和相互关联的危机对我们的社会、文化、繁荣和星球构成威胁。

因此，中国起草的《昆明宣言》在联合国《生物多样性公约》第十五次缔约方大会获得通过。宣言承诺，确保制定、通过和实施一个有效的"2020年后全球生物多样性框架"，包括提供与《生物多样性公约》一致的必要的实施手段，以及适当的监测、报告和审查机制，以扭转当前生物多样性丧失趋势并确保最迟在2030年使生物多样性走上恢复之路，进而全面实现"人与自然和谐共生"的2050年愿景。

该宣言充分体现习近平生态文明思想，坚持创新、协调、绿色、开放、共享的新发展理念，全面加强生态环境保护工作，积极参与全球生态文明建设合作，对于推动构建人与自然生命共同体具有重要意义。

[①] 《习近平在全国生态环境保护大会上强调 全面推进美丽中国建设 加快推进人与自然和谐共生的现代化》，《人民日报》2023年7月19日。

2.经济上：守正创新，推动发展方式绿色转型，从"全域有机农业"入手

按照党的二十大报告精神，扎实推进中国式现代化，坚持稳中求进工作总基调，完整、准确、全面贯彻新发展理念，推动发展方式绿色转型，加快乡村振兴高质量发展，稳定粮食生产，从全域有机农业入手，是扩大国内需求，实现食品安全、粮食安全与自然和谐共生的必然选择。

全域有机农业指的是遵循天人合一理念的不同行业的现代生态人，通过采用先进的科学技术和健康有机农事资料，从事绿色农事生产与活动，维护土壤、生态系统和人类健康协调永续发展的生产体系。生态人包括农牧民群众（土地承包户、家庭农场主、合作社员、新农民），农业管理工作者（农业农村部部长到村委会主任的管理工作者、农产品市场管理工作者、乡村NGO管理工作者），农业科技工作者（农业科学家、农技推广人员、农业院校教师），农业企业人员（农业生产、加工、贸易、金融、信息、科技服务企业及乡村文化企业人员）。农事资料指有机种子、自然属性的肥料、农业机械、相关基础服务设施与器物等。农事生产活动的过程，包括农产品生产—加工—市场的过程；农业生产者—农产品消费者，从田间到舌尖的过程；自然态水土气—农业态水土气—自然态水土气的过程；以及农业的昨天—今天—明天的全过程，形成人与自然和谐共生的永续生产体系。

"国以民为根，民以谷为命。"（《群书治要·政论》）国家以人民为根本，老百姓以谷物为生命。在生态文明新时代，种植业作为农业农村经济的基础产业和保障粮食有效供给的战略产业，重要的是培养一批坚守中华文化自信的生态人，在"天人合一"的"两山"理论指导下，坚定文化自信，走中国式现代化道路，同时也不摒弃西方文

明成果，在守正的前提下，创新实现物质财富增长与人类精神文明和谐发展的新形态。

3.文化上：挖掘数千年农耕文明智慧，坚定文化自信，从学习经典开始

中华文化是教人如何成完人、成君子、成大人的文化，即修身的文化。"身修而后家齐，家齐而后国治，国治而后天下平。自天子以至于庶人，壹是皆以修身为本。"（《大学》）用习近平总书记的话来说就是立德树人。百善孝为先，孝道是做人之根，是文化之根，是化人之根。如果连生养自己的父母都不孝敬，很难做到爱天敬地。所以古人说："君子务本，本立而道生。"（《论语·学而》）"不爱其亲而爱他人者，谓之悖德；不敬其亲而敬他人者，谓之悖礼。"（《孝经·圣治章》）如果人人都能把爱敬父母的心推及爱敬天地万物，人与自然和谐共生的生态文明目标就一定能够实现。但是要实现人与自然和谐共生的现代化图景，不解决认识上的问题，永远找不到方向，而解决认识上的问题，首先要从读好书、读善书开始，即读中华经典开始。

中华经典源于生活高于生活，是志于道的学问，是树立正确"三观"的关键。知道、悟道、行道是认识客观事物的过程。马克思主义认识论也告诉我们，人的认知是有限的，客观世界是不断发展的，只有认识—实践—再认识—再实践，这样不断地循环反复，才能由感性认识阶段上升到理性认识阶段，进而，由理论指导实践，再由实践产生理论。经典不仅教我们诚敬做人、诚敬待物、诚敬天地、保护自然，告知我们与自然和谐共生的实践路径，也是中华文化为世界提供智慧方案的来源。只有树立高度的文化自信，才有坚守的定力、奋发的勇气、创新的活力。

4.社会上：推进美丽中国建设，从全域有机社区和生活方式入手

全域有机社区是有机生产与有机生活的结合体，旨在用诚敬心呵护自然，坚持节约优先、保护优先、自然恢复为主的方针，用绿色科技支撑有机发展，实现有机生产，农业增效，农民增收，生活、生态结合与统一。加强有机农业的社会化、生态化和生活化，促进人与自然和谐共生，是推进美丽中国建设、创造人类文明新形态的必然之路。党的二十大报告指出："全面建设社会主义现代化国家，最艰巨最繁重的任务仍然在农村。"[1] 为此，建立健全绿色低碳循环发展的经济体系，推进资源全面节约和循环利用，有利于形成绿色生产方式和绿色低碳的生活方式。

发展乡村特色产业，拓宽农民增收致富渠道。在政府大力支持下，组织有情怀、有智慧的专家，挑选多年在基层工作中有丰富工作经验的、有担当的新时代生态人，通过"一把手"工程，认真调研制定长远规划。领导亲自参与组织，成立专门办公室协助规划工作；成立有机农业专业合作社，有步骤地进行土地资源流转，为有机社区全域建设奠定基础。

在有机社区建设开始阶段，为保证生态经济协调发展，邀请具有家国情怀的、生态有机农业专家开辟有机种植、养殖规划，恢复和改造耕地，合理安排种植粮食作物、蔬菜、食用菌与中草药，还有蛋鸡养殖、生猪与牛羊生产等，在发展中合作社逐步承担起生产生活建设任务，增强全体村民共同参加有机村庄建设的积极性，使其发展建设的信心不断提高。

基层党组织在建设中要发挥关键作用。按照"党政主导、规划先行、产业支撑、市场运作、社会参与、共同富裕"思路，进行社区建

---

① 《习近平著作选读》第一卷，人民出版社2023年版，第25页。

设。此外，要发挥生态科学技术助力有机社区建设的作用。开拓创新发展思想，确定生态安全第一指导原则。结合当地自然环境，从农田养分回归出发，与微生物工程相链接，构建起基于肥料—土壤—植物—动物—人的健康种养循环生态，可持续发展的链条，实现农田生态系统物质循环和能量高效利用。通过引进前沿生物发酵技术，将农业废弃物转变为有机产品，实现了作物增产、农民增收。通过将全域有机农业技术理论与有机生产实践相结合，凸显有机农业的精髓，为社区健康发展奠定了坚实基础。

在生活方面坚守"勤俭乃治家之本"，倡导简约适度、绿色低碳的生活方式。同时，基层政府要加快建立绿色生产和消费的相关制度和政策导向，反对奢侈浪费和不合理消费，开展创建节约型机关、绿色家庭、绿色学校、绿色社区和绿色出行等行动。

5.生态上：推进环境污染防治，从防治人心污染开始

《中华人民共和国环境保护法》指出："环境，是指影响人类生存和发展的各种天然的和经过人工改造的自然因素的总体，包括大气、水、海洋、土地、矿藏、森林、草原、湿地、野生生物、自然遗迹、人文遗迹、自然保护区、风景名胜区、城市和乡村等。"

环境污染按环境要素分为：噪声污染、大气污染、水体污染、固体废物污染、土壤污染、农药污染、辐射污染、热污染。保护环境是国家的基本国策。党的十八大以来，党中央多次强调，推进绿色发展，加大生态系统保护力度，改革生态环境监管体制，完善生态环境管理制度，推进环境污染防治。当前，国内外均普遍采取有利于节约和循环利用资源、保护和改善环境的经济、技术政策和措施，使经济社会发展与环境保护相协调。为此，国家采取了多种有利于节约和循环利用资源、保护和改善环境的措施，如垃圾分类、植树造林、退耕还林等，减轻大气污染程度，引进了国外的先进排污水技术治理污染

的江河水流，以及防治重金属、固体废物和化学品污染等技术，环境污染防治工作取得了巨大的成就。

然而，据有些地市相关调查数据表明，20年前很多河流小溪的水可以随时捧起来喝，而如今我们防治污染的科学技术越来越先进，成本越来越高，但是人居环境污染程度指数却在逐年增加，为什么？许多专家认为环境污染的主要原因是城市扩张的无序化，环境质量状况监测、评价、预警机制不到位，规章制度不健全、监督薄弱，以及科技异化使得人们只重视发展那些能够取得较高经济效益的科技，却不管其是否破坏生态环境。事实上，无论是哪种污染，说到底都是因为人的心被污染了，忽视了人与自然的关系。

人心的污染，其根源就是一个"贪"字。人若有了贪心，等于滋生出病毒，向外害人，污染身边的社会环境和自然环境；向内则是害己，毒害自己的人生。为此，古人早已告知我们，过度地向大自然索取，实则是杀鸡取卵、饮鸩止渴，并指出扭转环境恶化、清除人心贪毒和染污的智慧方案。

老子云："为学日益，为道日损。损之又损，以至于无为，无为而无不为。取天下常以无事，及其有事，不足以取天下。"（《道德经·第四十八章》）大意是，为学的目的是向上向善、不断进取、成圣成贤，同时要不断地减少自己的想法和欲望，求返璞之道，身不妄为，意不妄动，用心体察圣人的清净之心、诚敬之意，体察天地无为之道养其德，以损为益，以道为学。贪心私欲不去，则学问之功不纯，名利之心不除，则大道之理不得，此便是损中求益之妙也。人果能坚持修道悟道，坚持日日减损自己的欲望贪念，远离自私自利、自见自是之私我，自然物欲不能污染。自然敬畏天地、爱护自然、保护自然，最终取得天下，治理天下。反之，如果不明此理，贪欲之心不除，私欲之心膨胀，即便拥有先进的科学技术，也可能会做出投机取巧、急功近利、强取豪夺之事，遭到应有的报应和惩罚。

为此，推进环境污染防治，需从防治心污染开始。古人说："致知格物，为入德之方，正心诚意，为进道之门。"牢固树立社会主义生态文明观，不断提高自己的道德水准和专业技能，按照自然规律做人做事，才能达到与道合一、与自然共生的境界，形成人与自然和谐发展的现代化建设新格局。

第六章

从协和万邦到走和平发展
道路的现代化

"中国式现代化是走和平发展道路的现代化。"①走和平发展道路，作为中国式现代化的中国特色之一，以宏阔的世界眼光赋予了中国式现代化强大的道义力量。中国共产党把致力于人类和平发展事业作为自己的重要使命，"我们党立志于中华民族千秋伟业，致力于人类和平与发展崇高事业，责任无比重大，使命无上光荣"②。正是有了这种责任与使命，中国共产党在中国式现代化历史进程中，将和平与发展作为崇高事业不懈追求。"高举和平、发展、合作、共赢旗帜，在坚定维护世界和平与发展中谋求自身发展，又以自身发展更好维护世界和平与发展"③。在新时代新征程上，中国共产党以构建人类命运共同体为目标，不断加强国际合作，命运与共，让全世界人民一起"坚定站在历史正确的一边、站在人类文明进步的一边"④，为实现世界永续和平发展不懈奋斗。

　　"中华文明具有突出的和平性。"⑤中华文明的和平性体现在中国历代王朝都尊奉重德的"王道"思想以使"天下兼相爱"（《墨子·兼爱上》），追求"协和万邦"（《尚书·尧典》）的和平目标。"贞观之治"的缔造者唐太宗李世民打破"贵中华，贱夷狄"（《资治通鉴·唐

① 《习近平著作选读》第一卷，人民出版社 2023 年版，第 19 页。
② 《习近平著作选读》第一卷，人民出版社 2023 年版，第 1 页。
③ 《习近平著作选读》第一卷，人民出版社 2023 年版，第 19 页。
④ 《习近平著作选读》第一卷，人民出版社 2023 年版，第 19 页。
⑤ 习近平：《在文化传承发展座谈会上的讲话》，《求是》2023 年第 17 期。

纪十四》）的传统观念，主张"爱之如一""四海一家"，缔造了"四夷来慕"的国家盛况。"洪武之治"的开创者明太祖朱元璋主张"内安诸夏，外抚四夷，一视同仁，咸期生遂"（《皇明祖训》），提出"华夷无间""共享太平"的对外思想。"康乾盛世"的奠基者清圣祖康熙主张通过"以德为卫"的外交思想，创造"乂安海宇，祍席生民""兵民休息""宅中定鼎，混一四方"（《清圣祖实录选辑》）的盛世景象。

中华文明作为人类史上唯一连续且持久的文明，具有无与伦比的生命力，能为建设美好世界提供更多更好的中国智慧和中国方案。其中"协和万邦"的天下观彰显了中华文明的和平性，"以和为贵""和而不同""天下为公"的中华文明基因深深植根于中国人一脉相承的精神血脉里，这为中国共产党坚持走和平发展道路的现代化提供了深厚的文化底蕴。

一、全面理解走和平发展道路

习近平主席明确指出："走和平发展道路，是中国对国际社会关注中国发展走向的回应，更是中国人民对实现自身发展目标的自信和自觉。这种自信和自觉，来源于中华文明的深厚渊源，来源于对实现中国发展目标条件的认知，来源于对世界发展大势的把握。"[①]习近平总书记统筹国内国际两个大局，回望历史、立足当代、远观未来，通过把握历史自信和实践自觉的有机统一，来阐明中国走和平发展道路的必然性。这正是我们全面理解走和平发展道路需要把握的三个方面。

---

① 习近平：《在德国科尔伯基金会的演讲》，《人民日报》2014年3月30日。

（一）历史基础：中华民族崇尚和平的文化基因

中国是爱好和平的国度，和平发展思想是中华文化的内在基因。习近平总书记指出："和平、和睦、和谐是中华文明五千多年来一直传承的理念，主张以道德秩序构造一个群己合一的世界，在人己关系中以他人为重。倡导交通成和，反对隔绝闭塞；倡导共生并进，反对强人从己；倡导保合太和，反对丛林法则。中华文明的和平性，从根本上决定了中国始终是世界和平的建设者、全球发展的贡献者、国际秩序的维护者，决定了中国不断追求文明交流互鉴而不搞文化霸权，决定了中国不会把自己的价值观念与政治体制强加于人，决定了中国坚持合作、不搞对抗，决不搞'党同伐异'的小圈子。"[①]中华文明的和平性贯穿于几千年来古圣先贤对于战争与和平的思想诠释和战略主张，更体现在近代以后中国人民对于消除战争，实现和平的迫切且深厚的强烈的愿望中。中华文明崇尚和平的文化基因，我们可以从两个方面来把握。

一方面，中华文明的血液中没有侵犯别国和掠夺别国的基因。中国人历来反对通过征战杀伐的暴力血腥手段解决问题，即使是在分裂动荡的春秋战国时期，诸子百家也只是把采取武力的"霸道"当作不

---

① 习近平：《在文化传承发展座谈会上的讲话》，《求是》2023年第17期。

得已而为之的手段。所谓"止戈为武"①"化干戈为玉帛"②，就充分地体现出中国古圣先贤对于战争的谴责以及对于和平的追求。墨家代表人物墨子提出了"兼相爱，交相利"（《墨子·兼爱中》）"非攻"的社会理想。《墨子·兼爱上》记载："若使天下兼相爱，国与国不相攻，家与家不相乱，盗贼无有，君臣父子皆能孝慈，若此，则天下治。"墨子认为，实现"天下治"的目标不是依靠互相攻伐（非攻），而是在于"兼相爱，交相利"。兵家思想主要代表人物孙武也把伐谋当作解决国家间矛盾冲突的优先手段，反对一味通过伐兵、攻城的方式来达到目的。正如《孙子兵法·谋攻》记载："百战百胜，非善之善者也；不战而屈人之兵，善之善者也。"无论是墨家的"非攻"思想，还是孙武的"不战而屈人之兵"，都与儒家主张的"以德服人"的王道理想一致。可见，诸子百家对于战争与和平的思想主张，无论是源自哪种理论学说，最后都同归于一个基本相同的核心理念，即"和合"的思想。

中华民族讲究"和合"。"和合"本义是同心和睦、音声相应或阴

---

① 《左传·宣公十二年》记载："潘党曰：'……臣闻克敌，必示子孙，以无忘武功。'楚子曰：'非尔所知也。夫文，止戈为武。'"楚庄王认为，文治武功，不在战争，而在和平。"武"字是由"止"和"戈"两个字组成，寓意是要消灭战争，就要永远放下武器，这才是真正的武功。并列举了"武有七德""夫武，禁暴、戢兵、保大、定功、安民、和众、丰财者也"。真正的武德包括：禁止暴力、消除战争、保持强大、巩固基业、安定百姓、团结民众、增加财富。这在唐朝杨炯《唐右将军魏哲神道碑》所记载的"若乃五材并用，谁能去兵？七德兼施，止戈为武"中得到生动体现。

② 《淮南子·原道训》记载："昔者夏鲧作三仞之城，诸侯背之，海外有狡心。禹知天下之叛也，乃坏城平池，散财物，焚甲兵，施之以德，海外宾服，四夷纳职，合诸侯于涂山，执玉帛者万国。"以前，大禹的父亲鲧在自己的封地上建造了很高的城墙来保卫自己，使得自己属下的部落及族人纷纷离他而去；也使得其他部落的人认为有机可乘，都虎视眈眈地等待着机会。大禹当上首领后，注意到这个情况，就马上派人拆掉了城墙，填平了护城河。不但如此，他还把自己的财产分给大家，毁掉兵器，以道德来教化人民。大禹带领整个部落的人都各尽其责，别的部落也相继归附。大禹在涂山开首领大会时，来进献玉帛珍宝的首领有上万人。这里，用干戈指打仗；以玉帛喻和平，意指使战争转变为和平。

阳调和①，如宫商角徵羽之声，和合而成五音之文，而后引申为两仪三才、四时五行、天下万邦、亲疏长幼等协调之义。《周易注疏》载庄氏云："天地絪缊，和合二气，共生万物。"天地和合，生之大经。"和合"文化贯穿于中华文明发展史的全过程，"和""合"二字或分或联散落在各家学派的思想智慧中，浸润民族文化的各个层面，主要体现于"万物各得其和以生"（《荀子·天论》）的宇宙之和；"礼之用，和为贵"（《论语·学而》）的天下之和；"养之以德则民合"（《管子·兵法》）的社会之和；"与人和者，谓之人乐"（《庄子·天道》）的道德之和。可见，"和合"是处理人与人、人与天地之间相互关系的根本原则，由"家和万事兴"推扩到国家、天下及天地之和的德性共同体，体现出中华民族五千多年来一直追求和传承的和平、和睦、和谐理念。就国家与国家关系而言，"和合"思想已上升为"协和万邦"理念，成为中国对外交往过程中始终恪守的和平观。这种理念随着历史的发展，积淀在中国人民的精神品格里，涵养成中华民族崇尚和平的文化基因。

另一方面，消除战争，实现和平，是近代以后中国人民最迫切、最深厚、最强烈的愿望。近代中国内忧外患、社会危机空前严重。对于这段历史，习近平总书记曾讲："近代以后，由于西方列强的入侵，由于封建统治的腐败，中国逐渐成为半殖民地半封建社会，山河破碎，生灵涂炭，中华民族遭受了前所未有的苦难。"②"尤其是鸦片战争之后，中华民族更是陷入积贫积弱、任人宰割的悲惨状况。这段历

---

① 许慎在《说文解字》中对"和"字有两种解释：其一见于金文，"和，相应也"，意指声音相应和、合韵；另一种见于甲骨文，"和，调也"，为调和各种音律之意。这两种解释都体现出音色和谐、韵律协调的声音之美。
② 习近平：《在庆祝中国共产党成立95周年大会上的讲话》，人民出版社2016年版，第2页。

史悲剧决不能重演！"①在这段决不能重演的历史中，战争给中国人民带来了惨烈悲剧。1840—1842年第一次鸦片战争、1856—1860年第二次鸦片战争、1883—1885年中法战争、1894—1895年中日甲午战争、1900年八国联军侵华战争，这五场战争使中国这个主权国家被西方列强瓜分豆剖，中华民族走到了历史至暗时期。尤其在《马关条约》签订后，中华民族步入"亡国灭种"的悲惨境地。各国列强纷纷掠夺在华利权，划分势力范围，中华民族面临"国家蒙辱"与"人民蒙难"的严酷现实，中华儿女坚定"振兴中华"的信念决心，开始了"救亡图存"的艰辛探索。"四万万人齐下泪，天涯何处是神州。"（谭嗣同《有感》）在上下求索的奋斗历程中，无数仁人志士前赴后继，宁死不屈，胸怀"为有牺牲多壮志，敢教日月换新天"的大无畏气概，从资产阶级领导的旧民主主义革命到中国共产党人领导的新民主主义革命，在选择各种"主义"、尝试各种"方案"后，终于迎来民族独立和新中国成立。新民主主义革命的伟大胜利，标志着中华民族任人宰割、中国人民饱受欺凌的时代一去不复返。近代以来，国家与人民的悲惨命运不可逆转地结束了，从此开启了中华民族自立于世界民族之林和走向伟大复兴的历史进程。

历史是最好的清醒剂，战争给中华民族带来的是刻骨铭心的苦难记忆，中国人民对和平有着孜孜不倦的追求渴望。正如习近平总书记指出："走和平发展道路，是中华民族优秀文化传统的传承和发展，也是中国人民从近代以后苦难遭遇中得出的必然结论。"②中国人民历经血与火的磨难，"怕的就是动荡，求的就是稳定，盼的就是天下太

---

① 习近平：《青年要自觉践行社会主义核心价值观——在北京大学师生座谈会上的讲话》，人民出版社2014年版，第6页。
② 《习近平在中共中央政治局第三次集体学习时强调 更好统筹国内国际两个大局 夯实走和平发展道路的基础》，《人民日报》2013年1月30日。

平"①。习近平主席2014年11月11日在中南海同奥巴马会晤时说道：
"了解中国近代以来的历史对理解中国人民今天的理想和前进道路很
重要。"②习近平总书记谈道："中国已经发展起来了，我们不认可'国
强必霸'的逻辑，坚持走和平发展道路，但中华民族被外族任意欺凌
的时代已经一去不复返了！为什么我们现在有这样的底气？就是因为
我们的国家发展起来了。"③发达国家工业化过程历经几百年，在中国
共产党坚强领导下，中国只用几十年时间就实现了经济快速发展和社
会长期稳定，创造了世所罕见的中国奇迹。随着我国综合国力和国际
影响力提升，中国社会的发展走向备受关注。国际社会都想知道，中
国将以什么样的方式实现现代化，实现国强民富、民族振兴。这个问
题的答案，在中国共产党领导的中国特色社会主义的实践道路上得以
彰显。

（二）现实道路：对实现中国发展目标条件的深刻认知

　　一个国家采取什么样的对外政策，既受到自身文化传统的深刻影
响，又与经济发展水平及发展目标密切相关。想了解中国为什么会走
和平发展道路，就必须对中国的经济发展水平及实现发展目标的条件
有着正确的认知。无论是从新民主主义革命时期到社会主义革命和建
设时期，还是从改革开放和社会主义现代化建设新时期到中国特色社
会主义新时代，"走和平发展道路"在中国共产党领导人民探索中国

---

① 《习近平在中共中央政治局第三次集体学习时强调 更好统筹国内国际两个大局 夯实走和
平发展道路的基础》，《人民日报》2013年1月30日。
② 《习近平同奥巴马在中南海会晤 强调要以积水成渊、积土成山的精神推进中美新型大国
关系建设》，《人民日报》2014年11月12日。
③ 习近平：《青年要自觉践行社会主义核心价值观——在北京大学师生座谈会上的讲话》，
人民出版社2014年版，第6页。

式现代化的各个历史阶段中始终如一。和平稳定的发展环境在实现民族复兴的历史进程中至关重要。

　　回顾中国共产党带领中国人民所走过的现代化道路，早在党的七大上，毛泽东就明确指出："中国工人阶级的任务，不但是为着建立新民主主义的国家而斗争，而且是为着中国的工业化和农业近代化而斗争。"[①] 在党的七届二中全会上，"现代化"的概念被郑重提出，毛泽东强调："在革命胜利以后，迅速地恢复和发展生产，对付国外的帝国主义，使中国稳步地由农业国转变为工业国，把中国建设成一个伟大的社会主义国家。"[②] 新中国成立初期，经济和社会千疮百孔、百废待兴。我们深刻意识到"严重的经济建设任务摆在我们面前"[③]。1954年9月15日，毛泽东在召开的一届全国人大一次会议上致开幕词说："准备在几个五年计划之内，将我们现在这样一个经济上文化上落后的国家，建设成为一个工业化的具有高度现代文化程度的伟大的国家。"[④] 同时，周恩来在这次会议的政府工作报告中明确指出："我国的经济原来是很落后的。如果我们不建设起强大的现代化的工业、现代化的农业、现代化的交通运输业和现代化的国防，我们就不能摆脱落后和贫困，我们的革命就不能达到目的。"[⑤] 这是周恩来代表党中央第一次明确地提出要实现工业、农业、交通运输业和国防的"四个现代化"的目标。1956年1月25日，毛泽东在最高国务会议第六次会议上发表《社会主义革命的目的是解放生产力》的讲话中鲜明指出："要在几十年内，努力改变我国在经济上和科学文化上的落后状

---

① 《毛泽东选集》第三卷，人民出版社1991年版，第1081页。
② 《毛泽东选集》第四卷，人民出版社1991年版，第1437页。
③ 《毛泽东选集》第四卷，人民出版社1991年版，第1480页。
④ 《毛泽东著作选读》下册，人民出版社1986年版，第715页。
⑤ 《周恩来选集》下卷，人民出版社1984年版，第132页。

况，迅速达到世界上的先进水平。"①这表明，中国共产党将现代化的视野扩大到了努力发展科学技术层面。1957年，毛泽东在《关于正确处理人民内部矛盾的问题》和《在中国共产党全国宣传工作会议上的讲话》中，两次提及要将我国建设成为一个具有现代工业、现代农业和现代科学文化的社会主义国家。②"现代科学文化"被列入实现中国现代化的整体构想之中。1957年8月，周恩来在主持国务院常务会议时曾说明工业现代化"包括交通运输在内"，因而"交通运输业现代化"不再被单独作为一个现代化的概念。与此同时，毛泽东在阅读苏联《政治经济学教科书》的过程中，提出要把国防现代化加入到国家现代化的内容中。他说："建设社会主义，原来要求是工业现代化，农业现代化，科学文化现代化，现在要加上国防现代化。"③这样，"四个现代化"的基本内容被完整提了出来。1964年12月，周恩来在三届全国人大一次会议上所作的政府工作报告中，郑重提出了"四个现代化"的历史任务："要在不太长的历史时期内，把我国建设成为一个具有现代农业、现代工业、现代国防和现代科学技术的社会主义强国，赶上和超过世界先进水平。"④同时，中央还确定了分两步走实现现代化的战略构想⑤。社会主义现代化的战略目标和分两步走的战略构想，使"四个现代化"的图景清晰地展现在全国人民面前。

以党的十一届三中全会为新的历史起点，中国共产党把握和平与发展的时代主题，把党和国家工作中心转移到经济建设上来，进行社

---

① 《毛泽东文集》第七卷，人民出版社1999年版，第2页。
② 参见《毛泽东文集》第七卷，人民出版社1999年版，第207、268页。
③ 《毛泽东文集》第八卷，人民出版社1999年版，第116页。
④ 《周恩来选集》下卷，人民出版社1984年版，第439页。
⑤ 分两步走实现现代化的战略构想，即从第三个五年计划开始，第一步，经过三个五年计划时期，建立一个独立的比较完整的工业体系和国民经济体系；第二步，全面实现农业、工业、国防和科学技术的现代化，使我国国民经济走在世界前列。

会主义现代化建设。正如邓小平强调，我们的主要任务"就是搞现代化建设。能否实现四个现代化，决定着我们国家的命运、民族的命运"①。"社会主义现代化建设是我们当前最大的政治，因为它代表着人民的最大的利益、最根本的利益。"②从我国具体国情出发，党的十三大确立了社会主义现代化建设分"三步走"的发展战略，提出全面建设小康社会，并将其看作实现社会主义现代化的必经阶段。

此后，以江泽民同志、胡锦涛同志为主要代表的中国共产党人，接续带领全体人民不断探索中国式现代化，先后提出"新三步走"发展战略，推进我国现代化总体布局由"三位一体"向"四位一体"再向"五位一体"转变等重大战略思想，丰富和拓展了中国式现代化的科学内涵。

党的十八大以来，以习近平同志为核心的党中央不忘初心、牢记使命，领导和团结全党全军全国各族人民，实现了全面建成小康社会这个中华民族的千年梦想，成功推进和拓展了中国式现代化。在新征程上，中国共产党的中心任务是团结带领全国各族人民全面建成社会主义现代化强国、实现第二个百年奋斗目标，以中国式现代化全面推进中华民族伟大复兴。

中国共产党带领全党全国各族人民在实现社会主义现代化征程上同心同德、奋勇前进，始终以自身的发展稳定推动世界的和平进步。早在1949年9月发表的《中国人民政治协商会议共同纲领》中，中国共产党就明确规定："拥护国际的持久和平和各国人民间的友好合作，反对帝国主义的侵略政策和战争政策。"③1954年，在日内瓦会议上，

---

① 《邓小平文选》第二卷，人民出版社1994年版，第162页。
② 《邓小平文选》第二卷，人民出版社1994年版，第163页。
③ 中共中央文献研究室编：《建国以来重要文献选编》第一册，中央文献出版社2011年版，第11页。

中国与印度、缅甸倡导由中国最先提出的和平共处五项原则，使之成为处理国与国之间关系的基本准则。

党的十一届三中全会以来，实行改革开放的历史性决策后，中国发展进入快车道。我们党明确提出在和平与发展的时代主题下，走和平发展道路。2005年发布的《中国的和平发展道路》白皮书指出："中国的和平发展道路是人类追求文明进步的一条全新道路，是中国现代化建设的必由之路，是中国政府和中国人民的郑重选择和庄严承诺。"①这充分体现出中国走和平发展道路的必然选择和坚定决心。中国的和平发展道路能否走得通？能否坚持得下去？对于这些问题，2011年发布的《中国的和平发展》白皮书给出了令人信服的中国答案："中国和平发展的不懈追求是，对内求发展、求和谐，对外求合作、求和平。具体而言，就是通过中国人民的艰苦奋斗和改革创新，通过同世界各国长期友好相处、平等互利合作，让中国人民过上更好的日子，并为全人类发展进步作出应有贡献。这已经上升为中国的国家意志，转化为国家发展规划和大政方针，落实在中国发展进程的广泛实践中。"②坚持和平发展道路，先后写入党的十七大、十八大、十九大、二十大报告中，并载入了《中国共产党章程》。2018年3月，《中华人民共和国宪法修正案》将"坚持和平发展道路"正式写入宪法。这充分彰显了中国共产党走和平发展道路的坚定决心和坚强意志。

党的十八大以来，国家经济实力、科技实力、综合国力跃上新台阶。"中国共产党将致力于维护国际公平正义，促进世界和平稳定。中国式现代化不走殖民掠夺的老路，不走国强必霸的歪路，走的是和

---

① 中华人民共和国国务院新闻办公室：《中国的和平发展道路》，中国政府网2005年12月22日。
② 中华人民共和国国务院新闻办公室：《中国的和平发展》，中国政府网2011年9月6日。

平发展的人间正道。""中国实现现代化是世界和平力量的增长，是
国际正义力量的壮大，无论发展到什么程度，中国永远不称霸、永远
不搞扩张。"[①]"中国没有称王称霸的基因，没有大国博弈的冲动，坚
定站在历史正确一边，坚定奉行'大道之行，天下为公'。"[②]对于从
富起来向强起来伟大飞跃的中国而言，发展依然是党执政兴国的第一
要务，高质量发展是全面建设社会主义现代化国家的首要任务，全党
必须坚定不移贯彻创新、协调、绿色、开放、共享的新发展理念，构
建新发展格局，以高质量发展推进和拓展中国式现代化，谱写好全面
建设社会主义现代化国家的崭新篇章。

（三）未来方向：对世界发展大势的准确把握

现代化是人类社会由传统社会向现代社会的转化过程。世界历史
发展证明，世界上各个国家或迟或早都会走向现代化。一个国家要走
向现代化，实现繁荣富强，必须主动顺应世界发展大势。作为现代化
先行者的西方现代化，是以资本为中心的现代化。资本与生俱来的本
性是追逐剩余价值及利润，受资本主宰的现代化道路，不可避免地因
追求物质财富和资本增值而生发成为物质主义膨胀及对外扩张掠夺的
现代化。这种现代化进程以西方国家长期奉行的所谓"优胜劣汰"的
社会达尔文主义为基础，对别国进行军事征服、经济掠夺以及文化殖
民。西方国家无节制的资本掠夺与殖民扩张，给广大发展中国家带来
了深重灾难，正如马克思所说的："资本来到世间，从头到脚，每个

---

① 习近平：《携手同行现代化之路——在中国共产党与世界政党高层对话会上的主旨讲话》，
人民出版社2023年版，第6、7页。
② 习近平：《深化团结合作 应对风险挑战 共建更加美好的世界——在2023年金砖国家工商
论坛闭幕式上的致辞》，《人民日报》2023年8月23日。

毛孔都滴着血和肮脏的东西。"①

从西方现代化的现实走向看，西方资本主义国家凭借长期积累的资本实力、科技优势和文化霸权，长期垄断现代化国际话语权，试图将其制度模式和发展道路强加于别国。在经济领域，实行贸易保护主义抑制全球贸易发展；在外交领域，以"孤立主义"为基础的单边外交严重破坏了以联合国宪章和国际法为基础的国际秩序；在意识形态领域，西方国家经常打着"自由、民主、人权"等所谓"普世价值"的旗号，强行输出西方价值观念，似乎不战而胜。美国学者亨廷顿直截了当地指出："普世文明的概念有助于为西方对其他社会的文化统治和那些社会模仿西方的实践和体制的需要作辩护。普世主义是西方对付非西方社会的意识形态。"②通过普世主义"使东方从属于西方"。可见，西方现代化导致了不同国家和民族之间冲突不断，并在经济、政治、文化、生态等领域引发了全球性危机。随着西方现代化弊端不断凸显，"现代化＝西方化"的迷思不攻自破，一种有别于西方模式的现代化道路呼之欲出。

随着人类历史的发展，人类面临着新的现实挑战和发展潮流。正如党的二十大报告指出："当前，世界之变、时代之变、历史之变正以前所未有的方式展开。一方面，和平、发展、合作、共赢的历史潮流不可阻挡，人心所向、大势所趋决定了人类前途终归光明。另一方面，恃强凌弱、巧取豪夺、零和博弈等霸权霸道霸凌行径危害深重，和平赤字、发展赤字、安全赤字、治理赤字加重，人类社会面临前所未有的挑战。世界又一次站在历史的十字路口，何去何从取决于各国

---

① 《马克思恩格斯选集》第二卷，人民出版社2012年版，第297页。
② ［美］萨缪尔·亨廷顿：《文明的冲突与世界秩序的重建》，周琪等译，新华出版社2010年版，第45页。

人民的抉择。"①

　　习近平总书记指出："当前，世界之变、时代之变、历史之变正以前所未有的方式展开，人类社会走到了关键当口。是坚持合作与融合，还是走向分裂与对抗？是携手维护和平稳定，还是滑向'新冷战'的深渊？是在开放包容中走向繁荣，还是在霸道霸凌中陷入萧条？是在交流与互鉴中增进互信，还是让傲慢与偏见蒙蔽良知？历史的钟摆朝向何方，取决于我们的抉择。""过去几十年，人类取得了经济发展和社会进步的显著成果，就是因为吸取了两次世界大战和冷战的教训，顺应了经济全球化的历史潮流，开辟了开放发展、合作共赢的人间正道。当今世界是一荣俱荣、一损俱损的命运共同体。各国人民企盼的，不是'新冷战'，不是'小圈子'，而是一个持久和平、普遍安全的世界，一个共同繁荣、开放包容、清洁美丽的世界。这是历史前进的逻辑、时代发展的潮流。"②

　　无论世界潮流如何发展，追求和平是人类永恒的理想和愿望。正如习近平总书记强调："和平是人民的永恒期望。和平犹如空气和阳光，受益而不觉，失之则难存。"③回溯历史，我们可以深切感受到，人类发展的历史，是世界各国在曲折中走向和平与合作的历史。在这一历史进程中，17世纪的《威斯特伐利亚和约》④确立了国家主权平等的原则，成为国际关系史上的里程碑。以联合国为主体的全球治理体系，吸取两次世界大战的深刻教训，为维护世界总体和平、促进国

---

① 《习近平著作选读》第一卷，人民出版社2023年版，第49页。
② 习近平：《深化团结合作 应对风险挑战 共建更加美好的世界——在2023年金砖国家工商论坛闭幕式上的致辞》，《人民日报》2023年8月23日。
③ 习近平：《共同创造亚洲和世界的美好未来——在博鳌亚洲论坛2013年年会上的主旨演讲》，人民出版社2013年版，第5页。
④ 《威斯特伐利亚和约》象征欧洲三十年战争（1618—1648年欧洲爆发的大规模国际战争）结束而签订的一系列和约。

际合作与经济繁荣发挥了重要作用。与世界和平同行的还有奥林匹克的圣火，这团火焰把全世界人民的激情汇聚在一起，燃起奥林匹克休战的渴望。1948年，二战结束后的第一次奥运会在伦敦举行，人们为了永远记住战争的罪恶，在会场上醒目地打出：奥运会重要的不是胜利，而是参与；生命重要的不是征服，而是奋斗。在国际奥委会的不懈努力下，随着奥运参与国的数量不断增加，一只只和平鸽的放飞，一次又一次召唤着人类回归和平的梦想。

二、协和万邦理念是走和平发展道路的文化根基

"协和万邦"语出《尚书·尧典》："帝尧，曰放勋，钦明文思安安，允恭克让，光被四表，格于上下。克明俊德，以亲九族。九族既睦，平章百姓。百姓昭明，协和万邦。"上古时期的中国，小邦林立、人口众多。尧舜时代是中国上古社会的鼎盛时期，鉴于"天下万邦"的社会现实，尧提出了"百姓昭明，协和万邦"，这既是一种道德理念，又是一种政治主张。尧希望对内通过"克明俊德"实现"九族既睦"；对外通过"平章百姓"实现"协和万邦"。无论是作为一种道德理论，还是一种政治主张，"协和万邦"都深刻体现出中国文化"和合"思想的精髓要义。通过理解"和合"思想，我们就能深刻理解"协和万邦"作为中国古代处理外部关系的基本原则，主张"以和为贵"，坚持"和而不同"，进而实现"天下为公"。

（一）以和为贵的和平目标

"礼之用，和为贵"（《论语·学而》）。千百年来，"以和为贵"

都是中国人为人处世的基本准则。在"以和为贵"观念的影响下，中国人侧重于以整体的思维来把握事物的发展，注重从整体和谐的视野来看待世界的变化。《中庸》记载："喜怒哀乐之未发，谓之中，发而皆中节，谓之和；中也者，天下之大本也；和也者，天下之达道也。致中和，天地位焉，万物育焉。"通过"中和"的概念指出宇宙万物的基本秩序是和谐统一、共生共赢。《易经·乾卦·象传》记载："乾道变化，各正性命，保合太和，乃利贞。首出庶物，万国咸宁。"根据天道运行变化规律，天下万物依其本性、充分化育生长，始终保持万物融合来达到完美的和谐状态，这体现出中国人秉持"持中贵和"来理解宇宙万物的基本秩序。这种"持中贵和""以和为贵"的理念不仅体现在人与人之间的人伦关系上，还蕴含于人与宇宙万物的自然秩序中。

孔子追求"仁"，通过主张"爱人"（《论语·颜渊》）形成"仁爱"的思想体系，使"以和为贵"在人伦关系上得以生动诠释。孔子在《论语·学而》篇提出："弟子入则孝，出则弟，谨而信，泛爱众，而亲仁。"孔子提倡"泛爱众"思想，主张人们把血缘亲情在社会中拓展开来，每个人都把他人当作亲人一样去关爱，从而形成人与人之间普遍而广泛的"爱"来，以此促进社会和谐。如何将这种"仁爱"思想在日常生活中付诸实践？孔子把"能近取譬"的忠恕之道作为表现和落实"仁爱"的具体方法。

《论语·雍也》篇记载："子贡曰：'如有博施于民而能济众，何如？可谓仁乎？'子曰：'何事于仁？必也圣乎！尧舜其犹病诸。夫仁者，己欲立而立人，己欲达而达人。能近取譬，可谓仁之方也已。'"

《论语·卫灵公》篇记载："子贡问曰：'有一言而可以

终身行之者乎？'子曰：'其恕乎！己所不欲，勿施于人。'"

什么是"忠恕"？按照孔子的说法，所谓"忠"，就是"己欲立而立人，己欲达而达人"，它要求我们积极帮助别人，实现共同进步、共同发展。所谓"恕"，就是"己所不欲，勿施于人"，它要求我们不要把自己不愿做的事强加于人，做到相互理解、相互体谅。"忠恕之道"如何得到落实践行？孔子提出了"能近取譬"的具体方法。所谓"能近取譬"，就是指以主体自身为中心，以己度人、将心比心、推己及人，也就是我们生活中常说的"换位思考"。孔子认为，在人际交往的过程中，只有做到将心比心、推己及人、换位思考，合乎仁爱忠恕的基本要求，才能实现人际关系的和谐美好。

孟子将"仁"的关系范围扩大，突破人与人的关系进而拓展到人以外的万物存在，这就是他著名的"亲亲仁民爱物"（《孟子·尽心上》）的主张。宋代张载提出"民吾同胞，物吾与也"（《西铭》）的思想，强调爱及他人以至爱及于物。程颢"仁者以天地万物为一体"（《识仁篇》）的论断，点明了人之本性"仁"的根本起源。"仁者，浑然与物同体"（《识仁篇》），明确地将仁爱思想从处理人与人之间的关系，拓展到人与天地宇宙的关系。王阳明继承发展了"仁者以天地万物为一体"的思想，认为人与天地万物一气流通，"原是一体"（《传习录》）。这种"一体"是靠"心之仁"联系起来的有机整体，即所谓"一体之仁"。正是有了这种"一体之仁"，才使"大人者"能"视天下犹一家，中国犹一人焉"（《大学问》）。王阳明也正是根据这种"一体之仁"，强调"天下之人，无外内远近""皆其昆弟赤子之亲"（《传习录·答顾东桥书》）。

"以和为贵"通过"一体之仁"不仅体现在人与人之间的人伦关系中，还为人与自然和谐相处提供了理论依据。老子说："人法地，地法天，天法道，道法自然。"（《道德经·第二十五章》）"道生一，一生二，二生三，三生万物。"（《道德经·第四十二章》）老子把天地人看作是一个不断创生的整体系统，统摄于"道"之中。"道"是宇宙万物的本体，"人与天地"作为一个生命共同体在"道"中和谐共生。"天之道，不争而善胜，不言而善应，不召而自来，繟然而善谋。天网恢恢，疏而不失。"（《道德经·第七十三章》）"天何言哉？四时行焉，百物生焉，天何言哉？"（《论语·阳货》）自然界有着自己的变化规律，天道规律无需言说，其中蕴藏的自然规律需要人自觉遵循且善于响应，"与天地合其德，与日月合其明，与四时合其序"，从而达到"天地与我并生，而万物与我为一"（《庄子·齐物论》）所体现出的人与自然和谐一体的理想境界。

"列星随旋，日月递炤，四时代御，阴阳大化，风雨博施。万物各得其和以生，各得其养以成，不见其事而见其功，夫是之谓神。"（《荀子·天论》）"万物各得其和以生"（《荀子·天论》），"万物并育而不相害，道并行而不相悖"（《中庸》）。世间万物有序生长，人和社会和谐稳定，天下各国和平相处。如何达到这种"和"的境界？这正是需要我们进一步思考的问题。

（二）和而不同的发展理念

如果说"以和为贵"是中国人为人处世所追求的根本目标的话，那么，包容差异、尊重差异的"和而不同"则进一步回答了如何实现此目标。早在先秦时期，中国古代思想家就对"和"与"同"的辩证关系有了深刻认识，这也正是"和"思想最为精妙之处。《国语·郑语》记载："夫和实生物，同则不继。以他平他谓之和，故能丰长而物归之；若以同裨同，尽乃弃矣。"史伯通过提出"和实生物，同则不继"的重要命题，将"和"与"同"做了明确区分。"故先王以土与金、木、水、火杂，以成百物。"（《国语·郑语》）百物的生成是土、木、金、火、水相杂而成，单独的其中之一是不能成就事物的，这就是"和实生物"。

世间万物因为多种多样而呈现出差异性，正是各种差异性之间的相互补充、相互促进使新事物得以产生。如果事物之间毫无差别完全一致，那么就没有生机活力。可见，"和"是在尊重差异性和多样性基础上，通过协调统一而达成更高层次的和谐，正所谓"以他平他谓之和"。

与史伯的观点几乎完全一致，春秋时期齐国大夫晏婴在与齐景公的对话中也论述了"和"与"同"的差别。《左传·昭公二十年》记载："公曰：'和与同异乎？'对曰：'异。和如羹焉，水火醯醢盐梅以烹鱼肉，燀之以薪，宰夫和之，齐之以味；济其不及，以泄其过。君子食之，以平其心"。晏婴认为"和"并不等于"同"，并以肉羹来生动阐明"和"的特质。"和"就像是用水、火、醯、醢、盐、梅来将鱼肉做成肉羹，喝这种肉羹之所以能平和心性，关键在于厨工能够将不同味道进行调配使其恰到好处。

与晏婴几乎同时代的孔子在对"和""同"辩证关系进行深切领会的基础上，明确提出"和而不同"的哲学命题。"君子和而不同，小人同而不和。"（《论语·子路》）孔子"和而不同"命题的提出，使中国古代思想家对"和""同"辩证关系的认识达到了新的高度。

可见，"和"不等于"同"，"和"的特质正是在"不同"的存在中得以体现。人类社会只有在"同"与"异"之间保持一种动态平衡和良性张力，才能获得社会进步所必需的生机与活力，这就要求我们既要追求和谐相处，又要强调求同存异。通过对"和而不同"中"和"与"同"辩证关系的把握，我们就能深刻认知只有融合多元、整合差异，才能够生生不息；反之，求“同”排“异”只会导致自我闭塞，最终将事物推向灭亡，人类文明的包容互鉴尤是如此。正如宋儒张载所说：“有象斯有对，对必反其为；有反斯有仇，仇必和而解。”（《正蒙·太和》）自然界和人类社会充满了差异性和对立性，所以必然产生矛盾和斗争，但是斗争的双方最终还是要走向一个更高层级的统一体。

（三）天下为公的社会理想

“天下为公”语出儒家经典《礼记·礼运》。何为“天下”？“观乎天文，以察时变；观乎人文，以化成天下。”（《易经·贲卦·彖传》）可以说，“天下”即是能“察时变”的自然地理山川，又指“观乎人文”的人类价值秩序世界。在山河大地的自然地理空间，不光有山川秀美的壮阔美景，更孕育着人类社会的繁衍生息。“天下为公”就是人类社会在运行过程中，所要达到的理想社会目标。“天下”何以“公”？中国古代思想家通过“大同”的理想社会蓝图给出了答案。

> 《礼记·礼运》记载：“孔子曰：‘大道之行也，与三代之英，丘未之逮也，而有志焉。大道之行也，天下为公，选贤与能，讲信修睦。故人不独亲其亲，不独子其子，使老有所终，壮有所用，幼有所长，鳏寡、孤独、废疾者皆有所养，男有分，女有归。货恶其弃于地也，不必藏于己；力恶其不出于身也，不必为己。是故谋闭而不兴，盗窃乱贼而不作，故外户而不闭。是谓大同。’”

这段描述为我们呈现出中国古代“大同”理想社会的基本特征，

具体表现为：第一，"人不独亲其亲，不独子其子"，通过"老吾老，以及人之老；幼吾幼，以及人之幼"（《孟子·梁惠王上》）实现社会的公平与正义。第二，"选贤与能，讲信修睦"，通过崇德敬贤实现精神文明的高度发展。第三，"老有所终，壮有所用，幼有所长，鳏寡、孤独、废疾者皆有所养，男有分，女有归。货恶其弃于地也，不必藏于己；力恶其不出于身也，不必为己。"通过"人人自足"实现物质文明的高度发展，最终实现"谋闭而不兴，盗窃乱贼而不作，故外户而不闭"，这就是社会的高度和谐的"大同"理想社会。

先秦诸子言虽"纷然淆乱"（《隋书·经籍志一》），然皆以实现"大同"理想的"治世"为共同目标。为实现"此务为治"（《周易·系辞传》）的目标，儒、墨、道、法等各家都提出了各自的社会理想主张。如孔孟追求"天下有道"、墨子追求"兼爱尚同"、老子追求"小国寡民"、法家追求"一断于法"等。东汉公羊学家何休以《礼运》思想为基础，发挥《春秋》之说，提出"衰乱世、升平世、太平世"的历史进化论主张，可以说，"太平世"展现出"大同"社会的美好景象。正如陶渊明在《桃花源记》中描绘："土地平旷，屋舍俨然，有良田、美池、桑竹之属。阡陌交通，鸡犬相闻。其中往来种作，男女衣着，悉如外人。黄发垂髫，并怡然自乐。"这为人们展现了一幅没有战乱、没有纷争，人与人各得其所、各有所养的美好画卷。

鸦片战争以来，面对内忧外患，无数仁人志士开始睁眼看世界，并奔走呐喊，探寻救国救民的道路。"天下为公"的大同理想在吸收外来思想基础上，超越历史传统而具有新的内涵。康有为在《大同书》中描绘了一个"无邦国、无帝王、人人相亲、人人平等、天下为公"的"大同"社会。建立第一个资产阶级革命团体"兴中会"的孙中山先生一生追求"天下为公"，他提出"民有、民治、民享"的理念，并明确指出，"真正的民生主义，就是孔子所希望之大同世界"①。这个民有、民治、民享的意思，就是国家是人民所共有，政治是人民所共管，利益是人民所共享。通过这三个"共"让全体人民做国家的主人，真正做到古人所说的"公天下"。

可见，中国古圣先贤都有经国济世、忧国忧民的担当和情怀，都有回到"三代之治"的强烈愿望。在救亡图存、实现民族独立的强烈思潮下，从地主阶级洋务派到资产阶级改良派、革命派，从康有为到孙中山，无不注重将以"天下为公"为目标的大同理想作为改造现实社会的有力思想武器，从而追求治国平天下的终极政治目标。正如历史学家吕思勉先生所说的那样："中国人总愿意与天下之人，同进于大道，同臻于乐利。有什么办法，可以使天下的人，同进于大道，同臻于乐利，中国人总欣然接受。"这条"大道"所体现的中国古圣先贤关于人类美好社会超越性的理想和愿景，正是"天下为公"的大同世界理想。

三、走和平发展道路对协和万邦理念的传承弘扬

当今世界正经历百年未有之大变局，"建设一个什么样的世界、如何建设这个世界？"当我们在回答这个人类社会永恒的课题时，走和平发展道路无疑是一条带领世界人民通往和谐美好的正确道路。习近平主席强调："中国走和平发展道路，不是权宜之计，更不是外交辞令，而是从历史、现实、未来的客观判断中得出的结论，是思想

---

① 《孙中山选集》，人民出版社1981年版，第844页。

自信和实践自觉的有机统一。"①这种思想自信和实践自觉源自中华优秀传统文化的深厚底蕴。在"协和万邦"天下观的感召下，将"以和为贵""和而不同""天下为公"等传统理念深深植根于中国人一脉相承的精神血脉中，充分体现在中国人处理国际事务的行为上。

（一）以和为贵：顺应和平与发展时代潮流

"以和为贵"作为古代思想家理解宇宙万物基本秩序的思想理念，反映了中国人看待世界的独特视野和方法。正如习近平主席在中国国际友好大会暨中国人民对外友好协会成立60周年纪念活动上发表重要讲话时指出的："中华文化崇尚和谐，中国'和'文化源远流长，蕴涵着天人合一的宇宙观、协和万邦的国际观、和而不同的社会观、人心和善的道德观。"②在协和万邦的国际观中，"以和为贵"的思想主张体现出中国在处理国际关系中和平、和睦、和谐的道义追求。

"以和为贵"的中华文化传统决定了中国走和平发展的现代化道路，这样的现代化之路，不主张战争、不赞成扩张掠夺，倡导以和平的方式，秉承双赢、多赢、共赢的理念，让发展成果惠及世界各国。"四海之内皆兄弟"，中国古代思想家主张在处理邦国之间的关系时要奉行"仁者爱人"的处世之道，"亲仁善邻""己欲立而立人，己欲达而达人"，就现在的话来说就是"中国人民不仅希望自己过得好，也希望各国人民过得好"③。

如何让自己和各国人民都过得好？"发展是第一要务，适用于各

---

① 习近平：《在德国科尔伯基金会的演讲》，《人民日报》2014年3月30日。
② 中共中央党史和文献研究院编：《习近平关于中国特色大国外交论述摘编》，中央文献出版社2020年版，第124页。
③ 《国家主席习近平发表二〇一七年新年贺词》，《人民日报》2017年1月1日。

国"①。"发展寄托着生存和希望，象征着尊严和权利"②。"唯有发展，才能消除冲突的根源。唯有发展，才能保障人民的基本权利。唯有发展，才能满足人民对美好生活的热切向往。"③2021年9月21日，习近平主席在第七十六届联合国大会一般性辩论上提出全球发展倡议④，并指出："发展是实现人民幸福的关键。面对疫情带来的严重冲击，我们要共同推动全球发展迈向平衡协调包容新阶段。"⑤全球发展倡议为实现共同发展繁荣发出了时代强音，契合了各国后疫情时代加快经济复苏的需求。在2022年世界经济论坛视频会议上，围绕全球发展倡议，习近平主席再次强调："这个倡议是向全世界开放的公共产品，旨在对接联合国2030年可持续发展议程，推动全球共同发展。中国愿同各方携手合作，共同推进倡议落地，努力不让任何一个国家掉队。"⑥"在各国支持下，全球发展倡议日益走深走实，各领域合作项目蓬勃开展。中方愿同各国一道，加快推进倡议合作，强化全球发展动能，全面深入推动世贸组织改革，应对共同挑战，增进各国人民福祉。"⑦习近平主席在2023年金砖国家工商论坛闭幕式上的致辞中

---

① 习近平：《共同构建人类命运共同体——在联合国日内瓦总部的演讲》，《人民日报》2017年1月20日。

② 习近平：《谋共同永续发展 做合作共赢伙伴——在联合国发展峰会上的讲话》，《人民日报》2015年9月27日。

③ 习近平：《谋共同永续发展 做合作共赢伙伴——在联合国发展峰会上的讲话》，《人民日报》2015年9月27日。

④ 全球发展倡议的核心要义是：坚持发展优先，坚持以人民为中心，坚持普惠包容，坚持创新驱动，坚持人与自然和谐共生，坚持行动导向。重点推进减贫、粮食安全、抗疫和疫苗、发展筹资、气候变化和绿色发展、工业化、数字经济、互联互通等领域合作，加快落实联合国2030年可持续发展议程，构建全球发展命运共同体。参见《习近平著作选读》第二卷，人民出版社2023年版，第513—515页。

⑤ 《习近平著作选读》第二卷，人民出版社2023年版，第513页。

⑥ 习近平：《坚定信心 勇毅前行 共创后疫情时代美好世界——在2022年世界经济论坛视频会议的演讲》，《人民日报》2022年1月18日。

⑦ 习近平：《深化团结合作 应对风险挑战 共建更加美好的世界——在2023年金砖国家工商论坛闭幕式上的致辞》，《人民日报》2023年8月23日。

指出："每个国家都有发展的权利，各国人民都有追求幸福生活的自由。""中方愿同各国一道，加快推进倡议合作，强化全球发展动能，全面深入推动世贸组织改革，应对共同挑战，增进各国人民福祉。"[1]中国在自身发展取得伟大成就的同时，也为世界各国的共同发展探寻真谛。

"安全是发展的前提，人类是不可分割的安全共同体。"[2]继提出全球发展倡议后，习近平主席于2022年4月在博鳌亚洲论坛2022年年会开幕式上提出全球安全倡议，旨在消弭国际冲突根源、完善全球安全治理，实现世界持久和平与发展。2023年2月，中国发布《全球安全倡议概念文件》[3]明确指出："实现世界持久和平，让每一个国家享有和平稳定的外部环境，让每一个国家的人民都能安居乐业，人民权利得到充分保障，是我们的共同愿望。各国需要同舟共济、团结协作，构建人类安全共同体，携手建设一个远离恐惧、普遍安全的世界。"[4]

全球发展倡议和全球安全倡议相互促进、相辅相成、呼应和平与发展的时代潮流，为实现世界长治久安提供了新方向。面对复苏乏力的世界，中国始终是全球经济的"动力源"。我们率先实现千年发展目标，提前十年实现《联合国2030年可持续发展议程》确定的减贫指标，减贫人口占同期全球减贫人口70%以上。面对充满挑战变化的世界，中国始终是全球治理的"领头雁"。中国作为第一个在联合

---

① 习近平：《深化团结合作 应对风险挑战 共建更加美好的世界——在2023年金砖国家工商论坛闭幕式上的致辞》，《人民日报》2023年8月23日。
② 习近平：《携手迎接挑战，合作开创未来——在博鳌亚洲论坛2022年年会开幕式上的主旨演讲》，《人民日报》2022年4月22日。
③ 《全球安全倡议概念文件》列出20项重点合作方向，归纳起来就是：坚定支持联合国安全治理核心作用、努力促进大国协调和良性互动、积极推动对话和平解决热点问题、有效应对传统与非传统安全挑战、不断加强全球安全治理体系和能力建设。
④ 《全球安全倡议概念文件》，中华人民共和国外交部网站2023年2月21日。

国宪章上签字的国家，始终坚定维护以联合国为核心的国际体系、以国际法为基础的国际秩序，迄今已加入几乎所有普遍性政府间国际组织和600多项国际公约及修正案。

"强不执弱，富不侮贫"（《墨子·兼爱中》），"国虽大，好战必亡"（《司马法·仁本》），"夫兵者，不祥之器"（《道德经·第三十一章》），中国肩负着自古有之的责任担当与思想智慧，"以人民之心为心、以天下之利为利"[1]在维护世界和平安宁，促进共同发展繁荣实践中作出大国表率，展现大国风范。当前，大国博弈竞争加速升级，地缘政治局势持续紧张，全球经济复苏道阻且长，冷战思维、零和思维沉渣泛起，单边主义、保护主义、霸权主义甚嚣尘上，民粹主义抬头趋势明显，新一轮科技革命和产业变革带来的竞争空前激烈，和平赤字、发展赤字、安全赤字、治理赤字持续加重，全球可以预见和难以预见的风险显著增加，人类面临前所未有的挑战。[2]"中华文明传承的是和平和睦和谐的理念，中国没有对外侵略扩张的基因。""无论今后发展到哪一步，我们都永远不称霸、不扩张，不强加于人，不谋求势力范围，不同任何国家打冷战热战。中国将坚持对话而不对抗、结伴而不结盟，继续奉行合作共赢的开放战略。"[3]面对动荡变革的世界，中国将始终作为世界和平建设者、全球发展贡献者、国际秩序维护者，继续同一切爱好和平的国家和人民一道，凝聚最大公约数，画出最大同心圆，坚守崇尚和平、造福人类的信念，推动历史车轮向着和平与发展的光明目标前进。

---

① 习近平：《把握时代潮流 缔造光明未来——在金砖国家工商论坛开幕式上的主旨演讲》，《人民日报》2022年6月23日。
② 中华人民共和国国务院新闻办公室：《携手构建人类命运共同体：中国的倡议与行动》，《人民日报》2023年9月27日。
③ 习近平：《汇聚两国人民力量 推进中美友好事业——在美国友好团体联合欢迎宴会上的演讲》，《人民日报》2023年11月17日。

（二）和而不同：文明交流互鉴

"和而不同"是古代先贤对于探求世界万物生长发展的规律总结，体现了事物之间因为自身差异而具有"不同"的丰富多样性，通过融合平衡而造就"和"的协调一致性。有差异的事物应"和而不同"，从而避免"同则不继"。在新的时代背景下，以习近平同志为核心的党中央自觉吸收"和而不同"的思想智慧，多次强调要尊重人类文明多样性，在寻求"和"的同时尊重"不同"，通过"和而不同"之"和"、"美美与共"之"共"让世界上各种文明生生不息、枝繁叶茂、百花齐放，走出一条国与国交往的新路径并赋予传统"和""同"之辩以新的时代意蕴。

2013年3月19日，习近平主席在对俄罗斯、坦桑尼亚、南非、刚果共和国进行国事访问并出席金砖国家领导人第五次会晤前夕接受媒体采访时指出："我们希望，国与国之间、不同文明之间能够平等交流、相互借鉴、共同进步，各国人民都能够共享世界经济科技发展的成果，各国人民的意愿都能够得到尊重"[①]。平等交流、相互借鉴、共同进步，充分彰显中国"和而不同"的处世之道。智慧的中国人自古就懂得"道无常名，圣无常体。随方设教，密济群生"。唐太宗这道为外来景教下的诏书，通过对不同宗教的开放包容体现不同文明的相互交流。正是这种交流吸纳，形成了多元一体的中华文明，中华文明正因为多元而丰富多彩，因为一体而可强可久。

多样性不光存在于中华大地，更存在于包括不同国家、不同民族、不同文明在内的世界领域。"正如中国人喜欢茶而比利时人喜爱

---

① 《习近平接受金砖国家媒体联合采访》，《人民日报》2013年3月20日。

啤酒一样"①，多样性是世界的基本特征，也是人类文明的根本魅力。这种文明的魅力吸引身处其中的人们去主动探寻。正如习近平主席感言："我访问过世界上许多地方，最喜欢做的一件事情就是了解五大洲的不同文明，了解这些文明与其他文明的不同之处、独到之处，了解在这些文明中生活的人们的世界观、人生观、价值观。"②正是在对各种不同文明都有所了解的基础上，习近平主席提出了全人类共同价值，这种价值正是不同个体、不同民族、不同国家之间的共性。

全人类共同价值超越不同社会制度之间的隔阂，化解不同意识形态之间的对抗，凝聚起人类不同文明之间的价值共识，即和平、发展、公平、正义、民主、自由。和平和发展是人类生存的基本价值，为人类进步提供了思想引领。没有和平，何谈公平？没有发展，何谈自由？公平和正义是国际交往的规范价值，为国际交往提供了原则规范。"物之不齐，物之情也"的思想理念足以打破弱肉强食的"丛林法则"，国家之间的交往无论大小一律平等，在国家秩序的维护中要道义为先、义利合一。民主和自由是政治文明的重要价值，为世界发展指明了方向路径。纵使民主的形式因为基本国情和文化传统的不同，不可能千篇一律，但无论哪一种形式的民主，最终都指向马克思所说的"人的解放"，实现一切人的自由而全面发展。

全球化时代，为了在世界范围内走出霸权主义和强权政治的阴霾，习近平总书记在倡导全人类共同价值的基础上，于2023年3月15日，在出席中国共产党与世界政党高层对话会上首次提出"全球文明倡议"。全球文明倡议是继全球发展倡议、全球安全倡议，中国为国际社会提供的又一重要公共产品。如果说全球发展倡议是为破解

---

① 习近平：《在布鲁日欧洲学院的演讲》，《人民日报》2014年4月2日。
② 习近平：《在联合国教科文组织总部的演讲》，《人民日报》2014年3月28日。

全球共同发展难题，全球安全倡议是为应对国际安全局势复杂变化，那么全球文明倡议的核心要义在于实现世界文明交流互鉴。全球文明倡议的主要内容包括四个方面，即共同倡导尊重世界文明多样性、共同倡导弘扬全人类共同价值、共同倡导重视文明传承和创新、共同倡导加强国际人文交流合作。[1]

可以说，全球文明倡议通过这四个"共同倡导"繁荣世界文明百花园，为推动人类现代化进程提供了中国智慧和中国方案。同时，"人类社会创造的各种文明，都闪烁着璀璨光芒，为各国现代化积蓄了厚重底蕴、赋予了鲜明特质，并跨越时空、超越国界，共同为人类社会现代化进程作出了重要贡献"[2]。中国共产党将继续同一切爱好和平的国家和人民一道，"以文明交流超越文明隔阂、文明互鉴超越文明冲突、文明包容超越文明优越"[3]，为促进世界和平发展而不断努力。

（三）天下为公：构建人类命运共同体

"天下为公"表达了对实现国家昌盛、世界和谐大同理想的向往与渴求。历代思想家都将大同理想转化为推动社会变革、实现天下大治的思想动力。"天下为公"理念展现经国济世、忧国忧民的思想情怀，彰显"天下兴亡，匹夫有责"的责任担当。随着历史的不断发展，中国古人对"天下为公"的探寻转化为现代人对"建设一个什么样的世界、怎样建设这个世界？""人类社会向何处去？"这些时代

---

① 参见习近平：《携手同行现代化之路——在中国共产党与世界政党高层对话会上的主旨讲话》，人民出版社2023年版，第8页。
② 习近平：《携手同行现代化之路——在中国共产党与世界政党高层对话会上的主旨讲话》，人民出版社2023年版，第7页。
③ 习近平：《携手同行现代化之路——在中国共产党与世界政党高层对话会上的主旨讲话》，人民出版社2023年版，第8页。

问题的思索。构建人类命运共同体，实现共赢共享，正是解决当今时代问题的中国方案。

2013年3月23日，习近平主席在莫斯科国际关系学院的演讲中，首次提出人类命运共同体这一重大理念："这个世界，各国相互联系、相互依存的程度空前加深，人类生活在同一个地球村里，生活在历史和现实交汇的同一个时空里，越来越成为你中有我、我中有你的命运共同体。"[①]2015年9月28日，习近平主席在第七十届联合国大会一般性辩论时发表重要讲话，从伙伴关系、安全格局、发展前景、文明交流、生态体系五个方面系统阐释人类命运共同体的主要内涵。并于2017年1月18日，在瑞士日内瓦万国宫出席"共商共筑人类命运共同体"高级别会议上，习近平主席发表题为《共同构建人类命运共同体》的主旨演讲，同世界分享建设一个持久和平、普遍安全、共同繁荣、开放包容、清洁美丽的世界这一中国方案。可以说，人类命运共同体汇聚着世界各国人民对和平、发展、繁荣向往的最大公约数。

2021年10月25日，习近平主席在北京出席中华人民共和国恢复联合国合法席位50周年纪念会议并发表重要讲话。在这次约20分钟的重要讲话中，"共同"一词共出现了24次，其中，"五个共同"被明确提出：

> 我们应该大力弘扬和平、发展、公平、正义、民主、自由的全人类共同价值，共同为建设一个更加美好的世界提供正确理念指引；我们应该携手推动构建人类命运共同体，共同建设持久和平、普遍安全、共同繁荣、开放包容、清洁美

---

① 习近平：《顺应时代前进潮流 促进世界和平发展——在莫斯科国际关系学院的演讲》，《人民日报》2013年3月24日。

丽的世界；我们应该坚持互利共赢，共同推动经济社会发展更好造福人民；我们应该加强合作，共同应对人类面临的各种挑战和全球性问题；我们应该坚决维护联合国权威和地位，共同践行真正的多边主义。[1]

这"五个共同"的中国主张，充分体现了新时代中国共产党的使命担当，可以说，新时代的"共同"主张作为中国古代"大同"理想的现代表达，正是"天下为公"思想的历史赓续和时代升华。

党的十八大以来，习近平总书记多次谈及"天下为公"。在纪念孙中山先生诞辰150周年大会上，习近平总书记对他一生追求"天下为公"给予高度评价，"孙中山先生有着深厚的为民情怀，一生坚持以'天下为公'为最高思想境界"[2]。心系民众的为民情怀可以说是实现"天下为公"最深层次的理想追求，人民至上、造福百姓也就成为"天下为公"思想的题中之义。正如中国文化将人作为终极关怀对象。"天地之性，人为贵"（《孝经·圣治》）；"天地之间，莫贵于人"（《孙膑兵法·月战》）；"惟天地万物父母，惟人万物之灵"（《尚书·周书·泰誓》）。与天地之间各种生命相比，人是万物的主宰，具有终极的价值和意义。《尚书·五子之歌》关于"民惟邦本，本固邦宁"的记载，是传统以人为本思想的经典表述。孟子曰："民为贵，社稷次之，君为轻。"（《孟子·尽心下》）《管子·霸言》曰："夫霸王之所始也，以人为本，本理则国固，本乱则国危。"《管子·牧民》曰："政之所兴，在顺民心；政之所废，在逆民心。"历代贤君良臣都强调国家安危存亡、兴衰功业取决于人民。将"大畏民志，此谓知本"

① 习近平：《在中华人民共和国恢复联合国合法席位50周年纪念会议上的讲话》，《人民日报》2021年10月26日。
② 习近平：《在纪念孙中山先生诞辰150周年大会上的讲话》，《人民日报》2016年11月12日。

（《大学》）的政治理念落实到政治实践中，形成中国传统"平政爱民""富民强国""重民保民""恤民忧民"的民本思想。这种民本思想的精髓要义就在于通过"庶民、富民、教民"达到"大道之行也，天下为公"的社会目标。

习近平主席提出构建人类命运共同体理念，目的就是回答"人类向何处去"的世界之问、历史之问、时代之问，为彷徨求索的世界点亮前行之路，为各国人民走向携手同心共护家园、共享繁荣的美好未来贡献中国方案。构建人类命运共同体理念，着眼全人类的福祉，既有现实思考，又有未来前瞻；既描绘了美好愿景，又提供了实践路径和行动方案；既关乎人类的前途，也攸关每一个体的命运。10年来，构建人类命运共同体的理念不断丰富和发展。从习近平主席2013年在莫斯科国际关系学院首次提出，到2015年在第七十届联大一般性辩论上提出"五位一体"总体框架①，再到2017年在联合国日内瓦总部提出建设"五个世界"的总目标②，人类命运共同体理念的思想内涵不断深化拓展。面对时代之问，中国的回答是构建人类命运共同体。人类命运共同体，就是每个民族、每个国家的前途命运都紧紧联系在一起，应该风雨同舟、荣辱与共、和谐共生、合作共赢。这一理念源于对国家交往关系的合理性设计，源于国际社会的普遍共识和共同期盼，也源于中国的大国责任和担当。人类命运共同体理念基于深厚的中国文化底蕴，源于中国式现代化的道路实践，继承弘扬新中国外交的优良传统，吸收借鉴人类社会优秀文明成果，彰显了悠久的历

---

① "五位一体"总体框架：建立平等相待、互商互谅的伙伴关系，营造公道正义、共建共享的安全格局，谋求开放创新、包容互惠的发展前景，促进和而不同、兼收并蓄的文明交流，构筑尊崇自然、绿色发展的生态体系。
② 建设"五个世界"的总目标：坚持对话协商，建设一个持久和平的世界；坚持共建共享，建设一个普遍安全的世界；坚持合作共赢，建设一个共同繁荣的世界；坚持交流互鉴，建设一个开放包容的世界；坚持绿色低碳，建设一个清洁美丽的世界。

史传承、鲜明的时代印记和丰富的人文内涵。中国共产党始终坚持发展自己、兼济天下、造福世界，不仅要让中国人民过得好，也帮助其他国家人民过上好日子，努力为人类作出新的更大贡献。中共二十大报告擘画了以中国式现代化全面推进中华民族伟大复兴的宏伟蓝图，明确提出推动构建人类命运共同体是中国式现代化的本质要求之一，把中国的前途命运和人类的前途命运紧密联系起来。[①]"我们深刻认识到，人类是相互依存的命运共同体。世界好，中国才会好；中国好，世界会更好。"[②]

构建人类命运共同体着眼于全人类共同利益和共同福祉，超越你输我赢、零和博弈的思维藩篱，在面对地区争端、恐怖主义、气候变化、网络安全、生物安全等全球性问题时，风雨同舟，荣辱与共，通过坚持和平发展道路，奉行互利共赢的开放战略，把世界各国人民对美好生活的向往变成现实。习近平总书记从提出"五位一体"总体框架到"五个世界"的总体目标，从在国家之间和地区层面构建命运共同体，到在全球领域打造网络空间、核安全、海洋、卫生健康等命运共同体，从"一带一路"倡议到全球发展倡议、全球安全倡议、全球文明倡议，知行合一，在理论与实践的辩证统一中同世界各国人民一道推动构建人类命运共同体，共同为人类谋进步、为世界谋大同贡献一份力量。

今日之中国，中国共产党坚持和发展中国特色社会主义，在推动物质文明、政治文明、精神文明、社会文明、生态文明协调发展进程中，以中国式现代化创造了人类文明新形态。今日之世界，和平与发

---

① 参见中华人民共和国国务院新闻办公室：《携手构建人类命运共同体：中国的倡议与行动》，《人民日报》2023年9月27日。
② 习近平：《建设开放包容、互联互通、共同发展的世界——在第三届"一带一路"国际合作高峰论坛开幕式上的主旨演讲》，《人民日报》2023年10月19日。

展作为各国人民的共同心声，是不可阻挡的历史潮流。中国共产党将在历史自信中不断巩固文化主体性，传承弘扬中华文明的和平性，坚持走和平发展道路，在实践中以推进中国式现代化和构建人类命运共同体为目标，解答中国之问、世界之问，不断加强国际合作，命运与共，让不同国家、不同文明在彼此尊重中共同发展、在求同存异中合作共赢，让全世界人民一起坚定站在历史正确的一边、站在人类文明进步的一边，为实现世界永续和平发展不懈奋斗。

第七章

———

中国式现代化的世界意义和文明价值

2023年2月7日，习近平总书记在学习贯彻党的二十大精神研讨班开班式上的重要讲话中指出："中国式现代化蕴含的独特世界观、价值观、历史观、文明观、民主观、生态观等及其伟大实践，是对世界现代化理论和实践的重大创新。"① 这个内涵深远的论断表明，理解中国式现代化不应仅着眼于经济社会发展，更应从文明的高度、世界的广度、历史的长度来看待中国式现代化道路。

　　世界文明浩浩荡荡，现代化不仅是世界文明发展的历史趋势，更是人类文明进步的重要标志和当代演绎。作为世界上最大的发展中国家、最大的社会主义国家，中国在经历了漫长的艰苦跋涉后，终于走出一条既适合于中国国情，又顺应现代化历史潮流，还符合人类文明总体发展规律的中国式现代化道路，最终在广袤的国土上实现现代化，成为世界现代化版图的重要组成部分。这不仅是人类历史上前所未有的重大变革，更为推动人类文明进步作出巨大贡献。

　　习近平总书记在庆祝中国共产党成立100周年大会上的讲话中指出："我们坚持和发展中国特色社会主义，推动物质文明、政治文明、精神文明、社会文明、生态文明协调发展，创造了中国式现代化新道路，创造了人类文明新形态。"② 由此可见，在中国共产党领导下的中

---

① 《习近平在学习贯彻党的二十大精神研讨班开班式上发表重要讲话强调 正确理解和大力推进中国式现代化》，《人民日报》2023年2月8日。
② 《习近平著作选读》第二卷，人民出版社2023年版，第483页。

国社会主义的实践，不仅创造了中国式现代化道路，更开创了人类文明新形态。现代化道路和人类文明新形态从根本上来说是相互贯通、交互作用的。中国式现代化正是物质文明、政治文明、精神文明、社会文明、生态文明协调发展的全面展现，而五大文明和谐统一亦是中国式现代化的鲜明特点。中国式现代化，不仅是中国自身对文明延续与创新道路的探索，更是对世界文明前景和发展路径的开拓。中国式现代化全面展现了中华文明的底蕴和内涵，改变了传统的世界文明格局、打破了现代化等同于西方化的迷思，拓展了现代化后进国家文明繁荣的路径，指引了人类文明进步的发展方向。深刻领悟中国式现代化的世界意义和文明价值，对于我们建成社会主义现代化强国，构建世界文明新形态具有重要意义。

一、展现了中华文明的底蕴和内涵

中国式现代化的第一重世界意义和文明价值，在于展现了中华文明的底蕴和内涵。部分西方国家利用既得优势走在了现代化进程的前列，然而这种优势和进步往往建立在对后发国家的殖民、侵略和掠夺之上，并在全球化日益加深的今天，暴露出越来越多的道义短板和文明局限。中国共产党不靠战争、不靠侵略，带领中国人民在短短数十年间走完了西方国家数百年的发展历程，实现了从站起来、富起来到强起来的伟大飞跃，历史性地消除了绝对贫困。国际货币基金组织的数据显示，2019年全世界实现现代化的经济总人口还不到10亿，而中国的总人口有十几亿。可以说，中国在现代化道路上取得的成功，创造了人类发展史上的真正奇迹。

这份发展奇迹不是"飞来峰"，而是建立在深厚的文明底蕴和历史根基之上。习近平总书记指出："中国式现代化，深深植根于中华优秀传统文化，体现科学社会主义的先进本质，借鉴吸收一切人类优秀文明成果，代表人类文明进步的发展方向。"[①]习近平总书记的讲话表明，中华优秀传统文化是中国式现代化的历史依据和底蕴来源。中国式现代化在发展进步的过程中不断从中华优秀传统文化中汲取了力量和养分，既有世界现代化的普遍特点，又具有鲜明的时代特征和中国特色，是中华文明经过创造性转化与创新性发展后的文明迭代和文明延续。

中国式现代化所展现的文明底蕴和深刻内涵具体体现为以下五点：一是突出的连续性，二是突出的创新性，三是突出的统一性，四是突出的包容性，五是突出的和平性。

（一）突出的连续性

习近平总书记指出，中华文明具有突出的连续性，"中华文明的连续性，从根本上决定了中华民族必然走自己的路。如果不从源远流长的历史连续性来认识中国，就不可能理解古代中国，也不可能理解现代中国，更不可能理解未来中国"[②]。

纵观世界历史，西方也曾出现过诸多辉煌的文明和帝国，比如古罗马帝国、拜占庭帝国等，然而，上述辉煌的文明在兴盛过后都一蹶不振、灰飞烟灭了。几千年来，只有中国在衰弱后，会不断崛起和复兴，创造出一个又一个盛世。由此可知，中国今日之成就、中国式现代化道路的成功不是单纯的崛起，而是复兴，中国的强大不是从无到

---

① 《习近平在学习贯彻党的二十大精神研讨班开班式上发表重要讲话强调 正确理解和大力推进中国式现代化》，《人民日报》2023年2月8日。
② 习近平：《在文化传承发展座谈会上的讲话》，《求是》2023年第17期。

有，而是从沉睡到觉醒的过程。许多学者认为，中国能在历史上不断地创造盛世、中国能在短期内改变世界现代化的既定格局，其根本原因在于：中国不仅仅是一个国家的存在、一个民族的存在，更是一个文明的存在。中国式现代化的丰硕成果背后，是数千年中华文明的觉醒和复兴。作为世界历史上唯一一个未曾断绝的古文明，中国不是无根之木，无源之水，她的延续本质上来自中华文明的深厚积淀，来自中华文明内在历久弥新的永动力，也就是中国传统文化所阐释的一以贯之之道。

中华文明是"志于道"的文明，"一阴一阳之谓道"，道是阴阳变易背后不变的规律和法则。《周易》云："立天之道曰阴与阳，立地之道曰柔与刚，立人之道曰仁与义。"在中华文化中，个人、家庭乃至国家的兴衰是由永恒和普遍的真理，也就是"道"决定的。只有依道而行才会有德。德者，得也，外得于人，内得于己，内圣外王是也。万事万物只有效法天地之道，继之于善，成之乎性，躬行仁义，把握变化中的不变，才能够论阴阳如反掌，保定乾坤。在数千年的兴衰演替中，中华文明之所以能够薪火相传、生生不息，就是由于一代又一代有志之士能够实现圣贤之道的传承，就是由于在绝大多数历史阶段，中国人民始终能够透过现象看本质，把一以贯之的道统、教统、政统渗透在家国治理和社会生活的方方面面，由圣贤教育培养圣贤君子，由圣贤君子实现圣贤政治，再由圣贤政治推广圣贤教化，从而形成一个完整的圣贤政教治理体系。

因此，从"道"出发，就能理解为何"实现中华民族伟大复兴进入了不可逆转的历史进程"，为何"没有中华五千多年文明，就没有今天的中国特色，更没有今天的成功道路"。这是因为，中国共产党接续了古圣先贤"志于道"的发展方向，遵循了"天人合一"的世界观，"民胞物与"的道德观，"德本财末"的价值观，"一体之仁"的整体思维方式，继承了"选贤任能""为政以德"的善治精神，并将这些文化积淀创造性地转化为中国特色社会主义现代化建设的伟大理论和伟大实践，在此基础上成就了中国式现代化的壮丽图景。

（二）突出的创新性

尽管西方国家在现代化的理论和实践方面业已取得了巨大成就，然而，作为一种全新的人类文明形态，中国式现代化既不是因循守旧，也不是拿来主义，而是立足自身国情和历史阶段，在把握一以贯之之道的基础上，批判性地借鉴和吸收一切优秀现代化文明成果后的创造和创新。习近平总书记指出："中华文明具有突出的创新性。中华文明是革故鼎新、辉光日新的文明，静水深流与波澜壮阔交织。""中华文明的创新性，从根本上决定了中华民族守正不守旧、尊古不复古的进取精神，决定了中华民族不惧新挑战、勇于接受新事物的无畏品格。"[1]

从古至今，变化是最大的常态，世间万物无不处在盛衰、盈虚、消长的变化中。天地之所以长久是因其不自生故能长生，圣人之所以能保持长久、盛而不衰，是因为他们能通达于天地阴阳的变化而不失其道。"形而上者谓之道，形而下者谓之器。"在中华文化中，治国理政中具体的方法、制度、程序、模式等都会随着时间和空间的变化而变化；但背后无形的道是不变的。对中国而言，创新的本质，是在把握变化背后不变的道之基础上，实事求是、与时俱进之后的守正创新。如《群书治要·文子》指出："治国有常，而利民为本；政教有道，而令行为右。苟利于民，不必法古；苟周于事，不必循俗。

---

① 习近平：《在文化传承发展座谈会上的讲话》，《求是》2023年第17期。

故圣人法与时变，礼与俗化；衣服器械，各便其用；法度制令，各因其宜。故变古未可非，循俗未足多。"

正是由于蕴含革故鼎新、与时偕行的文明内涵，中国作为世界上最大的社会主义国家，在实现现代化的进程中既不搞"全盘西化"，也不复制其他社会主义国家的现代化道路，而是根据自身所处的不同发展阶段和面临的主要矛盾，独立自主、兼收并蓄，创造性转化和运用现存有益成果。这一创造性突出体现在，中国在推进马克思主义中国化的过程中，坚持把马克思主义基本原理同中国具体实际相结合、同中华优秀传统文化相结合。中国式现代化所取得的成就根本上来源于"两个结合"的伟大创举，是"两个结合"的成功典范。习近平总书记指出，要"以马克思主义为指导对中华五千多年文明宝库进行全面挖掘，用马克思主义激活中华优秀传统文化中富有生命力的优秀因子并赋予新的时代内涵，将中华民族的伟大精神和丰富智慧更深层次地注入马克思主义，有效把马克思主义思想精髓同中华优秀传统文化精华贯通起来，聚变为新的理论优势，不断攀登新的思想高峰"[1]。中国式现代化道路和人类文明新形态的营建，离不开马克思主义有关现代化的理论内涵同中华优秀传统文化、中国具体国情之间的智慧融合，它是中华文明创新性底蕴的完美彰显。

（三）突出的统一性

中国式现代化的突出特征，是人口规模巨大的现代化，是全体人民共同富裕的现代化，是物质文明和精神文明相协调的现代化，是人

---

[1] 《习近平在中共中央政治局第六次集体学习时强调 不断深化对党的理论创新的规律性认识 在新时代新征程上取得更为丰硕的理论创新成果》，《人民日报》2023年7月2日。

与自然和谐共生的现代化，是走和平发展道路的现代化。这五大特点都彰显了中华文明的统一性特征，展现了中华民族多元一体的文明内涵。何谓"一体"？《礼记·礼运》云："大道之行也，天下为公，选贤与能，讲信修睦。故人不独亲其亲，不独子其子，使老有所终，壮有所用，幼有所长，鳏寡、孤独、废疾者皆有所养……是故谋闭而不兴，盗窃乱贼而不作，故外户而不闭。是谓大同。"夫子认为，大道施行的时代，天下不是某个人、某部分利益集团的私物，天下是人民所公有的。万事万物是"天地与我并生，而万物与我为一"（《庄子·齐物论》）的一体关系。这个一体的本源就是道。老子说："人法地，地法天，天法道。"从一体之道出发，君王会效法天地的生生之德，以民为本，选拔贤能治国理政。贤能政治普惠于天下，人与人之间会遵守信用、和睦相处，达到"鳏寡、孤独、废疾者皆有所养"的善治境界，这即是夫子所描述的大同社会。

《孟子·公孙丑上》曰："人皆有不忍人之心。先王有不忍人之心，斯有不忍人之政矣。以不忍人之心，行不忍人之政，治天下可运之于掌上。"一体不二的恻隐之心是仁德的开端，仁德是仁政的开端。古人常谓求忠臣于孝子之门，就是因为孝子德立行修，能够由仁心产生仁政，移孝作忠，推己及人，施惠于众。在中国传统文化的观念中，"一体"是整个宇宙人生的真相，是历久弥新的恒常大道。由"一体"而生发出的概念有"天人合一""天下为公""民贵君轻""德主刑辅""美美与共""不患寡而患不均"等。正是因为延续了中华文明的统一性特征、承继了多民族融合的共同体意识，中国式现代化始终坚持人民至上，坚持"全国一盘棋"集中力量办大事，坚持绿水青山就是金山银山，倡导构建人类命运共同体……最终克服重重阻碍，在经济社会全面落后、人民生活极端贫困的情况下，通过农业技术发展、基础设施建设、义务教育推行、生态环境治理、和平外交贯彻、民族区域自治等大政方针，使幅员辽阔、人口众多、民族多元的现代化后进国家迈入了现代化先驱国的行列。中国式现代化不仅体现为人口规模巨大、全体人民共同富裕、人与自然和谐共生，还体现为物质文明和精神文明相协调、走和平发展道路，这是因为中华文明的一体之道，不仅包含了物质精神一体、君民君臣一体、社会自然一体，更包含了家国天下一体。

（四）突出的包容性

中国式现代化"深深植根于中华优秀传统文化，体现科学社会主义的先进本质，借鉴吸收一切人类优秀文明成果，代表人类文明进步的发展方向"[1]。习近平总书记的论述表明，中国式现代化不是排他的、孤立的现代化，而是包容的、博大的现代化，中国式现代化全面展现了中华文明开放包容、兼收并蓄的文化底蕴。

随着全球化的发展和科技的进步，人类文明的交流日渐扩大，不同国家、民族的文明体系相互融合、相互借鉴，世界文明百花园日渐瑰丽多姿。文明是多彩的、有价值的，人类文明的繁荣进步建立在不同文明平等相待、互鉴交流的基础上。各个文明应当以开放包容的心态"以人之长补己之短"，相互尊重、求同存异，超越非此即彼的零和博弈，达到两全其美的合作共赢。习近平总书记指出："中华文明具有突出的包容性。中华文明从来不用单一文化代替多元文化，而是由多元文化汇聚成共同文化，化解冲突，凝聚共识。中华文化认同超越地域乡土、血缘世系、宗教信仰等，把内部差异极大的广土巨族整

---

[1] 《习近平在学习贯彻党的二十大精神研讨班开班式上发表重要讲话强调 正确理解和大力推进中国式现代化》，《人民日报》2023 年 2 月 8 日。

合成多元一体的中华民族。越包容，就越是得到认同和维护，就越会绵延不断。中华文明的包容性，从根本上决定了中华民族交往交流交融的历史取向，决定了中国各宗教信仰多元并存的和谐格局，决定了中华文化对世界文明兼收并蓄的开放胸怀。"①

老子曾言，"大邦者下流"。意思是说，一个真正的大国，不会自恃强大，以大欺小，故步自封，而是像居于江河下游那样，上善若水，为而不恃，利而不争，以海纳百川、兼收并蓄的胸襟成人达己、平治天下，所以，"江海所以能为百谷王者，以其善下之"（《道德经·第六十六章》）。自古以来，中国人坚持"万物并育而不相害，道并行而不相悖"（《中庸·第三十章》）的理念，注重各美其美、美美与共，在交流互鉴中取长补短，在求同存异中相向而行。正如习近平总书记指出："从历史上的佛教东传、'伊儒会通'，到近代以来的'西学东渐'、新文化运动、马克思主义和社会主义思想传入中国，再到改革开放以来全方位对外开放，中华文明始终在兼收并蓄中历久弥新。"②

（五）突出的和平性

中国式现代化是走和平发展道路的现代化，中国始终是世界和平的建设者、全球发展的贡献者、国际秩序的维护者，中国式现代化全面展现了中华文明以和为贵、兼爱非攻的文化底蕴。立足"天时不如地利，地利不如人和"的治国理念，中国自古便注重国家的统一、民族的团结、天下的大同，主张求大同存小异、"四海之内皆兄弟"，倡

① 习近平：《在文化传承发展座谈会上的讲话》，《求是》2023年第17期。
② 习近平：《深化文明交流互鉴 共建亚洲命运共同体——在亚洲文明对话大会开幕式上的主旨演讲》，人民出版社2019年版，第9页。

导"亲仁善邻，协和万邦"，推崇"修文德以来之""不战而屈人之兵"，注重在彼此尊重的基础上，和而不同、互鉴交流，以团结谋共识，以共识求发展。大一统的悠久历史和文明内涵，促使中国不仅在国家内部强调民族团结交流、宗教和谐并存，更提倡在对外关系中与人为善、睦邻友好，以文明互鉴代替文明冲突，以文明共存代替文明优越。

正是由于蕴含着平等尊重、和谐统一的文明内涵，在推进中国式现代化的过程中，中国共产党始终坚持和平、和睦、和谐的发展理念，倡导和平、发展、公平、正义、民主、自由的全人类共同价值。不仅不搞对外侵略、殖民扩张，不干涉他国内政，不把自己的价值观念与政治体制强加于人，还坚决抵制霸权主义和强权政治、不搞"党同伐异"的小圈子，并且随着自身实力的增强，不断推动国际的对话、交流、合作，努力将自身发展成果惠及全世界，为维护世界和平发展作出了重要贡献。

二、打破了"现代化＝西方化"的迷思

中国式现代化的第二重世界意义和文明价值，在于改变了传统的世界文明格局，打破了"现代化＝西方化"的迷思。正如习近平总书记指出，中国式现代化"代表人类文明进步的发展方向，展现了不同于西方现代化模式的新图景，是一种全新的人类文明形态"。观察现代化发展的历史进程，可以看到，世界现代化具有共同的特征及普遍性规律，例如城市化、工业化、全球化、信息化等。作为世界现代化的重要组成部分，中国式现代化吸取了西方现代化发展的经验和教训，展现出了世界现代化的一般特征，遵循着世界现代化发展的普遍规律。与此同时，中国式现代化作为一种全新的人类文明形态，具有不同于现代西方文明以及西方现代化的中国特色。

中国式现代化不同于西方现代化的特点，首先，体现在中国式现代化不是走资本主义道路的现代化，而是走中国特色社会主义道路的现代化；其次，中国式现代化蕴含着根植于中华优秀传统文化的独特世界观、价值观、历史观、文明观、民主观、生态观，具有包括人口规模巨大、全体人民共同富裕、物质文明和精神文明相协调、人与自然和谐共生、走和平发展道路五个方面的显著特征；最后，中国共产党领导下的中国式现代化，坚持人民至上、共同富裕、互利共赢等价值取向，相较西方现代化资本（选票）至上、两极分化、弱肉强食等价值追求，凸显中国式现代化在道路、理论、制度、文化等方面的巨大优势，为世界现代化发展和人类文明进步注入崭新内涵。

总而言之，中国式现代化走出了一条不同于西方现代化的独特之路，改变了现有的世界文明格局，影响了传统的东西力量对比，扭转了过去一家独大的状况，并以自身发展实践告诉全世界：通往现代化的道路不止一条。中国在现代化道路上的探索和实践，打破了西方在关于现代化问题上的话语垄断，实现了对西方现代化的多重超越。

（一）共同富裕对两极分化的超越

长期以来，美欧等西方国家的现代化以资本增值、资本逐利为驱动。在此前提下搭建的资本主义私有制造成了广泛的掠夺和剥削。过度强调私营经济的后果，是国家的公共利益被不断侵蚀，金钱至上、资本至上代替了人民至上。在此模式下，现代化进程中的贫富差距和两极分化日益严重，财富和机会的不平等造成了包括阶层固化、民粹主义等一系列的社会治理难题。

与西方现代化不同，中国在推进现代化发展的进程中，坚持公有制为主体、多种所有制经济共同发展，按劳分配为主体、多种分配方式并存的社会主义市场经济制度。这一制度以维护社会的公平正义为旨归，要求资源的均衡分配，注重市场调节与政府宏观调控相结合，要求现代化发展成果符合最广大人民的根本利益。全体人民共同富裕是中国特色社会主义的本质要求，是中国式现代化的显著特征，全体人民而非仅仅是部分利益群体才是社会财富的真正创造者、享有者。中国历史性地解决贫困问题、坚持缩小贫富差距、避免落入"中等收入陷阱"等发展成就证明，中国式现代化的共同富裕是对西方现代化两极分化的超越。

（二）人民至上对选票至上的超越

近代以来，多党执政下的竞争选票模式是西方现代化在政治生活尤其是民主制度方面的显著特征。在这种模式下，各政党为了上台执政、攫取利益，进而实现资本扩张，肆意操纵民主选举、加剧选举竞争。这一制度下，选票至上、一票定输赢，形式民主超越了实质民主，国家的民主选举往往沦为政治营销、权钱交易和民粹政治的舞台。在这一模式下，国家常常会选择出擅长表演却不一定擅长治国的人才；同时，政党之间的互相倾轧、政权的频繁更迭加剧了政治功能的紊乱和社会族群的内耗，政党及其背后的局部利益超越人民整体和长远利益而存在。

与西方不同，中国式现代化在政治生活和民主制度方面，始终坚持以人民为中心的发展思想，坚持全过程人民民主，坚持人民代表大会制度，坚持中国共产党领导的多党合作和政治协商制度，坚持选贤任能制度。如习近平总书记在党的十九大报告中指出："为什么人的问题，是检验一个政党、一个政权性质的试金石。"①中国共产党来自人民、服务人民，从诞生之日起就践行全心全意为人民服务的根本宗旨。中国共产党的历史，是一部"权为民所赋，权为民所用"的历史。中国共产党的领导地位和领导权力不是与生俱来的，而是历史的选择、人民的选择，是中国选贤任能政治传统的集中体现。

中国当代的选贤任能制度，沿袭自上千年贤能治国的传统。这一制度不同于西方"选票至上"的竞争选举模式，而是以选拔加选举为特点，力求通过民主集中选拔贤能为国献计献策，达到形式民主和实质民主的统一，进而保证政权的稳定性、干部的可靠性和政策的延续性。在中国，选票、才干和大众的声望都只是衡量人才的部分因素。中国的领导者从基层开始走到领导岗位，往往需要历经几十年的考验，其领导地位的确立，不仅要通过民主选举，还要通过组织人事部门长期的考核、评估、调研等一整套干部遴选机制，领导者的晋升不仅看民意看口碑，更要看候选人是否德才兼备、清正廉洁，真正能够承担起治国安民的重任。正是因为"人民"超越"选票"而存在，中国选贤任能制度下选拔出来的执政团队都具有丰富的执政经验和治国履历，都能够冲破既得利益的阻挠，以国家的整体利益和长远利益为归依，成为推动中国式现代化发展的关键领导力量。由此可见，中国式现代化的人民至上是对西方选票至上的超越。

（三）协调发展对物质至上的超越

西方现代化以资本为本，在资本逐利性、扩张性的统摄下，人类劳动沦为价值增值的工具，资本家沦为人格化的资本，这种对人

---

① 《习近平著作选读》第二卷，人民出版社2023年版，第37页。

性的异化造成了西方现代化进程中普遍的贫富差距、人伦矛盾和道德困境。社会风气在重商主义、物质主义的影响下日渐凋敝，人性不断受到物质和欲望的侵蚀而空虚堕落。与西方不同，中国自古遵循"建国君民，教学为先"（《礼记·学记》）的理念，主张"人人皆可成尧舜"，政治的深层目的在于"政者，正也，子帅以正孰敢不正？"（《论语·颜渊》）意思是说，国家在解决百姓基本生存需求的同时，更负有正己化人、举善以教的责任，庶民、富民是治国理政的第一步，在此基础上教民，令百姓在思想上觉悟才是更深层次的以民为本。

反之，如果国家仅仅致力于解决百姓的基本生存需要，而不能承担起教化百姓、导民向善的职责，随着经济社会的发展、物欲的膨胀，人人趋利避害、道德滑坡，就会导致"上下交征利而国危"（《孟子·梁惠王上》）的后果。基于此，中国式现代化始终坚持人民至上的价值理念，以实现人的全面发展为旨归，注重物质文明和精神文明的协调并进，尤其是在解决人民温饱问题之后，更加注重国家的精神文明建设、注重人民的伦理道德教育。因此，中国式现代化不仅是物质充裕的现代化，更是精神富足的现代化，它鲜明体现了中华文明德本财末、富而后教的文化底蕴。物质文明和精神文明相协调的现代化是对西方现代化中物质至上的超越。

（四）永续发展对竭泽而渔的超越

近代以来，由于西方现代化奉行物质至上、资本至上，享乐主义、消费主义大行其道，由此导致的物欲膨胀、奢靡浪费，叠加资本的无限扩张和野蛮掠夺，造成了全球性的环境破坏和资源枯竭，打破了原有的生态平衡。与西方不同，中华文化自古便主张"天人合一""少私寡欲",强调避免"竭泽而渔""奢侈行而仁义废",倡导人与自然的和谐相处、永续发展。面对现代化进程中伴生的一系列环境问题,中国政府立足人民根本利益和长远利益,坚定不移走人与自然和谐共生之路,不以牺牲环境为代价发展经济。近年来,通过建立健全绿色低碳循环发展经济体系,倡导绿色低碳的生产方式和生活方式,遏制全社会的奢靡浪费之风,中国式现代化推动了经济社会发展的全面绿色转型,创造了一系列的"绿色奇迹"。由此可见,人与自然和谐共生的现代化、永续发展的现代化是对西方现代化"竭泽而渔"的超越。

(五)和平发展对强权争霸的超越

纵观西方国家的现代化之路,无论是在早期资本原始积累阶段的血腥暴力、殖民侵略,还是在今天资本扩张阶段的野蛮掠夺、肆意干涉,其所奉行弱肉强食的丛林法则,所采取的霸权主义和强权政治都造成了广大发展中国家持续的动荡不安,严重限制了现代化后进国家的崛起之路。与之相反,中国自古便主张以和为贵、开放包容、美美与共,中国式现代化奉行和平发展、互利共赢的原则,不仅在现代化的进程中不搞殖民侵略、对外扩张,专注自身发展走出了一条和平崛起之路;更在现代化取得一定成就之后,不以大欺小、不恃强凌弱,积极参与维护国际公平正义,为重塑秩序、化解分歧贡献具有现实意义的全球治理方案;同时,中国积极承担起大国责任,在基础设施、医疗卫生、人才培养、反恐维和等方面帮助现代化后进国家摆脱发展困境,同世界分享发展成果。中国式现代化进程中和平发展的特征是对西方现代化强权争霸的超越。

三、拓展了现代化后进国家文明繁荣的路径

中国式现代化的第三重世界意义和文明价值，在于拓展了现代化后进国家文明繁荣的路径。人类社会迈入现代化道路以来，其主要理论和实践大体都是由西方国家开启的，由于西方在经济实力和话语权方面的全面碾压，以"现代化等同于西方化的"为代表的西方中心主义思想深入人心，在全世界范围内引起了广泛拥簇。然而，对资本主义生产生活方式和民主制度的全面复制，并没有给现代化后进国家尤其是发展中国家带来同样的发展成果，反而因为异体移植等弊病导致了层出不穷的发展问题。与之相反，中国式现代化在吸纳西方现代化道路经验教训的同时，立足于本国国情，在独立自主、上下求索中，描绘出了一条不同于西方现代化的生动图景，为现代化后进国家探索适合本国国情的现代化道路树立了典范，拓宽了发展中国家实现现代化的路径选择，增强了欠发达国家独立自主实现现代化的信心。

（一）坚守人民至上理念

所谓"现代化"，归根到底是人的现代化，是人的全面而自由发展的现代化。中国古人很早就意识到了民众的地位和力量，洞察到了民心大如天的客观规律，将"民贵君轻，政在养民"作为治国理政的核心理念，将"为政以德，施行善政"为治国理政的根本出发点。中国共产党接续了古代"君民一体，立君为民""民惟邦本，本固邦宁"的治国大道，在推进中国式现代化的过程中，坚持"以人民为中心"的价值追求，坚持全过程人民民主，坚持共同富裕理念，推动构建人

类命运共同体，坚持发展为了人民，发展依靠人民，发展成果由人民共享。以人为本而非以资本为本、以物质为本，使得中国式现代化最大限度地克服了西方两极分化、人性异化的弊端，最大程度地激发了人民的主动作为精神，最大范围地维护了人民的根本利益，为中国式现代化的持续发展奠定了深厚基础。坚守人民至上理念，促进人的自由而全面发展，是中国式现代化对广大发展中国家实现现代化的重要启示。

（二）打造强有力的领导集体

近年来，在不断发生的以新冠疫情、金融危机、地缘战争为代表的"黑天鹅"事件中，东西方面对同一现代化危机的不同处理方式，让越来越多的人意识到东西方治理体系的不同和治理能力的差异。西方自由民主体系下，因为危机而愈加凸显政府的无能和文明的自私，让更多人看到西方民主不是万能的；与之相反，以选贤任能为代表的中国特色社会主义制度，在应对各种自然灾害、公共危机、突发事件时更加能够以民为本、凝聚共识、务实高效。与西方竞争选票模式下产生的"选秀型"领导人相比，中国共产党领导下的多党合作和政治协商制度以及贤能政治模式下产生的"作为型"领导集体表现出了更强的战略定力、格局远见和责任担当。

为政万端，非贤不理。中国自古以来便坚持贤能治国的传统，力求通过贤能治国，克服群体的短视和非理性，从而实现真正的良政善治。党的十九届四中全会指出了中国国家制度和治理体系具有十三个方面的显著优势，正是这十三个方面的优势使中国创造了举世瞩目的发展奇迹。其中，第一个优势即为"坚持党的领导"。换言之，中国式现代化道路的成功、中国共产党百年奋斗的重大成就，归根结底是中国制度和中国治理体系的成功，是强有力的贤能的领导集体不忘初心、砥砺奋进的结果。正如习近平总书记强调的中国式现代化的本质要求，其中之一就是坚持中国共产党的领导。这既是中国式现代化道路探索出来的伟大经验，也为其他国家打造强有力的领导集体、坚定不移迈向现代化道路提供了宝贵参照。

（三）确保独立自主原则

中国式现代化蕴含着根植于中华优秀传统文化的独特世界观、价值观、历史观、文明观、民主观、生态观，坚持人民至上、共同富裕、互利共赢等价值取向，相较西方现代化资本（选票）至上、两极分化、丛林法则等价值追求，凸显了道路、理论、制度、文化等方面的巨大优势。中国式现代化之所以能够走出一条不同于西方现代化的、"四化同步"的现代化发展之路，扭转过去西强东弱的状况，就在于中国在探索现代化道路的征程中始终坚持独立自主原则。在这一原则指引下，中国既不搞"全盘西化"，也不照搬其他社会主义国家的现代化道路，而是立足自身所处的不同发展阶段和面临的主要矛盾，实事求是、守正创新，在把握现代化发展一般规律的基础上，批判性地借鉴和吸收一切优秀现代化文明成果。如果在探索现代化的征程中不能坚持独立自主原则，不能从自身国情出发，不能从中西差异出发，就会像许多盲目复制西方模式的国家一样，不仅没有实现现代化，反而由于生搬硬套陷入经济停滞、政局动荡甚至依附于人的困境。因此，中国式现代化的成功实践向全世界表明，通往现代化的道路是多元的。对于发展中国家而言，唯有自主探索适合自身的现代化发展之路，把国家的命运时刻掌握在自己手中，才能在此基础上真正发挥后发优势、整体缩小与发达国家之间的差距，从而早日实现现代化的目标。

（四）坚持和平发展道路

自古以来，中国人立足"以和为贵"的治国理念，注重国家、民族的团结统一，"天下大同""化干戈为玉帛""修文德以来之""万物并育"等理念代代相传、历久弥新。"和而不同"的悠久历史和文明内涵，促使中国在现代化发展的征程中始终秉持和平崛起的理念，走互利共赢、和平发展道路；促使中国致力于维护多边主义，倡导通过对话协商等方式解决国际社会的分歧争端。40多年来，中国是世界上唯一一个未发动也未卷入任何战争的大国，不仅如此，随着国力的强盛，中国逐渐成为捍卫世界和平和全球化秩序的中流砥柱。据统计，近年来，中国业已成为联合国维和行动中派出人数最多的国家。与此同时，中国从全世界共同面临的和平、发展、治理、信任四大挑战出发，推动构建公正合理的全球治理体系，陆续提出了全球发展倡议、全球安全倡议、全球文明倡议。正如习近平总书记指出："吹灭别人的灯，并不会让自己更加光明；阻挡别人的路，也不会让自己行得更远。"[1]中国式现代化的顺利开展，除了借助全球化发展的东风，也离不开长期以来稳定的国内外环境。因此，坚持和平发展道路不动摇，走共建、共享、共赢之路，是中国式现代化对现代化后进国家的重要启示。

（五）保持协调持续发展态势

"中国式现代化是物质文明和精神文明相协调的现代化，是全体

---

① 习近平：《携手同行现代化之路——在中国共产党与世界政党高层对话会上的主旨讲话》，人民出版社2023年版，第4页。

人民共同富裕的现代化","中国式现代化必须走人与自然和谐共生的
新路",以上关于中国式现代化的鲜明特征和内在要求都彰显了中国
式现代化协调性、持续性的特点。中华文明的一体之道说明,不仅人
与人、人与世界是一个命运共同体,人与自然也是一个命运共同体。
一个命运共同体,意味着一荣俱荣、一损俱损。中华文化自古便强调
"天人合一",倡导"节欲富民",主张"格物致知",提倡"重义轻
利""等贵贱,均贫富",倡导人与人、人与社会(自然)、人与自身
的协调统一、持续发展。协调,意味着阴阳平衡、中庸调和、不偏不
倚,协调是持续的前提,持续是协调的保障。尽管经济增长在各个国
家的现代化征程中都占据重要地位,但现代化并不仅仅局限于经济社
会的发展进步,现代化更是物质文明、政治文明、精神文明、社会文
明、生态文明五大文明协调推进、均衡持续的现代化。五大文明是相
互影响、相互关联的一体关系,每个领域的发展都影响着其他领域的
发展进程。因此,能否妥善处理好各领域之间的关系和矛盾,将其统
一于现代化发展的整体中来,促使其相互支撑、相互补益,是对文明
智慧的巨大考验。

　　近年来,随着人口的增加、工业化和全球化的发展,西方物质主
义、消费主义、享乐主义、个人主义大行其道,物欲的膨胀、无节制
地资源掠夺和环境破坏,不仅使得人们赖以生存的环境日趋恶化,更
导致了金融危机、两极分化、地缘冲突、族群矛盾等层出不穷的现代
化发展问题。而在中国,尽管在改革开放初期由于追求经济增长也产
生了环境污染、贫富差距、区域不平衡等问题,但中国政府很快便
意识到粗放型、低水准发展方式的单一性和不可持续性,迅速地进
行了经济转型和结构改革。尤其是2015年党的十八届五中全会提出
了"创新、协调、绿色、开放、共享"的新发展理念。在新发展理念
中,共享理念是发展的根本出发点和落脚点,共享发展的核心要义在

于始终坚持发展为了人民、发展依靠人民、发展成果由人民共享的价值追求。共享发展的理念、共同富裕的目标，兼顾了效率与公平，不仅极大地解放了生产力，更促进了社会的公平正义。协调发展，作为关系发展全局的重要理念，被认为是跨越"中等收入陷阱"的一大法宝，协调发展主张统筹兼顾、保持均势，通过"补短板、强整体、破制约，增强发展的平衡性、包容性、可持续性，促进各区域各领域各方面的协同配合"。

在新发展理念的引领下，近年来，中国政府改变了过去粗放的发展方式，由追求数量转向更加追求质量，解决了一系列不平衡、不协调、不可持续的问题，让发展成果惠及全体人民，使人民的获得感、幸福感、安全感不断增强。尤其在生态环境的保护方面，中国采取了一系列推进绿色发展、循环发展、低碳发展的重大举措，在雾霾治理、荒漠治理、水土保持等方面取得丰硕成果。习近平总书记在党的十九大报告中指出："人与自然是生命共同体，人类必须尊重自然、顺应自然、保护自然。"[1] 在推进中国式现代化的进程中，"既要金山银山，也要绿水青山"，既要富强中国，也要美丽中国。中华文明的协调性底蕴使得中国式现代化走出了一条中庸平衡、可分享、可持续的长久之路。

此外，中国和西方的发展历程都表明，通往现代化的道路并不都是一帆风顺、一劳永逸的。"一阴一阳之谓道"，从古至今，变化是最大的常态，世间万物无不处在盛衰、盈虚、消长的变化中。半途而废、功败垂成的案例不可胜数。因此，在实现现代化的过程中，一方面要居安思危、怀有忧患意识，不断自我鞭策、自我革新，增强防范化解各类风险的意识和能力；另一方面，面对现代化进程中的种种挫

---

[1] 《习近平著作选读》第二卷，人民出版社2023年版，第41页。

折和挑战，要不忘初心、牢记使命，以坚定不移的信念和勇气自强不息、迎难而上，保持现代化进程的持续性。"不积跬步无以至千里，不积小流无以成江海"，世界范围内普遍存在的南北差距和发展问题都说明，现代化不是一个完成时，而是一个进行时，实现现代化的宏伟蓝图，要锲而不舍，久久为功。

四、指引了人类文明进步的发展方向

中国式现代化的第四重世界意义和文明价值，在于指引了人类文明进步的发展方向。通览世界现代化的发展历程可知，各个国家的现代化不仅具有各自的特点和节奏，也具有寓于特殊性之中共同的特征及规律。例如，城市化、工业化、全球化、信息化等。与此同时，各个国家除了面临各自的发展矛盾和现代化困境，也同时面临世界现代化与文明道路中所存在的相通的问题和困境。例如，人口膨胀、两极分化、资源枯竭、道德滑坡、金融危机等。中国式现代化作为一种全新的人类文明形态，不仅打破了关于西方的现代化神话，在激烈的国际竞争中实现了中华文明的迭代和延续，更在充满不确定性的今天，为人类文明进步指引了未来的发展方向。

（一）理解文明的本质特征

有学者指出，"文明"二字，其英文"Civilization"出自"Civis"，意思是市民、公民或罗马的城市公民身份，后引申为一种相较非城市生活和蒙昧时代更为进步的社会形态。另一种说法是，"Civilization"源自拉丁语"civitas"也就是city，即城市。由此可见，在西方语境中，"文明"的重要特征是城市生活和公民身份，这两者是文明的载体，也是文明进步的标志。而在中华文化中，"文明"二字，其出处上可追溯至《周易》："见龙在田，天下文明"，孔颖达疏："天下文明者，阳气在田，始生万物，故天下有文章而光明也。"又："经天纬地曰文，照临四方曰明。"由此可见，中华语境中的"文明"，有天地交泰，内圣外王，教化四方，文以载道，以文化人，正大光明，天地人和之意。

早在两千多年以前，孔子就精辟地总结了治国理政三部曲，也就是"庶之、富之、教之"。在孔子看来，做到庶民、富民只是国家治理的第一步，在发展经济的基础上，要想真正实现国家的长治久安，还要做到"教之"，也就是以文化人、举善以教。如果在人口增长、经济富庶之后，不能做到长善救失、教化规约，就会产生资本至上、人性异化、物欲膨胀等问题。中国式现代化对人民至上理念的坚守、对实现人的自由而全面发展的追求，物质文明、精神文明协调发展对资本至上、物质至上的超越，共同富裕对两极分化的超越等，都体现了中华文化对"文明"本质特征的深刻认识。准确理解和把握文明的本质特征，促进五大文明协调发展，不仅有助于推动中国式现代化向纵深推进，还有助于丰富世界现代化的理论内涵，为人类文明繁荣进步贡献中国智慧和中国力量。

（二）尊重文明的多样性特点

中国式现代化道路的伟大实践证明，现代化不是西方国家的专利和独创，"理同出于一原，道并行而不悖"，通往现代化的道路是多元的。只要符合文明发展规律和现代化发展趋势，任何国家都有权利也有能力探索出一条适合自身特点和国情的现代化之路。换言之，通往现代化的道路并没有放之四海而皆准的统一模式，通往现代化的道路也没有高低贵贱之分。从这个意义上讲，各个国家的现代化道路以及其所代表的文明形态是多彩的，更是平等的，文明的平等性和多样性恰恰是文明交流互鉴、大美融合、繁荣进步的前提。因此，要想打破文明隔阂、实现文明互鉴交流、共存共荣，就要充分认识并且尊重世界文明的多样性特点，尊重各个国家、各个地区的文明发展方式和现代化路径选择。

（三）增进文明的互鉴交流

中国式现代化不是排他的、孤立的现代化，而是包容的、博大的现代化。在推进中国式现代化的过程中，中国共产党始终坚持开放包容、兼收并蓄的理念，倡导以对话弥合分歧、以合作化解争端，尤其在推进马克思主义中国化时代化的过程中，中国坚持"把马克思主义基本原理同中国具体实际相结合、同中华优秀传统文化相结合"。同时，面对金融危机以来民粹情绪与反全球化趋势的高涨，中国在全球治理路径的探索上，毫无保留地贡献出许多消弭矛盾、化解冲突的中国方案，成为推动世界文明交流互鉴的重要力量。可以说，中国式现代化道路和人类文明新形态的营建，源于"两个结合"的伟大创举，是文明之间平等对话、互鉴交流的成功典范，亦是未来世界文明平等对话、交流互鉴的重要参照。在2023年金砖国家工商论坛闭幕式上的致辞中，习近平主席指出："一朵鲜花打扮不出美丽的春天，百花齐放才能让世界春色满园。多姿多彩是人类文明的本色。正因为各国历史、文化、制度不尽相同，才需要交流互鉴、取长补短、共同进步。蓄意鼓噪所谓'民主和威权'、'自由和专制'的二元对立，只能造成世界割裂、文明冲突。"①面向未来，为了促进全人类现代化的实现，促进人类文明的和谐共荣，各个国家都应当以开放包容的心态，"择其善者而从之，其不善者而改之"，吸收和借鉴一切有益的现代化成果，"以文明交流超越文明隔阂、文明互鉴超越文明冲突、文明包容超越文明优越"②。

（四）重视文明的传承创新

中国式现代化的发展奇迹，既有世界现代化的普遍特点，又具有鲜明的时代特征和中国特色，它不是无根之木、无源之水，其源源不断的智慧和养分深深植根于中华优秀传统文化的沃土中。中国不仅仅是一个国家的存在，更是一个文明的存在，一个文化共同体的存在。中国式现代化，彰显了中国共产党带领中国人民，如何通过继承和弘扬，将一个古老文明在新的历史时期重新激发出生机与活力；如何通过创造性转化与创新性发展，将中华优秀传统文化重新赋予其新的时代内涵和时代使命。传承和创新是实现文明迭代和文明延续的重要途径，文明迭代和文明延续又是推进现代化发展的重要动力。中国式现代化的发展历程证明，以史为鉴，可以知兴替；以史为鉴，才能开创未来。在推进现代化发展和文明延续的过程中，要重视文明的传承和创新，在返本开新、守正创新中，以古人之规矩，开今人之生面。

---

① 习近平：《深化团结合作 应对风险挑战 共建更加美好的世界——在2023年金砖国家工商论坛闭幕式上的致辞》，《人民日报》2023年8月23日。
② 习近平：《携手同行现代化之路——在中国共产党与世界政党高层对话会上的主旨讲话》，人民出版社2023年版，第8页。

（五）弘扬全人类共同价值

"大道之行也，天下为公。"全世界是一个休戚与共的命运共同体，现代化不仅是全世界所处的共同历史进程，更是全人类所面临的共同历史任务。当前，世界面临百年未有之大变局，面对国内外各种矛盾的演进和挑战危机的交织，迫切需要全人类摒弃二元对立思维、提高整体意识，通过对话合作凝聚起广泛共识，不断完善全球治理体系、提升全球治理能力。

2023年3月15日，在中国共产党与世界政党高层对话会上，习近平总书记深刻诠释了中国式现代化的基本特征和世界意义，并立足于不同文明包容共存、交流互鉴，提出全球文明倡议。习近平主席指出："我们要共同倡导弘扬全人类共同价值，和平、发展、公平、正义、民主、自由是各国人民的共同追求，要以宽广胸怀理解不同文明对价值内涵的认识，不将自己的价值观和模式强加于人，不搞意识形态对抗。"①全人类共同价值是民心相通、文明互鉴的基础。一直以来，中国不仅是全人类共同价值的坚定倡导者，也是积极践行者。中国在不断探索自身发展道路、改善民生福祉的同时，积极推进"一带一路"建设、推动构建人类命运共同体、加强区域及跨境区域间的交流合作，不断提高现代化成果的普惠性，以共商共建共享的方式，增进全人类共同福祉。中国式现代化的发展历程证明，只要全世界都能够认可和坚守全人类共同价值，在相互尊重的基础上平等对话、互鉴

---

① 习近平：《携手同行现代化之路——在中国共产党与世界政党高层对话会上的主旨讲话》，人民出版社2023年版，第8页。

交流、团结协作，就一定能够推进世界现代化的高质量发展，就一定能够推动人类文明的繁荣进步，就一定能够实现"太平世界，环球同此凉热"的大同理想。

后记

党的二十大报告明确提出："从现在起，中国共产党的中心任务就是团结带领全国各族人民全面建成社会主义现代化强国、实现第二个百年奋斗目标，以中国式现代化全面推进中华民族伟大复兴。"中国式现代化道路，创造了人类文明新形态，拓展了发展中国家走向现代化的路径选择。本书旨在深入探讨中国式现代化的历史根基，帮助广大读者从中华五千多年文明发展史的角度，深刻认识中国式现代化的深厚文化底蕴，从而坚定历史自信和文化自信，凝聚起共同建设中国式现代化的磅礴力量。

中共中央党校（国家行政学院）哲学教研部教授、国家社科基金重大课题《中国式现代化的文化底蕴及思想理念研究》首席专家刘余莉教授主持本书撰写工作，各章撰写人如下：第一章，刘余莉、聂菲璘；第二章，程丽君；第三章，刘红利；第四章，刘余莉、申静思；第五章，谭英、喻新捷；第六章，喻新捷；第七章，罗嘉羽。刘余莉教授对全书进行了统稿。书中每章内容都是诸位学者深入研究的成果，反映了学者们从中华优秀传统文化角度对中国式现代化的认识和思考。

　　本书在写作过程中参考了众多文献资料和部分学者的观点，在此一并感谢。由于写作者学识所限，加之时间较紧，书中可能存在不妥之处，敬请读者朋友不吝指正。

　　在本书出版过程中，得到出版社的大力支持，责任编辑等为本书的出版亦付出了辛苦努力，在此一并表示衷心感谢。

作　者

2024 年 1 月